Inoubliable Grace de Monaco

Du même auteur

Louis II de Bavière ou le roi foudroyé, Perrin, 1975 ; 2010. Couronné par l'Académie française.

Sleeping Story, la fabuleuse épopée des wagons-lits, Julliard, 1976 ; J'ai Lu, 1999.

Haussmann, la gloire du Second Empire, Perrin, 1978. Prix Historia.

Sissi ou la Fatalité, Perrin, 1983. Prix des Ambassadeurs.

L'Orient-Express (avec Jean-Paul Caracalla), Denoël, 1984. Couronné par l'Académie française.

Les Châteaux fous de Louis II de Bavière, Perrin, 1986. Album illustré de photographies de Jérôme Da Cunha.

Le Transsibérien, Denoël, 1986. Album illustré de photographies de Jérôme Da Cunha.

La Princesse Mathilde, Perrin, 1988 ; 1996. Prix Napoléon III.

Le Train Bleu et les Grands Express de la Riviera, Denoël, 1988. Album illustré de photographies de Jérôme Da Cunha.

La Tour Eiffel (album du Centenaire), Denoël, 1989. Album illustré de photographies de Jérôme Da Cunha.

Le Fabuleux Roman du Lido de Paris, Éditions Atlas, 1989.

Sur les pas de Mozart (avec Frédéric Pfeffer), Perrin, 1991 ; 2005.

Le Haut-Koenigsbourg (avec François Loyer et Bernard Hamman), Éditions Barthelémy/Caisse nationale des monuments historiques et des sites, 1991 ; 2013. Photographies de Robert César.

Sur les pas des tsars à Saint-Pétersbourg, Perrin, 1992. Album illustré de photographies de Jérôme Da Cunha.

Les Trains des rois et des présidents, Denoël, 1992.

Malesherbes, gentilhomme des Lumières, De Fallois, 1994. Grand Prix de la biographie d'histoire de l'Académie française.

Il était une fois Monaco. Une famille, 700 ans d'Histoire, Éditions du Rocher, 1996 ; sous le titre : *S.A.S. Rainier III et Monaco,* 2005.

L'Aventure de la Malle des Indes, Denoël, 1996. Album illustré de photographies de Jérôme Da Cunha.

Colette et Monaco, Éditions du Rocher, 1997.

Eugénie, la dernière impératrice, Perrin, 1997 ; 2008.

Sur les pas de Sissi, Perrin, 1998.

Sissi, impératrice d'Autriche et reine de Hongrie, Perrin, 1999.

Mémoires d'un palace : Baur au lac, Flammarion, 2002.

(suite p. 235)

Jean des Cars

Inoubliable Grace de Monaco

éditions du
ROCHER

Première édition : 1999.

Éditions du Rocher
28 rue Comte Félix Gastaldi – BP 521 – 98015 Monaco

www.editionsdurocher.fr

ISBN : 978-2-268-10771-4
EAN epub : 9782268107875

À ma Mère. *In Memoriam.*

I
Projection privée

19 avril 1956. Une Américaine de vingt-six ans, dont la famille est de fortune récente, épouse un prince de trente-trois ans, monarque de la plus ancienne dynastie régnante d'Europe qui est aussi la moins connue. Cela changera ! Comme la mariée est la ravissante et célèbre vedette hollywoodienne Grace Kelly, cette union est ressentie, vécue et présentée à la manière d'un conte de fées. Cela ne changera pas ! Quel scénariste, en effet, aurait osé imaginer une telle histoire, celle d'une star, élégante et sans scandale autour d'elle, devenant Princesse de Monaco ? Une jolie fille de la côte Est des États-Unis, frottée à Broadway et forgée par Hollywood, admirée par des millions de spectateurs, est promue souveraine en s'unissant à l'héritier du trône des Grimaldi qui symbolise six siècles et demi d'une tumultueuse histoire, celle de la vieille Europe, quel formidable roman ! Et quand on sait que c'est un journaliste de *Paris Match* qui les a présentés l'un à l'autre, on sourit car la suite, n'est-ce pas, on la connaît... Par le biais d'un magazine mondial, la presse a favorisé ce mariage, involontairement. Un solide investissement !

En ce jour de printemps, le vieux Rocher a la fièvre des amours heureuses et convenables. Toute la Principauté, moins étendue qu'aujourd'hui, tous ses environs en territoire français et même italien, sont envahis. Ce n'est pas qu'un mariage princier, mais la rencontre de l'histoire avec le rêve, celui que l'on fabrique en Cinémascope et en Technicolor, maîtres des salles obscures. Jamais un Prince de Monaco n'a choisi une épouse arrivée d'aussi loin. On en connaissait venues de France, sous Louis XIV, d'autres alliées aux grandes familles britanniques et allemandes, mais jamais une femme de nationalité américaine n'était devenue Princesse de Monaco. Qu'un Prince, régnant depuis sept ans, s'allie au plus élégant et distingué joyau du cinéma *made in Hollywood*, voilà un beau spectacle pour tous publics ; il plaît, séduit, étonne, amuse et apporte un agréable vent frais sur un très ancien pays.

L'événement est aussi l'aube d'un phénomène qui n'a cessé de s'amplifier et de s'imposer, pour le meilleur et pour le pire, la redoutable pression médiatique, bien qu'elle soit encore sage, sans manipulations ni pièges nauséabonds. Cette belle journée peut être considérée comme le jour J de la curiosité des *paparazzi*, même si le mot n'apparaîtra que plus tard, avec le harcèlement des photographes italiens. Ils sont partout, ces journalistes, plus de mille six cents ! Un chiffre énorme, sans précédent, même lors du couronnement, trois ans plus tôt, de S.M. Elizabeth II, souveraine du Royaume-Uni et du Commonwealth. Des centaines d'envoyés spéciaux, reporters célèbres ou non, correspondants régionaux et locaux, mobilisés et imaginatifs, pour couvrir le mariage. Des professionnels, relais encore presque bien élevés de cette romance imprévue transformée en roman d'amour doublé d'un événement politique puisque S.A.S. Rainier III est chef d'État, doté de vastes pouvoirs et régnant par la grâce de Dieu ; selon les lois dynastiques, il doit assurer sa succession. Et voici que son épouse s'appelle Grace. Aucune Princesse de Monaco n'avait porté ce délicat prénom. Qui oserait soutenir qu'il ne lui convient pas parfaitement ?

Ce mariage, qui restera comme l'un des plus charmants souvenirs de l'après-guerre, est empreint d'exotisme. Les Américains connaissent la France, c'est entendu. Douze ans auparavant, ils se sont admirablement battus pour la libérer. Certains, fortunés ou bohèmes, adorent Paris ou la Côte d'Azur. Mais Monaco ? Rares sont ceux qui ont une idée, même floue, de ce qu'est ce petit territoire de moins de deux cents hectares dont l'arrière-grand-père de Rainier, le légendaire prince Albert Ier, avait été le souverain lumineux. Cet homme universel, en voyage officiel aux États-Unis en 1922, avait été présenté par le *Sunday Post* comme « un expert en fonds marins et... patron du casino de Monte-Carlo ». Une singulière carte de visite, injuste et atrocement réductrice pour un esprit aussi brillant qui, entre autres engagements spectaculaires, avait pris, d'une manière inattendue, la défense du capitaine Dreyfus. En 1956, à quelques nuances près, vue depuis l'autre côté de l'Atlantique, l'image de Monaco demeure brouillée, cocasse, essentiellement liée aux jeux ; une curiosité européenne, une sorte de petit Las Vegas méditerranéen avec un propriétaire coiffé d'une couronne. La presse de l'époque est savoureuse sur ce point. Ils sont encore moins nombreux, ces Américains, qui peuvent savoir ce qu'est, politiquement et diplomatiquement, la Principauté, son histoire, son passé très original, son identité, ses relations particulières avec la France lesquelles, dans leur première réelle codification, remontent à l'an 1641, c'est-à-dire à Louis XIII. Pour beaucoup, Monaco, souvent réduit à Monte-Carlo, est un sympathique anachronisme, le miraculeux vestige d'un autre temps. Soyons justes : de nombreux Français n'en savent pas beaucoup plus sinon que cet État, indépendant mais non autonome pour diverses raisons techniques, se trouve enclavé dans le département des Alpes-Maritimes et que jadis, c'est-à-dire avant 1848, il était plus étendu et comprenait Roquebrune et Menton. En revanche, miss Kelly a déjà entendu parler de Monte-Carlo, sous un angle qui aura beaucoup d'importance : s'intéressant de près à la danse, elle connaît bien l'histoire des Ballets Russes, du génial Diaghilev, de Nijinski l'aérien et de leurs triomphes à l'Opéra de la Principauté. On peut même dire que, sur ce sujet, la nouvelle Princesse est déjà experte. Ce mariage est donc un souriant prétexte pour réviser une leçon d'histoire et de géographie, corriger quelques idées reçues. Par la presse, par les rappels du passé, les ragots, les indiscrétions et les tuyaux crevés ou non, Monaco se fait connaître. La promotion et les relations publiques font leur entrée chez les Grimaldi. Pour longtemps, même sans invitation ! Le charme, l'élégance et la classe de la nouvelle Princesse séduisent même les plus ardents républicains. La famille princière ? Elle comprend alors la Princesse Charlotte, séduisante et originale, qui a abdiqué en faveur de son fils, lui-même et sa sœur, la Princesse Antoinette ainsi que la Princesse Ghislaine, veuve de Louis II, grand-père de Rainier auquel il a succédé en 1949. Ils sont, pour les Français, des cousins couronnés que la France n'a plus depuis la chute du Second Empire. Vu de Paris ou même de Nice, Monaco est à la fois proche et lointain, suscitant une attentive curiosité et diverses envies. Témoins mondiaux, les journalistes invitent le public à la noce. La robe de la mariée, les menus, les instants d'émotion, le protocole, on saura tout. Enfin, on en aura l'impression, ce qui est suffisant. Seule, vingt-six ans plus tard, l'union du Prince de Galles avec Lady Diana Spencer battra ce record d'intérêt populaire et médiatique.

14 septembre 1982. Le monde, qui a beaucoup changé, n'a cessé d'aimer et de respecter la Princesse Grace. L'annonce, l'avant-veille, de son grave accident de voiture, a suscité une émotion à la mesure de cet attachement. Dans la soirée, l'information, redoutée depuis vingt-quatre heures, tombe : Grace a succombé à ses effroyables blessures et traumatismes.

Un monde sans Grace ? On devra s'y habituer. Des foules, incrédules, sont orphelines.

Personne ne peut admettre l'horrible nouvelle ; elle est pourtant avérée. Le coma profond était irréversible. La presse du lendemain rend un large hommage à une femme qui était aussi une grande dame après avoir été une vedette adulée. Elle avait su jouer, avec justesse, tous ses rôles. « Belle même dans la mort », titre le quotidien *France-Soir* à la une de son édition spéciale. L'émotion est profonde, partout, dans tous les milieux. On entend tout de même une fâcheuse fausse note à la télévision française. Au journal de 13 heures, sur Antenne 2, le présentateur, Bernard Langlois, affirme que cette mort ne changera pas grand-chose... Et il met en parallèle l'assassinat, le même jour, de M. Béchir Gemayel, Président martyr du Liban, pays martyr, comme si cette disparition était plus grave ou plus importante que celle de Grace de Monaco... En osant cette macabre et lamentable comparaison, Bernard Langlois commet, d'une part, une gigantesque faute de goût et, d'autre part, une monumentale erreur d'appréciation journalistique. Les deux événements, sans aucun lien entre eux sinon le hasard d'une tragique actualité, sont deux drames de première grandeur. Et personne ne peut se permettre de laisser entendre que le chagrin des Libanais serait plus estimable que la douleur des Monégasques. Devant l'avalanche de protestations au standard téléphonique d'Antenne 2, Pierre Desgraupes, président de la chaîne, licencie sur-le-champ Bernard Langlois. Ce dernier n'a pas de chance : le même Pierre Desgraupes avait réalisé un entretien télévisé avec Grace au moment de son mariage, en 1956. Il avait été séduit par sa délicatesse, sa simplicité et son accent en français, encore très hésitant. Mais, même sans cette rencontre ou d'autres, il est évident que la direction de la chaîne aurait réagi par une sanction. Une faute, grave, avait été commise : l'atteinte à un mythe. Le public apprécie rarement, surtout à chaud... L'onde de tristesse s'étend. À la fin de la semaine, les funérailles solennelles de la Princesse figent la Principauté. L'atmosphère semble inconcevable, presque surréaliste. Ruelles vides, magasins fermés, foule pétrifiée.

Le silence s'est abattu sur le territoire monégasque et bien au-delà. Ce silence est lourd, épais. Voix, cris, circulation, bruits se sont effacés. Et le noir, ce noir qui va si mal sur les maisons ocre, les vieux murs et les gratte-ciel, oui, ce noir est incongru. Il n'a pas sa place ici ; il gêne. Le choc est oppressant, aggravé par l'exiguïté géographique ; les gens étouffent de chagrin. La mondialisation des techniques confère à la cérémonie une dimension universelle et la tristesse n'a plus de frontières ; elle balaie les idéologies puisque même un pays comme le Kampuchea démocratique, l'ancien pauvre Cambodge ravagé par les Khmers rouges, décrète un deuil national de trois jours… La disparition de la Princesse, si vite, si brutalement, sans que l'on ait pu s'y préparer, celle d'une femme que sa générosité sincère rendait proche de nous, provoque un raz de marée de douleur stupéfaite. Le monde, ce samedi, devient un peu plus gris. Grace de Monaco est la première femme dont les obsèques sont suivies par cent millions de téléspectateurs. Des millions d'exemplaires de magazines, y compris les plus sérieux et les plus influents, dans toutes les langues, s'arrachent et sont conservés. Les tirages, astronomiques, et les numéros spéciaux, révèlent combien la douleur n'est ni superficielle ni passagère, comme lors de la mort du général de Gaulle. Les rétrospectives racontent un cinéma, un amour, une vie officielle et privée, une légende devenus, eux aussi, des pages d'histoire. Un rêve, un magnifique rêve qui s'était transformé en une réalité attirante, est brisé.

Un immense vide suivit. Puis, soudée dans sa peine, la famille princière dut réapprendre à vivre et à exister, sans une épouse, sans une mère et Monaco sans Princesse emblématique. Les Monégasques pleuraient la disparue, vantaient ses qualités. Certains s'interrogeaient : comment va réagir le Prince ? Va-t-il abdiquer ? Pour la Principauté, quelle perte ! Et j'en passe. Désormais, il y avait avant l'accident et après. Le monde ne cessa de regretter une beauté, un talent et surtout une présence qui avait la valeur de l'exemple et que l'on savait irremplaçable. Avec une insistance jubilatoire, l'attention médiatique se reporta sur les péripéties vécues par les Grimaldi. Mariages, divorces, naissances, mort brutale de Stefano Casiraghi, scandale Ducruet, remariage, princier cette fois, de Caroline, célibat prolongé d'Albert, solitude du souverain, soucis de santé, interrogations politiques sur l'avenir, rumeurs d'argent sale, polémiques judiciaires, annonces d'un déclin et d'une fin de règne tournant à l'obsession, supputations diverses. Avant Grace, après Grace : on ne cessait de comparer et on assurait que la Principauté ne serait guère vaillante en l'an 2000. En 1997, les festivités du septième centenaire de la prise du Rocher par un Grimaldi rusé n'avaient pas dissipé toutes les questions, malgré l'affection populaire. En effet, dans toutes ces épreuves, les Monégasques continuaient de montrer leur attachement au Prince et à ses proches. Et Monaco renouait avec les dividendes, tournait comme une entreprise bien gérée, innovait sans cesse en défendant farouchement sa différence. C'était à décourager les Cassandre.

Monaco continuait à se vendre bien, malgré ou à cause de procès implacables, souvent gagnés, contre des guetteurs de fautes qui ne ratent rien. Pour les espions de l'intimité princière aussi, il y avait le temps de Grace, celui de la discrétion et le temps d'après 1982, nettement plus agressif, comme partout ou presque… Mais l'image, le prestige et la réputation de la Princesse n'avaient cessé de grandir. Et rien ne semblait pouvoir ternir cette icône. Alors que l'on n'avait cessé de déboulonner des statues – le mythe Kennedy, par exemple –, la légende de la Princesse Grace restait intacte, inattaquée.

Décembre 1997. La chaîne privée de télévision britannique Channel Four diffuse un documentaire controversé, c'est le moins qu'on puisse écrire. Ce film prétend que, peu de temps avant sa mort, la Princesse Grace aurait intégré l'inquiétante secte dite Ordre du Temple solaire, dont soixante-dix-neuf membres étaient décédés au cours de suicides collectifs entre 1994 et 1995, en Suisse, au Canada et en France. Stupeur et incrédulité. Colère et indignation. « On veut salir sa mémoire ! » me déclara, scandalisée, une amie intime de Grace. « Aujourd'hui, on veut tout salir, tout démolir, tout dénigrer ! C'est incroyable ! » Incroyable, en effet. À l'annonce de cette émission au Royaume-Uni, le Palais princier réagit par un communiqué dénonçant des « fantaisies malsaines » et en qualifiant cette affaire de « particulièrement sordide ». Y avait-il des preuves, voire des indices ou des présomptions ? Non, seulement deux témoignages imprécis de deux anciens adeptes de la secte. Des détails – non avérés – étaient ajoutés : Grace de Monaco aurait versé soixante millions de francs à l'Ordre du Temple solaire alors que, toujours selon les auteurs, elle aurait promis d'en donner cent… Cent millions ! Et d'insinuer que l'accident du 14 septembre 1982 ne serait pas étranger à une implication de la Princesse dans le fonctionnement de la secte ni, surtout, à son refus de financer davantage cette organisation. En bref, selon ces supputations, l'accident n'aurait pas été un accident… Au passage, ces « révélations » apportaient un éclairage nouveau à une vieille rumeur. Vengeance ? Intimidation qui dépasse la volonté de ses auteurs ? Attentat fomenté par une bande criminelle rançonnant de hautes personnalités ? L'ombre d'une mafia démasquée et éliminée de Monaco pour des histoires d'argent douteux ou de jeux clandestins ? Notons que ces mêmes hypothèses ont également circulé après l'accident spectaculaire qui, en mer, a coûté la vie à Stefano Casiraghi, le deuxième mari de la Princesse Caroline.

Après la diffusion de ce reportage, il est intéressant de remarquer l'absence de curiosité médiatique réelle pour ce sujet, pourtant sulfureux. Logiquement, il aurait dû faire les choux gras de la presse populaire britannique. Mais, d'habitude incisifs et souvent bien informés, les tabloïds (journaux de format vertical à grands tirages) ne suivirent pas ; le public non plus. L'absence d'éléments sérieux rendait peu crédible l'hypothèse avancée. C'était une fausse relance d'un sujet figé et le soufflé du scandale retomba aussitôt. Un moment effleurée par cette question et alors que, depuis, 1996, la lutte anti-sectes était une préoccupation officielle du gouvernement français, la statue de la Princesse ne fut pas déboulonnée. On flaira une publicité détestable pour assurer de l'audience à l'émission. Délires, amalgames, déstabilisation, tout paraissait douteux. De plus, les policiers français, notamment ceux spécialisés dans la lutte contre les sectes et connaissant bien tous les aspects possibles de ces agissements en général clandestins, émirent les plus grandes réserves sur ces allégations. On en resta à des considérations archiconnues : Grace était une catholique sincère et pratiquante qui – ce n'est ni incompatible ni incohérent – s'intéressait à l'astrologie et à la voyance, une démarche très fréquente chez ceux qui sont ou ont été des professionnels du spectacle et se montrent prudents dans leurs choix et leurs décisions dès qu'il s'agit de leurs carrières. On peut également relever que ces assertions sont les premières cherchant à atteindre Grace de Monaco dans son statut de Princesse alors que, depuis sa mort, divers ouvrages, britanniques et américains, se sont évertués à fouiller le passé de Grace Kelly, actrice et femme. En définitive, l'incident fut vite clos, analysé comme une affabulation farfelue visant à atteindre, même indirectement, la Principauté. Son épanouissement et sa prospérité ont toujours fait des jaloux, ce qui n'est guère nouveau : en sept siècles d'histoire mouvementée et parfois tragique, les Grimaldi ont souvent irrité ou dérangé, de Charles Quint à Napoléon, de Machiavel au général de Gaulle. Ainsi, la Princesse Grace a-t-elle pu échapper à la salissure de son passé. Mais dans le cercle de ses intimes, l'émotion fut vive : « on » avait osé, sacrifiant à une mode de l'examen impitoyable de certaines légendes dorées. L'assaut avait été livré exactement à la fin des cérémonies et réjouissances commémorant la prise du pouvoir par les Grimaldi sur le Rocher, une véritable opération de commando médiéval dans la nuit du 8 janvier 1297. La coïncidence des anniversaires ne pouvait être seulement un hasard. Bien entendu, ces investigations continuent. Certains n'ont pas renoncé à fouiller les recoins d'une existence. C'est leur droit. Tout dépend des résultats et surtout des méthodes de cette relecture… Un livre, paru à Londres en 1998, signé John Glatt[1] et non publié en France à ce jour, contient un record d'approximations et d'hypothèses négatives sur la famille princière. Pourquoi pas ?

Malheureusement, les nombreuses et effarantes erreurs, confusions historiques et transpositions grotesques, fréquentes chez les auteurs anglo-saxons lorsqu'ils ne sont pas versés dans l'histoire européenne, retirent tout crédit à ce récit qui voit dans le conte de fées brisé un véritable cauchemar. Que penser, en effet, d'un enquêteur qui écrit, dès la deuxième page, qu'à l'été 1982, la famille princière avait fait une croisière sur son yacht, *Mermoz* ? Pour l'information de M. Glatt, rappelons ce qui n'est pas une sensationnelle révélation journalistique : tout le monde sait, sauf lui, que *Mermoz* est un vénérable paquebot de la Compagnie des Croisières Costa-Paquet (aujourd'hui propriété de l'armateur américain Carnival) et que depuis près de quarante années, cette ancienne unité qui assurait les lignes de la côte africaine, très appréciée d'une clientèle fidèle, n'a jamais été un yacht (de quatre cent cinquante passagers !) ni la propriété des Grimaldi ! L'Apocalypse monégasque – rien de moins ! – qu'annonce cet auteur, dans son dernier chapitre, peut donc être relativisée… Certes, comme tout être humain, Grace avait ses secrets, ses fragilités et ses doutes. Bien des auteurs

1. *The Ruling House of Monaco. The story of a tragic destiny,* Londres, Piatkus, 1998.

ont cherché à les débusquer et une dizaine d'ouvrages lui ont été consacrés, tous publiés depuis 1982, à l'exception de celui de Gwen Robyns, qui se disait très proche de la disparue[2]... De nombreuses enquêtes ont tenté de découvrir la vérité, comme s'il n'y en avait qu'une. La réalité est qu'il s'agit d'une femme qui a su remarquablement protéger sa vie intime, un tour de force que l'on n'aime guère aux États-Unis où ce qui est secret est obligatoirement suspect. Les inspecteurs du passé s'efforçaient de décortiquer la vie de miss Kelly, donc avant Monaco. C'est, d'ailleurs, la seule démarche rationnelle sur le sujet. On découvre qu'il y a deux grandes périodes dans sa vie, exactement de même durée, un équilibre satisfaisant chez cette femme qui détestait le désordre : chacune de ces époques s'étend sur vingt-six ans. Il y a l'Américaine d'origine irlandaise, le clan Kelly où Grace Patricia détonne en passant pour l'intellectuelle de la famille, les débuts au théâtre à New York, le cinéma et le statut de star acquis rapidement, en peu de films. Et puis, il y a la Princesse, évidemment plus familière aux Européens ; de ce côté de l'Atlantique, on s'est davantage intéressé à sa vie quotidienne de souveraine, d'épouse, de mère et de femme ; elle faisait partie de l'actualité d'un symbole de la vieille Europe, symbole qu'elle avait su rajeunir, raviver et rendre attachant. Un phénomène que l'on peut comparer à la séduction d'un John Kennedy rénovant la vie politique. Il y avait un style Grace.

À force de fouiller, on découvrit ce qui n'avait rien d'extraordinaire. La jeune Américaine avait eu une vie avant Monaco ! Avec des hommes, des passions, des romances...

---

2. Gwen Robyns, *Princess Grace: A Biography,* Londres, David McKay, 1976. Réédition en 1982. Titre français *Grace Kelly inconnue.* À signaler aussi l'ouvrage illustré, écrit en collaboration par la Princesse et Gwen Robyns, *My Book of Flowers,* New York, Doubleday, 1980. Traduction en français *Mon livre de fleurs,* Monaco, éditions Jean-Claude Marsan, 1986.

Rencontres, amours, ruptures. Certains de ses amoureux étant connus, cela devenait piquant. Pourtant, cette première existence n'est pas toujours fascinante. C'est le portrait d'une jeunesse américaine choyée puis, après la guerre, la formation d'un caractère et la définition d'un tempérament par la dure école du show-business, l'implacable université du spectacle. Derrière la star glacée, il y a un être humain. Et puis, il y a la Princesse de rêve, perle rare dans le Gotha, semblant prédestinée à son plus long rôle bien que personne n'ait pu envisager un tel destin. Il y a la mère, heureuse et fière d'assurer l'avenir de la dynastie, épouse d'un prince bâtisseur qui, par un travail incessant, a sorti Monaco de sa léthargie et a réveillé le petit État. Caroline, Albert et Stéphanie ont grandi en même temps que la nouvelle Principauté. Puis, entre les voyages, les obligations protocolaires et un sérieux travail quotidien pour le bien-être des Monégasques, Grace se réfugiait ailleurs. Elle avait son jardin secret, au sens propre de l'expression ; passionnée par le monde végétal, devenue une experte en fleurs et en plantes, âme du Garden Club et de ses concours de bouquets, la Princesse cueillait les plus belles, les faisait sécher et les assemblait soigneusement sous forme de collages. Une activité soutenue, minutieuse que, par pudeur et timidité, elle dissimulait tout en la présentant. Artiste floral, la Princesse de Monaco signait ses œuvres GPK, ses initiales (Grace Patricia Kelly) et les exposait dans des galeries. Je l'ai vue préparer ses expositions, par exemple en 1977. GPK était inquiète : le public aimerait-il ce patient travail qui exigeait, selon elle, « ni éternuement ni courant d'air ! » avant la mise sous verre, sinon il fallait tout recommencer ? Elle recommençait, obstinée, en pestant contre l'adversité. Quel accueil lui réserverait-on ? Et surtout, cette question la taraudait : les gens seraient-ils sincères ? Elle avait le trac comme avant un tournage difficile ou un discours. Une débutante qui connaît trop le risque d'affronter ses admirateurs sous une nouvelle facette de sa personnalité. On pardonne rarement le changement de registre.

La cinquantaine épanouie, Grace est toujours la plus belle, radieuse, sereine. Bien entendu, ce bonheur officiel agace. Quel ennui, ce calme ! On la dit désenchantée, voire déprimée et lasse. Même si on lui assure que les années lui sont favorables et que le temps l'épargne, elle déplore que sa silhouette soit moins svelte qu'avant. Tant pis si les régimes ne peuvent tout arranger. On sait que Grace affronte le caractère affirmé d'une adolescente, Stéphanie, ce qui n'est pas original ; quelle mère ne connaît pas cette situation lorsque ses enfants tentent de devenir adultes ? Dans ses apparitions publiques, la Princesse éblouit, que ce soit à la première d'un gala de Julio Iglesias à l'Olympia ou lors d'un bal à l'ambassade britannique en France, en l'honneur du Prince de Galles avant son mariage. Elle maîtrise la meute médiatique avec un sourire. Après des orages de flashes et de projecteurs, lorsqu'elle demande aux photographes et cameramen de cesser leur harcèlement, avec un charmant « s'il vous plaît… ! », ils obtempèrent sans protester et rendent les armes. On est entre professionnels et la courtoisie est de rigueur de chaque côté des objectifs. Rien ne semble pouvoir enrayer cette mécanique de l'harmonie, rien jusqu'à cette superbe matinée du lundi 13 septembre 1982 où elle prend le volant sur cette route fatale. Une route dont elle se méfiait. Lors d'un entretien pour *Paris Match,* elle était arrivée en retard au Palais où le photographe Jean-Claude Sauer et moi l'attendions, assis sur un vaste canapé blanc, dans ses appartements privés. Venant de Roc-Agel, elle nous avait dit, visiblement inquiète : « Il faut absolument que je reparle au Prince de cette route. Elle est dangereuse ! Un jour, quelqu'un va se tuer… » Ce jour où elle nous fit cette confidence, elle ne conduisait pas…

Cette année, le 9 mai 1999, la Principauté a célébré le jubilé d'or de son souverain, monté sur le trône il y a cinquante ans. À cette date, Rainier est donc le doyen des monarques régnants, stabilité qui explique une œuvre de longue haleine. Dans le même temps, la France est passée de la Quatrième à la Cinquième République et S.A.S. Rainier III a connu sept présidents à l'Élysée. Lors de son discours du cinquantenaire de son règne, le Prince a évoqué le souvenir de son épouse, si étroitement associée à la Principauté pendant plus d'un demi-siècle. Un instant d'émotion, sur la place du Palais, les larmes de Stéphanie devant le bâtiment et la foule attentive, un vide jamais comblé. Née le 12 novembre 1929, la Princesse Grace aurait donc soixante-dix ans cette année. L'approche de la vieillesse, qu'elle redoutait, lui a été épargnée par son fatal accident. Elle est partie encore jeune, rapidement, un peu comme Grace Kelly avait quitté la scène, la douleur en moins. Derrière sa légende, Grace demeure un cas à part. Elle a été dans la lumière, elle avait ses zones d'ombre. À travers les deux périodes de sa vie (deux fois vingt-six ans), j'ai recherché les vérités d'une femme, appréciée comme actrice, aimée comme souveraine. L'ayant connue, je l'ai étudiée sans admiration béate ni suspicion aveugle. Avec une certitude : ceux qui l'ont rencontrée ne l'oublieront jamais et ceux qui ne l'ont pas connue auraient aimé la connaître. Car si elle était une personnalité, elle fut aussi un personnage, ces deux constats s'épaulant et s'arrimant l'un à l'autre, au bénéfice d'une osmose réussie, de 1956 à 1982. « Nous formions une bonne équipe », souligne encore aujourd'hui le Prince Rainier. Oui, une très bonne équipe dont le roman vécu est l'un des plus grands succès du XXe siècle.

C'était un dîner intime, au printemps 1977. Un appartement parisien près de la place Victor-Hugo, une jolie table, six couverts. Une rencontre dans des conditions sans précédent mais qui devait arriver… Je me sentais à la fois heureux et curieux car l'hôte d'honneur était cette femme séduisante, d'une beauté inaltérée, que l'on disait distante, réservée, glaciale. Distante ? Certainement pas, mais d'une exquise courtoisie, attentive aux autres, curieuse de connaître les gens et sachant les mettre à l'aise. Réservée ? L'éducation qu'elle avait reçue et le rang qui était le sien excluaient toute familiarité ; la vulgarité lui était étrangère. Glaciale ? Évidemment, non. Mais elle observait les convenances, veillait à ce qui se fait, à ce qui se dit, un respect des usages qui n'a jamais empêché de penser. Sa vie personnelle restait un mystère ; elle était parvenue à la protéger par une discipline de fer et cette maîtrise d'elle-même passait pour de la froideur. Une attitude qui faisait partie de sa légende. On parlait de son allure, on citait son maintien, on admirait sa classe. Des faiblesses ? Des défauts ? Bien sûr mais ils étaient masqués par la vie en société. La Haute Société.

Ce dîner était donc donné en l'honneur de la Princesse Grace, que Brigitte Bardot avait jadis surnommée, en veine d'amabilités « l'Altesse Frigidaire » ! Sur les six convives, quatre la connaissaient personnellement. Les maîtres de maison étaient très proches d'elle tandis que mon épouse et moi n'étions que des relations mais privilégiées puisque, régulièrement, nous la voyions à Monaco et à Paris. Non sans mal, en combinant le protocole, la sympathie et la confiance, j'étais arrivé à ce que la Princesse accepte mes questions de journaliste alors que, d'habitude, elle s'en méfiait. Restée une grande professionnelle de la représentation, elle ne recherchait rien d'autre que la paix. Elle fixait la règle du jeu, la respectait et moi aussi. Pour *Paris Match,* elle m'avait accordé divers entretiens ; ces contacts furent poursuivis, après 1978, pour *Le Figaro Magazine.* À son propos, j'ai toujours écrit ce que je voulais, sans contrôle ni censure. Jamais elle n'avait montré la moindre réticence, ni formulé une remarque, si ce n'est un mot gentil sur le texte. Pour les photos, c'était différent car elle savait très bien celles qu'il fallait choisir et, éventuellement, éliminer, connaissant ses meilleurs angles et sa photogénie. Dans ce cas, si un cliché pris sans son accord ne lui convenait pas, elle ne transigeait pas et il était détruit ; en général, elle ne se trompait pas. Elle observait la rigueur du spectacle visuel qui ne pardonne pas si on ne s'en soucie pas. Ainsi, le double métier de star relayé par celui de princesse en vue rendait la situation claire à défaut d'être facile. Il n'est pas toujours aisé de parler honnêtement de quelqu'un que l'on connaît.

Mais, ce soir-là, ce n'était ni un gala, ni une réception officielle, encore moins une soirée de bienfaisance où l'on se doit de paraître sans montrer un soupçon d'ennui ou de lassitude. Ce dîner était privé, secret, en territoire français, sans dame d'honneur ni officier de sécurité visible. Des conditions presque inconcevables pour des étrangers à sa famille. La sixième personne, un homme, ne connaissait pas réellement Grace de Monaco, même s'il l'avait déjà rencontrée et analysé sa carrière cinématographique. Comme des millions de spectateurs, il l'avait admirée ; sur elle, il savait beaucoup de choses mais avait souhaité l'approcher dans un contexte intime et non une soirée officielle. Cet invité était François Truffaut. Il avait près de quarante-six ans et l'un de ses plus jolis films, *L'homme qui aimait les femmes,* venait de sortir.

La Princesse fut ponctuelle – elle veillait à l'être – et arriva, selon l'usage, la dernière. Radieuse, détendue. Et, à quarante-sept ans, dans la plénitude de sa séduction, parée d'une robe de Dior en crêpe vert. Le but de ce dîner était simple mais passionnant : Grace de Monaco et François Truffaut voulaient parler de leur idole, le cinéaste qui, de manière fort différente, avait influencé leurs carrières, Alfred Hitchcock ; ils l'aimaient, ils le vénéraient. Ils s'étaient rencontrés une fois pour célébrer « le maître du suspense » à New York, lors d'un gala au Lincoln Center, le 29 avril 1974. Pendant trois heures, un montage d'extraits de films avait enthousiasmé le public. Entre chaque séquence, quelques héroïnes de ses succès avaient prononcé un petit discours.

Comme Janet Leigh et Joan Fontaine, Grace avait pris la parole, redevenant, pour un soir, Grace Kelly. François Truffaut avait essayé de parler anglais mais, en dépit de ses efforts, le résultat n'était pas brillant. Hitchcock était fatigué et souffrait de la goutte. Pour éviter de monter sur la scène et de prendre la parole, il avait enregistré et filmé son intervention, le genre de coquetterie qu'il affectionnait. Par un hommage particulier à Grace, il évoquait *Le crime était presque parfait*; il conseillait à celles qui veulent tuer leur agresseur l'arme qui fournit au film une scène atroce et célèbre, une paire de ciseaux.

« Comme vous venez de le voir, c'est le meilleur moyen », conclut l'expert Alfred. Une photo témoigne de cette soirée américaine. Grace de Monaco est assise entre Hitchcock, à sa gauche, et Truffaut, à sa droite, jeune et rayonnant dans son smoking. « Hitch », le raccourci pour les intimes, semble très absorbé par l'examen du menu prévu pour le souper qui suit la rétrospective. Un souper ? Non, un simple en-cas, composé seulement de desserts et de champagne. On comprend que ce gastronome d'Hitchcock soit déçu.

La Princesse et François Truffaut, au milieu de centaines de personnes, n'avaient pu réellement se parler. Et puis « Hitch » était là, à l'honneur. Grace était donc convenue de revoir le Français. Entre les engagements des uns et des autres, ce rendez-vous n'avait pu être fixé que lors de cette soirée de fin d'hiver, trois ans plus tard.

Le dîner commence. J'écoute et je songe aux réponses étonnantes d'Hitchcock aux questions que lui avait posées François Truffaut pour son livre[3], en particulier celle-ci :

---

3. *Hitchcock-Truffaut,* avec la collaboration de Helen Scott, Ramsay. La première édition date de 1966. Elle a été mise à jour en 1983. Un monument définitif sur le sujet.

« Vous avez déclaré plusieurs fois que Grace Kelly vous intéressait parce que chez elle, le sexe était indirect... »

« Quand j'aborde les questions de sexe à l'écran, je n'oublie pas que, là encore, le suspense commande tout. Si le sexe est trop criard et trop évident, il n'y a plus de suspense. Qu'est-ce qui me dicte le choix d'actrices blondes et sophistiquées ? Nous cherchons des femmes du monde, de vraies dames qui deviendront des putains dans la chambre à coucher. La pauvre Marilyn Monroe avait le sexe affiché partout sur sa figure comme Brigitte Bardot et ce n'est pas très fin. »

Autrement dit, derrière la réserve, on démasque le tempérament ; le tempérament se devine plus qu'il ne se montre.

Inévitablement, la conversation du dîner aborde *La main au collet* et la scène, entre autres, où Grace Kelly conduit Cary Grant sur une route escarpée au-dessus de la Côte d'Azur, une route proche de celle où cinq ans plus tard la Princesse Grace vivrait ses derniers instants conscients... Ce soir-là, François Truffaut souligne, avec une malice gourmande, qu'Hitchcock « filme des scènes d'amour comme si c'étaient des meurtres et inversement ». L'ancienne star approuve. D'ailleurs, ce libidineux d'Alfred avoue un de ses phantasmes en déclarant : « Rien n'est plus excitant qu'un iceberg quand il est sur le point d'exploser ! » J'ignore si la catastrophe du *Titanic* peut avoir une connotation sexuelle, mais la Princesse – « Iceberg », selon Hitchcock, comme d'autres de ses actrices, Eva Marie Saint dans *La mort aux trousses* – explose de rire ! Sa voix tinte avec son léger accent bien élevé, enregistré dès la naissance du côté de Philadelphie et qu'elle a heureusement gardé après avoir travaillé sa voix. Puis, nous parlons du nouveau film de Truffaut, *L'homme qui aimait les femmes,* que nous venions tous de voir avec plaisir. Le réalisateur raconte le tournage, pendant l'hiver, à Montpellier, ville où il considère qu'il y a les plus jolies femmes de France. Grace saisit la balle au bond :

— Je comprends maintenant pourquoi mon mari a fait ses études de droit à Montpellier !

Un peu plus tard, la Princesse avoue à François Truffaut que ce qui lui a été le plus pénible dans son métier de comédienne au cinéma était l'interminable attente sur les plateaux entre les prises. Pour lutter contre cette impression d'inutilité, elle se livrait à la tapisserie ou à la broderie. Une façon de tromper sa nervosité.

Je n'avais qu'un regret, tenace, celui de ne pouvoir prendre des notes, enregistrer, encore moins garder une photo de cette précieuse rencontre, un sommet d'analyses cinématographiques truffées d'humour. Mais c'était convenu, la soirée serait réservée à nos mémoires et à notre plaisir. Au moment où est servi un succulent gigot à la farigoule, il n'y a plus, face à face, ni une Altesse Sérénissime ni l'ancien critique virulent des *Cahiers du Cinéma*, mais deux experts passionnés, emportés dans un dialogue inouï qui aurait étayé une formidable émission de radio ou de télévision. C'était cocasse, tout de même : une vedette emblématique, incarnant un jeu et un talent académiques d'un côté, l'animateur de la Nouvelle Vague, impitoyable démolisseur des gloires officielles, de l'autre. Grace s'était sincèrement prise au jeu des questions-réponses. Il en posa beaucoup, elle répondit sans réserve. Le bel iceberg avait fondu dans la complicité de ce dîner. Ce soir-là, avec l'insatiable François Truffaut, de grandes pages de la mythologie hollywoodienne s'étaient enrichies. Pas de mondanités fades, mais une joyeuse ambiance.

La Princesse s'éclipsa de bonne heure. Sa voiture était en bas, avec son chauffeur ; la silhouette blonde, nimbée de mousseline verte, disparut dans la nuit d'avril à Paris, vers l'avenue Foch. Elle nous parut, à nouveau, une héroïne hitchcockienne, irrésistible parce qu'inaccessible. Nous raccompagnâmes le réalisateur chez lui, près du musée Galliera. Il était ébloui, subjugué. Pas de doute : cet homme qui, lui aussi, aimait les femmes, était sous le charme. Et, je crois, stupéfait. Il connaissait Grace Kelly, il venait de découvrir Grace de Monaco. Avant de nous quitter, il nous dit :

— Elle tient parfaitement son rôle. Elle a toujours été à sa place. C'est merveilleux. Et puis, j'ai appris beaucoup de choses !

Je lui répondis :

— Ce qui est bien est que la Princesse n'a jamais renié la star ni son passé de comédienne. Beaucoup de ses partenaires à l'écran, qui étaient devenus ses amis, le sont restés.

Et je lui rappelai qu'elle tenait à fêter ses noces d'argent en Californie, chez Frank Sinatra, qu'elle avait connu en tournant *Haute Société,* son dernier film.

Je n'ai jamais revu François Truffaut mais, ce soir-là, je l'ai vu heureux et rassuré de la simplicité de ses échanges. Par la suite, un de ses assistants m'a téléphoné pour des renseignements à propos de trains, qui sont une de mes passions, alors qu'il travaillait son film *L'amour en fuite.* Cette fascination pour les grands express mythiques, on l'observait aussi chez Grace. Elle aimait prendre, incognito, le célèbre Train Bleu, alors digne de sa légende, encore doté de sa somptueuse voiture salon-bar des années folles et de ses voitures-lits de luxe. Elle arrivait au dernier moment, souvent protégée par un bonnet et des lunettes noires et disparaissait, anonyme, derrière la porte marquetée de sa cabine réservée sous un nom de code. Deux policiers se relayaient aux extrémités du couloir.

Avec la Princesse, nous avons souvent évoqué la magie des trains de nuit et leur importance au cinéma comme lieu d'intrigues et de rencontres. Le 8 octobre 1977, dans le salon d'honneur de la gare de Monaco Monte-Carlo, je l'ai interviewée pour la série télévisée « Histoire des Trains » dirigée par Daniel Costelle, pour Pathé/TF1. Nous descendions d'une rame spéciale, composée de voitures-lits, restaurants et Pullman qui allaient être vendus aux enchères à Monte-Carlo, ce qui était sans précédent. L'événement, que j'avais aussi couvert pour *Le Figaro* et qui était organisé par Jean-Paul Caracalla, avait permis un voyage à vitesse très réduite entre Nice et Monaco en perturbant le trafic côtier car un petit déjeuner, servi en gants blancs, pour une centaine de personnes, prenait au moins une heure. Le chef de la gare de Nice, M. Hughes, s'était arraché les cheveux dans les horaires, arrêts et dépassements. Il avait fini par déclarer : « Les autres attendront ! » Puisque la Princesse était l'hôte d'honneur de cette promenade originale, la Sécurité, tant française que monégasque, avait soigneusement tout étudié. La place du tapis rouge, des autorités diverses, la foule de curieux venue admirer ce superbe matériel, rien n'avait été oublié. Pourtant, au dernier moment et je suppose par précaution, Son Altesse Sérénissime était arrivée par un accès qui n'avait pas été annoncé. Il y eut un bref moment de flottement dans l'organisation. On ne le mesura que plus tard, quand on apprit, en gare de Monte-Carlo, qu'une voyageuse ordinaire, qui attendait simplement son train ordinaire pour aller de Nice à Menton, était montée à bord du train spécial, s'était installée sans aucun contrôle et avait apprécié les croissants chauds, le café et l'argenterie au monogramme de la Compagnie Internationale des Wagons-Lits, à peine étonnée de ce qui se passait. Ravie, la dame inconnue lança : « Ah ! Ils ont enfin compris qu'il fallait mettre un bon train ici ! »

Je racontai cette anecdote à la Princesse. Elle me fit cette remarque résignée : « Quand je pense que les journalistes parviennent toujours à savoir où je suis ! »

Cet univers ferroviaire, très romanesque, fut encore une occasion de reparler d'Hitchcock ; du noir et blanc de 1938 avec *Une femme disparaît* au Technicolor de 1959 dans *La mort aux trousses,* sans oublier *L'inconnu du Nord-Express* (1951), le metteur en scène nous a laissé quelques morceaux d'anthologie. Je ne sais si, comme cela avait été prévu lors de notre dîner, François Truffaut a pu organiser pour Grace la projection privée d'un de ses films qu'elle désirait revoir sur grand écran puisque même chez l'intimiste Truffaut, la diffusion télévisée lui semblait être une trahison. Mais je n'ai cessé de repenser, souvent, à *La main au collet,* à cette scène où Monaco apparaît en bas, dans le fond, tandis que Cary Grant est pâle de peur malgré son éternel bronzage maquillage. Je songeai aussi à cette réflexion que Grace avait eue à Paris, chez Alexandre, l'illustre coiffeur qui prenait soin de sa chevelure, à propos de cette route qu'elle craignait. Là encore, elle en avait parlé autour d'elle. Une route qu'elle empruntait souvent, apparemment avec angoisse. Était-ce une prémonition ? On peut le penser. Si la fatalité est un enchaînement de causes et de circonstances qui n'auraient jamais dû être mêlées, les dernières heures de la Princesse Grace en sont un dramatique et spectaculaire exemple. Implacable scénariste, la vie s'autorise des répétitions ou des retours en arrière confondants. Grace de Monaco n'avait-elle pas dit, avec une surprenante gravité : « Parfois, j'ai l'intuition que quelque chose me guette et que le Prince restera seul avec les enfants » ?

II
La route du destin

Lundi 13 septembre 1982. Dans le Midi de la France, la matinée est chaude ; on prédit une température caniculaire, comme les jours précédents. La Côte d'Azur est dissoute dans la brume de chaleur. C'est toujours l'été, un bel été mais accablant. Dans la ferme de Roc-Agel, au-dessus de la Principauté, où la vie est décontractée et sans protocole, la Princesse Grace s'est levée tôt. Comme toujours. Vers huit heures, elle est prête. Son agenda est rempli et elle doit partir le soir même pour Paris, par le Train Bleu. Elle est heureuse d'avoir passé quelques jours au calme avec Rainier et les enfants, après une croisière à bord du paquebot *Mermoz*. Ce périple maritime les avait conduits d'abord en Islande, avec une visite officielle à sa présidente, Mme Vigdis Finnbogadotir, puis vers le Spitzberg, en hommage aux expéditions maritimes de ce grand navigateur qu'était le prince Albert Ier. Seule Stéphanie est restée avec sa mère à Roc-Agel. Grace a décidé de ranger sa garde-robe estivale avant de quitter Monaco. À neuf heures vingt, Stéphanie, qui a été réveillée par sa mère, a enfin bouclé sa valise ; elle prendra, ce soir, le rapide de nuit avec Grace, espérant échapper aux meutes de journalistes. Stéphanie doit commencer à suivre les cours d'une école de Haute Couture, mais pour éviter la presse qui les attendra à leur domicile parisien, Grace a accepté l'idée de descendre, pour une nuit, avec sa fille, à l'Hôtel Meurice. Leur piste étant, provisoirement, brouillée, ce sera toujours un peu de liberté gagnée sur le harcèlement…

La Princesse choisit d'étendre ses robes sur la banquette de sa voiture pour ne pas les froisser car le coffre, chargé par le chauffeur, Paul Raimondo, est déjà rempli. Une femme de chambre aide Grace à disposer les vêtements avec des cartons à chapeaux par terre.

Il est évident que la voiture est pleine et qu'il n'y a pas de place pour trois, même pour un trajet court, jusqu'au Palais. Avec tous ces tournants… Au chauffeur, elle lance, joyeuse :

— Tant pis ! Je me passerai de vous !

M. Raimondo, sérieux et consciencieux, est très ennuyé. Il sait que la Princesse n'aime pas conduire, notamment sur cette route de montagne. Il sait, surtout, qu'elle ne conduit pas très bien. Une réalité que le Prince Rainier m'a confirmée, lors d'un entretien au Palais, le samedi 20 mars 1999 :

— La Princesse ne s'intéressait guère aux voitures. Les marques, les modèles, les carrosseries, les performances ne la passionnaient pas. La vitesse non plus. Mais elle s'amusait beaucoup à conduire, dans Monaco, un authentique taxi londonien que je lui avais offert, vous savez, l'une de ces célèbres Austin où l'on pourrait presque entrer avec un haut-de-forme et qui virent sur place. Et elle aimait sa Rover, confortable et très bien entretenue. Une voiture qui avait onze ans mais qui, pour toutes ces raisons, roulait peu.

Son chauffeur objecte à la Princesse, déjà installée au volant, tout ce qu'il peut dire. Il est inquiet, il insiste pour conduire, il est là pour ça, c'est sa mission… En vain. Grace, entêtée comme une vraie Irlandaise et visiblement contente, lui lance :

— Vous pourrez rouler derrière nous !

Une plaisanterie. La dernière. Effectivement, le chauffeur et la femme de chambre descendront avec un autre véhicule. À neuf heures trente, la Rover 3500, d'un joli marron métallisé, démarre. Stéphanie est assise à la droite de sa mère ; ni l'une ni l'autre n'ont attaché leur ceinture de sécurité, rajoutées sur cette voiture de 1973. À Roc-Agel, la température est délicieuse, rafraîchie par l'altitude, environ neuf cents mètres. En bas, tout en bas, Monaco émerge à peine des vapeurs chaudes et le soleil tape déjà fort.

La fatalité vient de frapper son premier coup : la Princesse n'aurait pas dû conduire.

Sur la nationale 53, en territoire français, en descendant de Roc-Agel, on compte au moins cinquante virages, certains très serrés, en épingles à cheveux. La Rover avance lentement, Grace est très prudente ; la boîte de vitesses est automatique et, souvent, son levier est enclenché sur la position de frein moteur, réservée aux descentes périlleuses. Il est dix heures, ce qui prouve que la Rover n'avait pas dépassé le trente à l'heure, allure très raisonnable. Derrière la Rover, par hasard, un camion suit, lentement. Au volant, un homme prudent. Il voit cette voiture négocier soigneusement tous ces virages. Soudain, à un kilomètre et demi de la symbolique frontière franco-monégasque, dans une brève ligne droite, la voiture fait de dangereux zigzags devant lui. Il klaxonne pour alerter la conductrice, pensant à une faute d'attention. La Rover se range sur la droite, comme pour laisser passer le camion mais, à un tel endroit, le routier ne cherche évidemment pas à doubler ; on sait que la Moyenne Corniche est parfois plus dangereuse que la Grande Corniche. Le conducteur se concentre. Là-bas, à deux cents mètres devant lui, un nouveau tournant. Horrifié, il voit la Rover prendre, inexplicablement, de la vitesse. Il racontera : « Le virage arrivait, je ne voyais pas la voiture ralentir… Les feux rouges des freins ne s'allumaient pas. La voiture n'essaya même pas de tourner. J'eus l'impression qu'elle allait de plus en plus vite… Elle dépassa le bord du précipice et disparut. »

Deuxième coup de la fatalité : les virages de la route sont tous dotés d'une rampe de protection. Mais, à cet endroit précis, sur quelques mètres, le garde-fou est interrompu car une petite route départementale croise la nationale. À angle droit. Il y a donc un vide. La voiture s'y engouffre, comme attirée par un vertige, à environ cinquante ou soixante kilomètres/heure. Un instant, la Rover est comme suspendue dans le vide. Puis, elle bascule sur des broussailles et des arbustes, tournoie en plusieurs tonneaux et s'écrase dans la cour d'un immeuble en bordure d'un jardin potager, au milieu des pins et des chênes-lièges. Le choc est terrible : la chute a été d'une quarantaine de mètres. La voiture est aplatie mais inégalement, surtout sur le côté droit.

À partir de cet instant, plusieurs versions de l'accident ont circulé, en général fausses, entachées de contradictions et souvent malveillantes sur l'intervention des secours et la qualité des soins apportés. Jusqu'à la préparation de ce livre, les témoins réellement directs et toujours vivants du drame sont restés muets. Par pudeur et discrétion. Pour la première fois, le plus proche témoin du point de chute de la Rover a accepté de me parler. Son témoignage réduit à néant les interprétations qui ont longtemps provoqué des polémiques, certaines très pénibles.

Contrairement à ce qui a été dit, aucune portière n'est ouverte. Il est 10 heures 05 minutes.

Ce matin-là, Jacques Provence, directeur artistique de l'*Hotel Loew's* (aujourd'hui *Grand Hôtel*) à Monte-Carlo, prend, un peu avant 10 heures, son café avec son épouse, dans le jardin de sa maison ; il habite alors à mi-chemin de La Turbie et de Monaco, sur le territoire de la commune de Cap d'Ail. Ils sont avec des amis qui, comme eux, témoigneront dans un rapport à la gendarmerie de La Turbie. Homme de spectacle, alors directeur artistique de la SBM et du Festival international du cirque, Jacques Provence me racontera, encore très ému et bouleversé, ce qui s'est déroulé sous ses yeux et ce qu'il a fait : « La Rover est tombée… à trois mètres de nous ! Cet endroit, sur la route, était réputé très dangereux : nous avions déjà vécu quatre chutes de voitures ! Heureusement, ces accidents spectaculaires n'avaient pas provoqué de décès… Cette fois… Mais dans les secondes qui suivirent ce choc effroyable, nous ne savions pas qui était à l'intérieur de la voiture. »

Je demande à Jacques Provence qui a alerté les secours et le Palais :

« C'est ma femme qui a alerté les secours en premier, comme pour les accidents précédents, c'est-à-dire les autorités françaises, en l'occurrence la brigade de gendarmerie de La Turbie, l'accident s'étant déroulé en territoire français et non monégasque. C'était la manière la plus rapide d'agir. Je le confirme, car certains journaux, dont le quotidien allemand *Bild* du 13 septembre 1988, soit six ans plus tard, ont affirmé que j'avais alerté les autorités monégasques en priorité, ce qui est totalement faux. En revanche, par hasard, en face de notre domicile, habitait un fonctionnaire du gouvernement monégasque. Il était en congé. Il a téléphoné au Palais. Le Prince, qui s'y trouvait, a été très vite prévenu mais la gendarmerie et les pompiers français étaient déjà en route. Les secours sont arrivés très vite. Nous entendions des cris, comme s'il s'agissait d'un bébé. Une voix répétait comme une litanie : "Maman est morte ! Maman est morte !" À l'aide d'une barre à mine, nous avons aidé la blessée consciente à s'extraire de la carcasse, par la portière gauche. Je ne l'ai pas reconnue. C'est ma femme qui m'a dit : "Mais c'est la Princesse Stéphanie !" Nous avons alors réalisé que la forme humaine à l'arrière était la Princesse Grace. Ce sont les pompiers seuls qui ont sorti la Princesse Grace de la voiture car devant son état, nous avions attendu que des spécialistes et seulement des spécialistes s'en occupent. »

Allongée sur le dos, elle est inconsciente. Ses yeux sont ouverts mais vitreux ; une entaille barre son front. La tête repose sur la lunette arrière ; la jambe droite est pliée vers l'intérieur mais d'une manière anormale. Avec les pompiers,

Jacques Provence et sa femme aident à recouvrir les deux accidentées de couvertures qu'ils sont allés chercher en hâte.

— Selon vous, c'était bien la Princesse Grace qui conduisait ?

— C'est évident ! Et tout ce qu'on a pu dire ou écrire en prétendant le contraire est une invention. Stéphanie est sortie par le seul endroit d'où on a pu l'extraire. Pour sa mère, il a fallu découper la carrosserie au chalumeau, briser ce qui restait de la vitre arrière. Ce qu'on a raconté ou laissé raconter sur Stéphanie au volant est faux et monstrueux. De même, on a dit que de la fumée s'échappait du moteur. En réalité, il y a eu quelques flammèches que nous avons éteintes immédiatement avec le tuyau qui nous servait à arroser les plantes.

En quelques minutes, deux ambulances sont sur place. Il est visible que Grace est très grièvement blessée et ne réagit pas. Ironie ou nouveau signe de la fatalité, c'est à l'hôpital qui porte son nom, l'hôpital Princesse Grace que la Princesse Grace est transportée dans une ambulance, Stéphanie étant dans la seconde. Et c'est là que Rainier et Albert les rejoignent aux urgences, angoissés et sans avoir le droit de les voir.

— Quelle a été votre impression lorsqu'on a emmené Grace et sa fille ?

— Une impression très mauvaise, de catastrophe. Certes, Stéphanie était blessée, mais consciente, vivante… Tandis que la Princesse ne donnait aucun signe de vie, ni même de douleur. Jamais je n'ai vu quelqu'un d'aussi pâle… Elle était littéralement blanche… C'était épouvantable…

En fin de matinée, le bilan est le suivant : Stéphanie, traumatisée, est miraculeusement en vie. À quelques millimètres près, elle serait restée paralysée. Bien qu'ayant une vertèbre cassée et une forte commotion, sa vie n'est pas en danger. En revanche, la Princesse Grace est dans un état très grave, souffrant de multiples fractures et blessures : thorax enfoncé, un poumon écrasé, clavicule et fémur droits brisés, côtes cassées. Sous assistance respiratoire, cette femme disloquée ne lutte déjà plus contre la mort ; la mort l'a déjà envahie et rogne ses dernières forces. Le professeur Charles Chatelin, chirurgien chef, et son équipe, tentent l'impossible. Pendant quatre heures, ils opèrent. On ouvre le thorax pour vider le sang qui a inondé le poumon et le réoxygéner. Puis, on traite une hémorragie interne à l'estomac. Déjà, c'est gravissime et presque sans aucun espoir. L'examen du cerveau révèle que le coma est profond, la Princesse n'a absolument pas repris connaissance et ne réagit toujours pas. Avec le docteur Duplay, patron du service de neurochirurgie de l'hôpital de Nice arrivé en renfort en début d'après-midi, son confrère Chatelin décide un examen au scanner. À cette époque, cet appareil extraordinaire reste rare et l'hôpital Princesse Grace n'en est pas encore équipé… On transporte donc la Princesse chez le docteur Michel-Yves Mourou dont le cabinet de radiologie est le seul en Principauté qui permette un examen approfondi de l'état du cerveau. Ce médecin a d'ailleurs travaillé des années auprès de la Princesse Grace, notamment comme administrateur de la Croix-Rouge monégasque, depuis 1974 ; il poursuivra son métier dans l'imagerie médicale. Le transport est délicat car son cabinet, spécialisé dans l'examen des femmes enceintes, s'il a, évidemment, un ascenseur, celui-ci n'a pas été conçu pour des urgences de réanimation. La civière est hissée avec difficulté dans l'escalier. Est-ce du temps perdu ? Non. Il était impossible d'aller plus vite, compte tenu de l'état catastrophique de la blessée et des conditions techniques. L'examen cérébral est accablant. Deux hémorragies sont constatées, un œdème au centre, important, sans doute une conséquence de l'accident et un œdème dans le lobe frontal. L'exploration incite l'équipe médicale à penser que cette petite attaque s'est produite juste avant l'accident, quelques secondes seulement. L'hypothèse est alors avancée : la Princesse a été frappée d'une hémorragie cérébrale tandis qu'elle était au volant ; elle a perdu conscience un instant, d'où la trajectoire brutalement anormale de la voiture. La Rover ayant redressé sa course, on peut penser que la Princesse avait repris conscience brièvement mais pas assez pour avoir le réflexe de freiner. C'est donc un accident vasculaire, sans doute minime, qui a provoqué l'accident. Ce qui, sur le plan strictement automobile, aurait pu n'être qu'un accident si la Princesse avait pu, par exemple, braquer vers la montagne ou heurter le garde-fou, est devenu un drame spectaculaire, la voiture s'étant littéralement glissée dans le seul endroit sans protection. Le choc a provoqué la plus grave hémorragie puisque la tête a été projetée contre le pare-brise, la carrosserie, le sol... Le coma s'alourdit, les chances de survie sont infimes. En fin d'après-midi, l'angoisse est pire : si la Princesse devait survivre, elle ne serait plus qu'un être sans aucune activité cérébrale. Jamais elle ne retrouverait ses facultés. Vers 18 heures, elle est ramenée vers « son » hôpital. L'assistance respiratoire fonctionne toujours, les électro-encéphalogrammes ne donnent que de très faibles signes. Grace de Monaco est en survie artificielle. La famille princière veille. Et prie. Seul un miracle pourrait sauver l'inconsciente. *Deo Juvante,* avec l'aide de Dieu, selon la vieille devise des Grimaldi.

En fin d'après-midi, la nouvelle de l'accident s'est répandue, avec confusion. Mon père a reçu un coup de fil d'un ami de Monaco à propos du prochain Festival International du Cirque, prévu pendant l'hiver, mais, bien entendu, il n'est question que de l'accident ; on ne sait pas encore, en dehors des gens sur place, qu'il a été très grave et on ignore ses conséquences. Il me prévient mais au *Figaro Magazine* comme dans toutes les rédactions, les correspondants nous ont déjà alertés. Les enquêteurs travaillent, mais on ne sait pas grand-chose On parle d'un accident purement mécanique, sans gravité. La Princesse doit rester quelque temps en observation. Elle souffre de « quelques fractures » sans que l'on sache lesquelles. Une inquiétude vague, diffuse mais lancinante, entoure ces propos. Des propos très maladroits car ils ne sont pas rédigés par un professionnel de la communication, une personne qui connaît l'importance d'une virgule, la valeur d'une nuance, le poids d'un mot et l'inconvénient des précisions… incomplètes. C'est encore la fatalité, même si, sur le fond, le drame est joué. Il ne s'agit plus, en effet, de la vie de la Princesse – cette vie qui s'en va, irrémédiablement – mais de l'interprétation des événements et donc de leur authenticité. Au-delà du fait divers lui-même (un spectaculaire accident dont la victime est une haute personnalité), il y a, inévitablement, les questions que l'on se pose dès que des déclarations et des communiqués se contredisent ou sont en contradiction avec des témoignages ou rapports, sans parler du travail de la presse. En ce début de soirée du 13 septembre 1982, une atmosphère d'incrédulité et de soupçon entoure l'affaire. Seuls, a priori, les gens qui ont vu l'accident puis l'intervention des secours, le Palais et les équipes de réanimation savent la gravité de la situation. Si mon père, par hasard, en a été informé à Paris, c'est qu'il n'est pas le seul.

D'où vient ce qu'il faut bien appeler un cafouillage médiatique ? De l'absence de Nadia Lacoste, directeur du Centre de Presse de la Principauté. Nadia Lacoste, après un été chargé, vient de partir en vacances en Allemagne dans la Forêt-Noire où son mari aime se livrer aux joies de la pêche. Cette remarquable professionnelle, que le Prince avait présentée à Grace, est une femme de grande expérience. Elle connaît tous les journalistes et, ce qui est encore plus précieux, tous les journalistes la connaissent. Depuis des années, elle est respectée car elle sait ce qu'il faut dire, comment il faut le dire, quand il faut le dire et s'il ne faut rien dire du tout. Question de métier et de confiance. Le monde n'étant pas encore devenu un pénible standard téléphonique où des hystériques ont des portables greffés sur les oreilles, de précieuses heures – sur le plan de la communication – sont perdues. Nadia Lacoste, qui vient d'arriver dans un endroit isolé et où l'équipement téléphonique est encore limité, apprendra la nouvelle par la radio. Devant les difficultés pour obtenir elle-même des précisions, elle se hâtera de regagner Monaco mais en étant obligée de prendre un avion de Strasbourg à Paris, puis un autre de Paris à Nice. Autrement dit, la mission d'informer retombe, en son absence, sur quelqu'un qui n'a pas d'expérience. Pas de chance, c'est une lourde responsabilité. Officiellement, les médecins ne disent rien et le Palais non plus, comme si le silence était une défense pour repousser la fatalité. Hissée sur une remorque, recouverte d'une bâche, la Rover a été rapidement transférée vers un garage du Palais et, dans l'après-midi, elle est examinée par des spécialistes, les autorités judiciaires, la gendarmerie française et les carabiniers monégasques. La mesure, parfaitement normale, n'empêche pas des voisins du lieu de l'accident de commenter, de répondre aux journalistes locaux, de poser pour les photographes et les cameramen…

L'hypothèse d'une défaillance du circuit de freinage est avancée, mais, selon le témoignage du chauffeur du camion et l'examen de la route, aucune trace n'est relevée. Non, les freins n'ont pas été utilisés ; il est donc impossible de dire qu'ils étaient défectueux. Vers 16 heures 30, un communiqué officiel se veut optimiste et mesuré. Il cherche à rassurer, peut-être à conjurer le sort, dira un médecin… Mais, par son mélange de flou et de précisions, il aboutit au résultat inverse. Si plusieurs versions circulent, c'est soit qu'on cache la vérité soit qu'on l'ignore, mais en voulant protéger un secret. Notons que dans plusieurs faits divers impliquant de hautes personnalités, la variation des explications données ne fait qu'introduire le doute et jeter une suspicion à perpétuité. Dans deux exemples fort différents, ce fut le cas de la célèbre énigme de Mayerling, en 1889, et de l'accident qui coûta la vie, à Paris, à la Princesse de Galles, la célèbre Lady Diana. Beaucoup de questions, peu de réponses réellement satisfaisantes. Et comme toujours, la presse, frustrée de ce qu'on lui fournit, va fouiller ailleurs. Dans le cas présent, les indications données s'écroulent vite. Les journalistes ont raison sur un premier point : lundi soir, la Princesse est dans un état désespéré. Les pires rumeurs s'enflent. Quotidiens et magazines ressortent leurs dossiers, trient leurs archives, choisissent les documents. Déjà ! Les chaînes de radio et de télévision montent des sujets pour les journaux du soir, le mariage, les enfants, des entretiens et, bien sûr, des extraits de films. Comme tous nos confrères, au *Figaro Magazine,* nous pressentons la catastrophe. On est en début de semaine, c'est-à-dire en phase de réalisation ; on se prépare. De toute manière, il y aura un sujet Grace. Sous quel angle ? On ne peut encore le dire. La Principauté est dans l'angoisse. On attend.

Dans la nuit du 13 au 14, la blessée s'enfonce davantage dans le coma. La faible activité cérébrale s'amenuise encore. Le mardi, à 6 heures du matin, l'électroencéphalogramme devient totalement plat. Grace est considérée comme cliniquement morte. Caroline, revenue d'Angleterre, peut embrasser sa mère. Une vision atroce, les tubes, les perfusions, les écrans de contrôle aux oscillations vertes. Je me souviens qu'à Paris, l'absence de nouvelles contrastait avec les assurances de la veille. C'était irréversible. Peut-être la Princesse était-elle même déjà décédée ? À la mi-journée, Albert et Caroline embrassent leur mère. Le dernier baiser, l'adieu à cette maman qui n'est déjà plus là. Contrairement à ce que l'on croit souvent, Stéphanie, immobilisée, n'avait pas le droit de bouger ; elle ignorait l'état réel de sa mère et ne l'a su qu'après ; longtemps, elle a dû porter une minerve.

Le Prince Rainier, effondré, demeure seul avec l'équipe de réanimation. Le cas de conscience est épouvantable. Prolonger un coma définitif pour une vie disloquée, une fausse vie ? Imaginer Grace réduite à l'état végétatif, de handicapée profonde ? Non... Mais ce coma est-il irréversible ? Il y a des cas, rares, certes, où la conscience revient. Mais ce serait pire. L'examen au scanner est implacable, les dégâts provoqués par l'hémorragie cérébrale ont été impossibles à juguler. Médicalement, il n'y a plus rien à tenter. Il n'y a qu'un geste à accomplir, épouvantable mais libérateur, effroyable mais humain. En début d'après-midi, le Souverain, brisé mais réaliste, donne aux médecins l'autorisation de débrancher l'assistance respiratoire. Les ultimes forces de la Princesse vont encore tenir quelques heures. À 22 heures 35, son cœur s'arrête. Le décès de Grace Patricia Kelly, Princesse de Monaco, est officiel. L'accident a eu lieu il y a près de trente-six heures, elle n'a jamais repris conscience. Elle aurait eu cinquante-trois ans le 12 novembre, dans deux mois.

Une heure plus tard, un communiqué annonce la terrible nouvelle : « L'état de santé de Son Altesse Sérénissime la Princesse Grace s'est aggravé dans la nuit du 13 au 14. En fin de journée, toute possibilité thérapeutique était dépassée et Son Altesse Sérénissime la Princesse Grace de Monaco est décédée d'une hémorragie vasculaire intercérébrale. » Les téléscripteurs et les téléphones sonnent. Le rédacteur en chef du *Figaro Magazine,* Henri-Christian Giraud, m'appelle chez moi vers minuit, confirmant ce que nous pressentions :

— La Princesse est morte. Nous lui consacrons un cahier spécial. Rendez-vous au journal, demain matin, à 8 heures. Il nous faut un texte d'urgence, quatre à cinq feuillets. Tout doit partir à l'imprimerie avant midi.

En effet, nous serons mercredi et le journal devrait être bouclé pour que le numéro soit livré aux abonnés vendredi matin. Une nuit de fièvre dans les rédactions. Une nuit de peine à Monaco et, entre autres, chez moi. J'écris vite. Pour la première fois depuis que je suis journaliste – j'ai commencé, en 1965, dans le groupe de Jean Prouvost, à *Marie-Claire* et à *Paris Match* –, je suis presque paralysé de chagrin et, en même temps, poussé par l'envie de raconter un peu de la vie et de la personnalité de la Princesse défunte. Je travaille au milieu des larmes. D'une certaine manière, je vis un deuil dans ma famille.

Comme prévu, les pages spéciales sont montées très vite. Louis Pauwels, directeur du journal, titre ce cahier en se permettant un jeu de mots que j'ai trouvé indécent à l'époque mais qui, en fait, était une réalité : « Le monde perd un peu de sa Grâce. » Parallèlement, ce 14 septembre 1982 est la journée des doutes. La disparition de la Princesse est si rapide qu'elle est à peine croyable, car l'opinion n'a pas été préparée. Mais surtout, rien n'est vraiment clair dans les circonstances de son accident et de son décès. Plus par maladresse que par intention, la presse a été égarée vers des à-peu-près dont elle cherchera à se venger. Les rumeurs, folles, agressives, incisives, circulent. Résumons-les telles qu'elles sont alors palpables.

Première interrogation : pourquoi avoir dit que Grace n'avait qu'une jambe cassée, qu'elle était en observation alors que son état, très grave dès l'accident, n'a fait qu'empirer et ne pouvait qu'empirer ? L'auteur du communiqué n'était pas informé de la réalité. Cliniquement, Grace de Monaco peut être considérée comme décédée le lundi 13 septembre, peu après 10 heures du matin et non mardi 14, dans la soirée. Était-il possible de ne donner aucune explication sans risquer d'éveiller la curiosité ? Jusqu'à l'examen au scanner, la famille princière pouvait encore espérer ; après, non. D'ailleurs, à la suite de ce bilan neurologique, le Prince Rainier s'était entretenu au téléphone avec la famille Kelly, à Philadelphie, en particulier avec la sœur de la princesse, Elizabeth Anne, surnommée Lizanne. Elle confirma cette triste conversation avec son beau-frère : « Il n'a jamais cherché à nous cacher quoi que ce soit. » Autrement dit, dans la fin de l'après-midi du premier jour, les proches étaient informés et conscients de l'extrême gravité de la situation tandis que, par incompétence, l'opinion était plus ou moins rassurée. Notons, aussi, que l'assistance respiratoire, moins répandue qu'aujourd'hui, entretenait davantage l'illusion de la vie ; pour la famille, l'espoir était presque concevable. De même, indépendamment des croyances et des convictions, la définition légale de la mort en Occident a évolué et l'absence d'activité cérébrale n'a cessé de s'imposer comme critère réel.

Deuxième interrogation, plus délicate : qui conduisait ? Grace était-elle au volant ou bien avait-elle permis à Stéphanie de prendre sa place ? Le doute a pour point de départ la déclaration d'un habitant près de l'endroit où la voiture est tombée, M. Sesto Lecchio, un horticulteur. Mais, comme je l'ai dit, il est arrivé *après* le constat de M. et Mme Jacques Provence et de leurs amis, lesquels ont failli être écrasés par la chute de la voiture. Pour détourner l'attention des journalistes, M. Lecchio – aujourd'hui décédé – répond à leurs questions, pose volontiers en photos ; il affirme avoir vu Stéphanie sortir par la portière avant gauche, donc celle de la place du conducteur. « C'est Stéphanie qui conduisait ! » dit-on. Ce serait la clé du drame... La rumeur enfle. En fin de journée, alors que la compassion s'exprime pour pleurer cette femme si belle, si rassurante et qui semblait garante de traditions que tout menace, une conclusion épouvantable est énoncée : « Stéphanie était inexpérimentée, elle ne savait pas conduire cette voiture... Elle a tué sa mère ! » Pas même un sous-entendu... Plus tard, mais seulement plus tard, M. Lecchio, bouleversé, corrige son témoignage : il n'est plus certain d'avoir vu Stéphanie sortir à l'avant. Il ne sait plus. Le choc de la voiture tombée du ciel, le bruit d'un avion qui se serait écrasé, la carrosserie éclatée, le risque d'incendie ou d'explosion, tout s'est passé si vite... L'enquête, celle de la gendarmerie de La Turbie saisie territorialement, des services policiers français et monégasques, complétée par les rapports des ingénieurs et des deux experts dépêchés sur place par

British Leyland, alors constructeur de Rover, va démontrer que si Stéphanie est sortie par ce qui restait de la place du conducteur, c'est bien parce qu'il n'y avait aucune autre possibilité. Coincée entre le siège et la boîte à gants, la passagère était dans la seule partie non écrasée du véhicule ; il s'en est fallu de peu qu'elle ne restât prisonnière de l'épave et les pompiers ont dû extraire sa mère par l'arrière. Si Stéphanie sort par la place du conducteur, cela ne signifie pas qu'elle conduisait ; la jeune princesse n'a que dix-sept ans et n'a pas encore passé son permis de conduire. En admettant même que, de temps en temps, sa mère lui laissât prendre le volant, il est, bien sûr, inimaginable que Grace, mère très attentive et vigilante, ait choisi une pareille route. Déjà terrorisée par cet itinéraire en conduisant elle-même, elle n'aurait jamais confié le volant de cette voiture puissante (le moteur est un six cylindres) à sa fille. C'est absolument impensable. Et pourtant, c'est ce qui a été pensé comme explication de l'embarras optimiste perceptible dans le communiqué du Palais, le lundi soir. De plus, des témoignages sont formels, émanant du chauffeur du camion et de gens ayant croisé la Rover quelques instants avant l'accident : c'était bien une femme blonde au volant qui conduisait très doucement et elle ne s'est pas arrêtée en route pour changer de place avec sa fille. Il n'empêche que la version contraire a été longtemps en vogue parce que le mystère et l'anormal sont plus excitants que les explications rationnelles. Un accident banal paraît toujours décevant lorsque la victime n'est pas une inconnue. On a souvent dit que ni Stéphanie ni son père, après avoir longuement parlé avec sa cadette, ne s'étaient exprimés sur ce point. C'est faux. Et le Prince m'a reconfirmé, le 20 mars 1999, ce qu'il m'avait déjà dit : c'était bien sa femme qui conduisait, elle qui n'aimait pas conduire et ne l'avait décidé que pour ne pas froisser ses robes d'été…

Troisième interrogation : que s'est-il passé exactement ? Ici encore, des rumeurs farfelues et délirantes circulent dans les jours qui suivent. Après dispersion, elles reviendront poser des questions dans la série des accidents mystérieux du XXe siècle, notamment au moment (1997) de l'étrange rebondissement dans l'affaire de l'Ordre du Temple Solaire.

Lundi 13 septembre, 9 heures 45 environ. Grace est au volant. Pour reconstituer ce qui a pu se passer, rappelons le témoignage du chauffeur du camion : la voiture tangue, prend de la vitesse ; visiblement, la conductrice ne maîtrise plus son véhicule alors qu'elle roulait avec de grandes précautions. Pas de témoins lumineux des freins et, sur deux cents mètres, aucune trace de freinage en catastrophe, pas le moindre lambeau de pneu ou d'incrustation de la gomme dans le bitume, déjà bien chauffé par le soleil ; la circulation ayant été immédiatement coupée, il ne pouvait y avoir, éventuellement, de confusion. Ce même jour, je l'ai dit, la Rover accidentée était l'objet d'un premier examen. Entre autres présents, le directeur de la sécurité publique de Monaco, le procureur de la République de Nice et le policier chargé de l'enquête, Roger Bencze, du commissariat principal de Menton. Il n'y a rien d'anormal à cette formalité, tout accident faisant l'objet d'un rapport et d'expertises, *a fortiori* dans les conditions de ce drame. L'officier de police Bencze, qui a reçu l'accord du Palais pour travailler en territoire monégasque, a pu le faire sans aucune contrainte ni entrave. « Jamais on n'a tenté de gêner mon enquête », répondra-t-il aux soupçonneuses rumeurs de pressions. Comme on parlait, entre autres, de sabotage du véhicule (à quel moment et par quel intermédiaire ?), M. Bencze précisa : « J'ai découvert que le moteur de la voiture n'était défectueux d'aucune manière. Je n'ai trouvé aucune preuve confirmant l'hypothèse selon laquelle le moteur aurait pris feu, ainsi que certaines personnes le suggérèrent par la suite. » Et il confirma que Stéphanie n'avait pu sortir que par la porte du conducteur. Dès le lendemain, les deux ingénieurs de British Leyland passèrent l'épave au peigne fin, ce type d'accident n'étant pas la meilleure publicité pour une marque automobile. Les deux spécialistes, très compétents, indiquèrent d'abord que la voiture était en excellent état, le Prince étant lui-même collectionneur de belles voitures, toutes entretenues. La direction, les freins et la boîte de vitesses furent minutieusement étudiés. Ils ne décelèrent aucune anomalie, rien n'avait été visiblement trafiqué. Des constatations qui détruisaient la thèse d'un attentat fomenté par une mafia se vengeant d'une mise à l'écart de la Principauté. M. Bencze ajoutera, soulagé : « En tant que policier et en tant qu'être humain, je suis heureux qu'aucun réel mystère n'entoure la mort de la Princesse Grace. » Et cependant, l'hypothèse a été reprise, plus ou moins ouvertement, quinze ans plus tard, à propos de la secte.

Conclusion officielle : pas de cause mécanique par défaillance ou complot, mais un incroyable accident. Qu'en penser aujourd'hui, soit des années après, alors qu'une abondante littérature a voulu explorer toutes les causes possibles, même les plus sombres ? J'ai reposé la question, délicate, au Prince Rainier, le 20 mars 1999. Il ne l'a pas éludée, même si ces souvenirs demeurent douloureux et pénibles, ce que l'on comprend facilement :

— Il est possible que la Princesse et notre fille aient été en pleine conversation dans la voiture. La Princesse a-t-elle relâché son attention ? Je ne sais… En tout cas, elle ne conduisait pas très bien et n'aimait pas conduire. Et, depuis quelque temps, elle me disait qu'elle se sentait fatiguée. Elle suivait un traitement contre l'hypertension et se plaignait de migraines. C'est sans doute une cause médicale qu'il faut retenir, comme dans de nombreux accidents de voiture ainsi que le révèlent les statistiques des compagnies d'assurances.

Il faut donc revenir à l'examen du cerveau par le scanner. Le plus petit œdème aura provoqué un vertige, une perte de conscience, un éblouissement. Chez un sujet assis ou debout, il s'ensuit un malaise, peut-être une chute s'il ne s'assoit pas immédiatement. Au volant et dans une descente comme il y en a du côté de La Turbie, l'accident vasculaire a d'autres conséquences, surtout avec une boîte automatique. Un coup d'accélérateur involontaire, le moteur répond. Le policier Roger Bencze a retenu ce schéma qui est le plus simple : « Elle a pu perdre momentanément connaissance, un peu comme si elle s'endormait, puis revenir à elle quelques instants après le coup de klaxon du routier. Aussitôt après, elle aura sombré de nouveau dans l'inconscience, les effets de l'attaque s'intensifiant brusquement. Cela expliquerait le fait qu'elle n'ait pas cherché à freiner. Évidemment, je ne puis l'affirmer à cent pour cent… » Stéphanie (on devine qu'elle ne veuille pas évoquer ces circonstances qui reviennent comme un cauchemar) a dit à son père : « Maman a paniqué. Elle ne savait plus quoi faire. Elle a perdu le contrôle de la voiture. » Que la Princesse confonde l'accélérateur avec le frein est une erreur fréquente chez les conducteurs apeurés. Cela explique que la voiture ait fait un véritable bond au lieu de prendre seulement de la vitesse selon l'inclinaison de la pente. En vain, la jeune fille a essayé de bloquer le frein à main. L'hypothèse d'une défaillance de la boîte de vitesses – moteur emballé, levier bloqué – n'a pas été retenue après les constatations techniques et la preuve médicale de l'hémorragie. Qui sait si, après son malaise, Grace, en admettant qu'elle ait pu s'arrêter tant bien que mal, n'en serait pas restée plus ou moins diminuée ? Il faut dire qu'elle redoutait un accident vasculaire parce que sa mère, Margaret Kelly, en avait été victime sept ans plus tôt. Et depuis, Grace vivait dans la hantise de subir, par hérédité, le même sort.

Évidemment, on peut toujours gloser : et si Grace avait attaché sa ceinture ? Et si la voiture avait été équipée d'une boîte mécanique ? Avec ce genre de supputations, l'histoire ne serait qu'une succession d'éléments invérifiables.

Reste l'hypothèse la plus folle, la moins normale et surtout la moins probable, dans tous les sens du terme. Énoncée par des journalistes américains, elle prétend que Grace se serait… suicidée ! N'ayant plus goût à la vie, désabusée et mal à l'aise depuis des mois, elle aurait choisi de mourir dans un prétendu accident. Une aberration. Peut-on imaginer Grace de Monaco, femme sensée, équilibrée, responsable, sincèrement croyante et mère adorant ses enfants, se tuant en entraînant Stéphanie dans son choix fatal, mais en risquant de rester défigurées, brûlées, paralysées ? De toutes les suppositions formulées par les acharnés de l'anormal, celle-ci est la plus stupéfiante. Comme il paraît toujours facile de fournir une explication après un événement et malgré les vives protestations de la famille et de l'entourage de la disparue, scandalisés et furieux, on en trouva… On reparla de sa lassitude. On assura qu'elle consommait de l'alcool et que le mélange avec des médicaments était aussi une forme de suicide. On soulignait charitablement (!) qu'elle avait pris quelques kilos et se désespérait de ne plus être aussi mince qu'avant. Quand Gwen Robyns, une journaliste anglaise qui était parvenue à devenir une amie intime de Grace en taisant certaines de ses anciennes aventures à Hollywood, lui jure qu'elle n'est pas grosse et que, de toute manière, chez elle, cela n'a pas d'importance, Grace répond à la fois en princesse et en femme :

— Je dois avoir l'air mince et je déteste grossir !

On certifie encore qu'elle a mal supporté le cap de la cinquantaine et les bouleversements nés de la ménopause, qu'elle s'entend mal avec le Prince et ses enfants ; on y ajoute mille et une autres raisons… L'été 1982, Grace – c'est exact – était fatiguée ; la croisière en famille, sans Stéphanie, qui était dans les Caraïbes, pour agréable qu'elle ait été, passionnante et nostalgique en mémoire d'Albert Ier, l'aventurier des mers, n'avait pas fait disparaître ses migraines. En débarquant du *Mermoz*, la Princesse n'était pas apparue aussi reposée et détendue que les siens l'auraient souhaité ; elle avait repris ses nombreuses et incessantes obligations avec, disait-on, moins d'allant que d'habitude. Il y a du vrai dans ces remarques sans que l'on puisse en dire plus. L'ensemble n'a, en réalité, encore et toujours, qu'une origine, la maladresse du communiqué officiel du premier jour, sans doute de bonne de foi mais dramatiquement démenti le lendemain. L'opinion était trompée ; déçue, meurtrie et attristée, elle s'engouffra dans de folles interprétations selon le principe de l'amalgame : un peu de vérité ici, un soupçon de faux là, tout s'embrouille, tout se complique mais – et c'est l'essentiel ! – cela passionne des millions de gens. Un autre exemple du contexte de la journée qui a suivi celle de l'accident est révélateur. Alors que le bruit circulait que Stéphanie était au volant, un communiqué de la direction de l'hôpital de Nice, transformé en dépêche de l'Agence France-Presse, annonçait que « l'examen au scanner du cerveau de la Princesse Grace prouve que c'était elle qui conduisait » ! Le rapprochement des deux considérations était si curieux qu'il relança la polémique au lieu de l'éteindre. Les salles de réanimation sont aussi pavées de bonnes intentions que l'enfer ! Évidemment, les journalistes à qui l'on avait fait prendre des vessies pour des lanternes se vengeaient en fouillant intimement la vie de Grace. Un réflexe inévitable même si, parfois, il provoque la nausée. De révélations en investigations, obtenues et conduites, assurait-on, avec le sérieux et la rigueur des enquêteurs anglo-américains (lesquels ont aussi prouvé leurs limites et leurs faiblesses dans de spectaculaires montages ou intoxications…), l'accident de Grace de Monaco a fini par apparaître comme trop bizarre pour n'être qu'un accident ; certains voulaient y voir la suite, imparable et logique, de multiples signes annonciateurs. J'ai même entendu des gens soutenir que la Principauté de Monaco et la République française s'étaient mises d'accord pour étouffer les inavouables causes d'un scandale. Témoins, pompiers, gendarmes, médecins, policiers, magistrats et journalistes auraient été contraints au silence ou achetés pour se taire immédiatement. L'éternelle obsession du complot ourdi contre les célébrités ou les gens qui dérangent. Tous complices !

La manie des rapprochements est également tentante, quitte à solliciter un peu les événements. Ainsi, des années après le drame, Caroline, alors mariée à Stefano Casiraghi et maman d'Andrea et de Charlotte, avait pris sa voiture, un soir, à Roc-Agel pour se rendre à un dîner chez des amis. En route, elle avait eu un très léger accrochage de carrosserie, à peine quelques éraflures et l'avait mentionné à son entourage. Par une indiscrétion, une agence de presse l'apprit ; l'incident, qui n'avait, évidemment, aucun intérêt, devint la preuve d'une malédiction, d'une répétition historique dont la substance était : « La Princesse Caroline de Monaco victime d'un accident sur la route et à l'endroit où sa mère avait trouvé la mort. » Certes, ainsi présentée, l'information était excitante... mais totalement fausse. Il faut tout de même rappeler que ce n'est pas la mort de la Princesse Grace de Monaco qui est une énigme, même si elle fut inattendue. C'est plutôt sa vie, en apparence facile, comblée, enviée et sans accroc honteux, qui est intéressante. On l'a dit et répété jusqu'à la caricature : cette vie était « un conte de fées ». Cette comparaison, rabâchée, exaspérait calmement la Princesse. Elle préférait la réalité aux délires de l'imagination, même séduisants. En 1980, je lui avais tout de même demandé si on pouvait encore parler de conte de fées dans son cas, vingt-quatre ans après son arrivée à Monaco. J'avais énuméré les éléments obligatoires du conte de fées : un prince charmant, de beaux enfants, un pays heureux et prospère, un vieux palais très confortable, mais qui, hélas, n'avait qu'une seule tour ; on ne signalait aucune mauvaise fée, méchante et vexée de ne pas avoir été invitée à des fêtes ni de dragon fulminant au fond d'une grotte. À cet inventaire, elle avait souri puis, soudain grave, m'avait dit :

« Je ne considère pas ma vie comme un conte de fées. J'ai eu une enfance sans histoire et je vois ma vie comme celle d'une femme moderne qui a dû affronter tous les problèmes auxquels les femmes d'aujourd'hui sont confrontées. Je fais encore face. J'essaie, en tout cas, de faire face. » Dans cette réponse, je remarquai une ambition atténuée, une lucidité installée avec l'âge, une désillusion et la crainte, réelle chez les Kelly, de ne pas réussir, d'être à côté, d'échouer, car chez eux, on se tient, on surmonte les épreuves et les échecs, on assume sans se plaindre. En avril 1982, soit cinq mois avant sa disparition, elle avouait : « J'ai eu de la chance et je suis impatiente de voir ce que l'avenir me réserve. » Elle reconnaissait avoir toutes les joies sauf une : « Être grand-mère serait une expérience passionnante. » On ne peut croire que ces propos soient ceux d'une femme gravement dépressive et tentée par le suicide.

Après cet accident historique, le jardin de Jacques Provence et de son épouse a été l'objet de toutes les curiosités, y compris les plus malsaines et les plus sordides, depuis la route. Certes, des gens s'arrêtaient et déposaient un bouquet de fleurs ou restaient silencieux. Pour la Princesse de Galles, le phénomène sera insensé… Pour d'autres, les badauds, leur comportement était lamentable, comme lors d'un accident sur une autoroute.

« Des gens regardaient même s'il n'y avait pas des cailloux avec du sang ! C'était comme si, malgré nous, nous tenions une sorte d'effroyable boutique de souvenirs ! Malgré les années, j'en suis encore choqué et, surtout, je revis le drame en vous en parlant. Nous avons fini par déménager. Je reste écœuré qu'on ait pu écrire et dire des contre-vérités aussi stupides, à l'opposé de la réalité, qu'il aurait pourtant été facile de vérifier. On a encore prétendu, en 1989, dans un journal français, que j'avais d'abord alerté les autorités monégasques, ce qui aurait fait perdre un temps précieux aux secours et compromis les chances de survie de la Princesse.

Je n'ai pas voulu ranimer une polémique stérile et dégradante. J'ai simplement écrit aux journalistes qui me mettaient en cause pour leur dire que j'étais scandalisé de telles inventions sur un sujet aussi grave », conclut Jacques Provence.

Depuis, le tournant fatal a été protégé et enfin mis en sécurité. Après cinq accidents dont un est entré, tragiquement, dans l'histoire des chagrins du monde.

III
Rendez-vous au Palais

Puisque c'est, d'abord, le cinéma qui nous a fait connaître Grace Kelly, quelles images gardons-nous d'elle dans cette première partie de son existence ? Ces séquences et ces plans de sa vie fictive sont ceux de ses rôles dans onze films, onze longs métrages, en exceptant ses débuts au théâtre et à la télévision. Onze films seulement, mais en six ans, ce qui donne la moyenne, élevée, d'un film et demi par an. Ils ne sont pas tous excellents, mais elle y est toujours très juste. Sa sophistication, tantôt britannique (dans *Mogambo,* de John Ford, 1953), tantôt new-yorkaise (dans *Fenêtre sur cour,* d'Alfred Hitchcock, 1954), est parfaite. Cette légende d'Hollywood naît en noir et blanc, avec une première apparition dans *Quatorze heures,* en 1951, d'Henry Hathaway et, dans une prestation plus conséquente, avec *Le train sifflera trois fois,* de Fred Zinnemann, en 1952. Ensuite, le Technicolor, bien contrasté, met sa beauté en évidence. Le cinéma de Grace Kelly est celui des années cinquante, offrant un catalogue court mais assez complet, sur des sujets variés : un drame psychologique autour d'une menace de suicide, un western mythique, des aventures en Amérique du Sud à la recherche d'une émeraude tragique, deux assassinats presque parfaits, un safari torride en Afrique, un drame intellectuel sur fond d'alcoolisme, la guerre de Corée, la haute société en comédie musicale, un divertissement policier sur la Côte d'Azur, et – le comble ! – l'histoire d'une princesse à marier dans l'Europe d'avant 1914. Voir un film avec Grace Kelly est rafraîchissant, un peu comme des vacances sur pellicule qui finissent bien même si Hitchcock, avec ses intrigues diaboliques, bouscule cette beauté altière. Dans cette carrière, pas de pornographie, bien entendu, car le septième art n'ose pas encore être indécent. En revanche, il y a des éclairs de sensualité que sont un baiser avec Cary Grant ou James Stewart par la manière dont ils sont filmés et des dialogues délicieusement ambigus. Grace Kelly a toujours la distinction d'un mannequin de haute couture – elle l'a été en 1948 –, posant dans Park Avenue, comme pour une couverture de *Look* ou de *Harper's Bazaar,* deux luxueux magazines de l'époque. Blondeur impeccable, chic définitif, accent distingué de Philadelphie, feu sous la glace, turpitudes jamais montrées, à peine suggérées… C'est un cinéma où les stars sont encore des mythes, les femmes, de vraies femmes qui font rêver mais peuvent inquiéter. La violence est surtout intérieure, les sentiments primaires mais solides. *A priori*, c'est reposant et distrayant. On comprend, on peut suivre sans migraine. Quand le scénario s'essouffle, en particulier dans *L'émeraude tragique,* l'écran large du Cinémascope, qui vient d'être commercialisé, arrive à son secours ; la moindre série B, même avec des vedettes A, est promue documentaire, voyage immobile, pédagogie de confort. Et puis, comment s'ennuyer avec Ray Milland, Clark Gable ou Stewart Granger, ces séducteurs éternels ? Le cinéma de quartier vit encore, rituel familial, et la télévision, l'ennemie, n'envahira hideusement les salons que dans cinq ans. Grace Kelly, sa carrière raffinée, incarne donc une époque de transition. Elle s'achève, à peu près, au moment où Romy Schneider entame la sienne en revêtant, voyez comme c'est curieux, le lourd manteau de cour de Sissi, dont elle aura beaucoup de mal à se débarrasser. Mais, comme on le sait, sa carrière à elle sera double. Grace finit son premier métier en princesse, Romy débute en impératrice.

Puis, à partir de 1956, Grace de Monaco succède à Grace Kelly. Maintenant, les images sont celles d'une vie officielle ou privée sinon réelle. Un mariage somptueux transformé en grand spectacle, l'apprentissage d'une souveraine, la complicité avec Rainier, les enfants, des photos partout, dans les galas éclatants, les bonnes œuvres, la neige suisse, le travail quotidien – oui, elle travaille –, l'expansion de la Principauté, les inaugurations, les crises financières et politiques (l'ambition d'Onassis, la colère du général de Gaulle), Grace ambassadrice de charme, l'Amérique fière d'une de ses filles devenue princesse, peu de ragots, un modèle et, en définitive, une destinée qui semble conforme aux rêves de millions d'admirateurs et d'admiratrices. *Happy end*? Non, un nouveau début. Grace a eu deux vies.

Pourquoi ce mariage du printemps 1956 a-t-il un tel retentissement ? Replaçons-nous dans l'époque. Dix ans après la fin de la Seconde Guerre mondiale, ses conséquences étayent la guerre froide. L'Allemagne est coupée en deux, Staline est mort, sa mémoire est conspuée, mais le communisme de Khrouchtchev est bien vivant ; Berlin, occupé, est encerclé par l'Est ; l'Autriche, neutralisée, recouvre à peine son identité alors que plusieurs pays signent le pacte de Varsovie. Le Maroc de Mohammed V accède à l'indépendance tandis que le protectorat français sur la Tunisie vit ses derniers jours. Les incidents d'Algérie provoquent le rappel de réservistes en métropole, après que les pouvoirs spéciaux ont été votés au gouvernement de Guy Mollet. À Chypre, les Britanniques, qui administrent l'île depuis 1878, arrêtent l'archevêque Makarios, soupçonné de trafic d'armes. En Israël, des fedayin ouvrent le feu sur une école, à dix kilomètres de Tel Aviv. Et, deux ans plus tôt, la chute de Diên Biên Phu a sonné le glas de l'Indochine française. La France subit encore la pénurie et des restrictions. En bref, une actualité dramatique, inquiétante ou au minimum agitée. Ce mariage apparaît comme un entracte, une pause dans une période troublée, marquée par les premières étapes de la décolonisation. On va rêver un peu, pour se changer les idées, d'autant plus que l'Eurovision transmet en direct la cérémonie dans neuf pays, pour trente millions de téléspectateurs. Les Monégasques sont ravis : ils attendaient, avec impatience, le mariage de leur souverain. Ils sont gâtés ! On va parler de Monaco un peu partout. Si, dans cette histoire, il y a bien eu un fragment de conte de fées, c'est au début. Comme pour tous les amoureux, il a commencé par un rendez-vous... qui a failli être manqué. C'était une idée de journalistes, une des plus profitables qui soient car la presse, qui a tant œuvré pour le divorce des célébrités, a réussi à organiser le plus formidable roman d'amour de l'après-guerre.

1955. Le Festival de Cannes secoue ses jeunes traditions : désormais, son Grand Prix s'appellera la Palme d'Or. Présidé par Marcel Pagnol, le jury est débordé par le nombre de films projetés – il y a trente-huit pays participants ! – et on doit prolonger la compétition de deux jours. Commencée le 26 avril, elle durera jusqu'au 10 mai. Les délégations d'acteurs et d'actrices sont très fournies ; chez les Italiens, on rivalise d'avantages généreux (Gina Lollobrigida, Sophia Loren, Silvana Mangano) et de talents (Vittorio De Sica, Paolo Stoppa, Federico Fellini). Chez les Français, on applaudit Martine Carol, Françoise Arnoul, Charles Vanel, Jean Gabin. Il y a aussi une jeune femme qui bouleverse les journalistes, surtout quand elle apparaît en maillot de bain : « La moins connue est la plus photographiée, note Robert Chazal, le critique de cinéma de *France-Soir*. Elle s'appelle Brigitte Bardot et elle devient la marraine des marins du *Richelieu*, le croiseur français ancré dans la baie. »

Une rivalité de charmes où la péninsule tient la corde : « Gina a été applaudie comme une reine », affirme *Cinémonde*, un magazine qui s'y connaît en séductions filmées. La délégation américaine est impressionnante de bonne santé : Esther Williams, Doris Day, Gene Kelly, Van Johnson, des acteurs bronzés, sportifs et athlètes. Un vrai bol d'air *made in* Hollywood. Certes, la superbe Dorothy Dandridge bouscule les admirateurs de Carmen, en Cinémascope et sous la direction d'Otto Preminger au point que les héritiers du grand Bizet, entre autres protestataires, veulent interdire la projection, même hors compétition, de ce *Carmen Jones* blasphématoire. Et il y a une jeune femme blonde, une star célèbre et discrète, qui n'est pas le genre à prendre des poses suggestives sur la Croisette parce que, d'une part, ce n'est pas son registre, d'autre part, tout le monde la connaît et l'apprécie, la sage Grace Kelly, parangon du bon genre.

Or, Grace Kelly est à Cannes et ne devrait pas y être... À cette époque, elle a déjà tourné neuf films, dont deux chefs-d'œuvre d'Hitchcock, *Le crime était presque parfait* et *Fenêtre sur cour*. Ils l'ont imposée comme valeur sûre mais l'ont épuisée par six tournages enchaînés l'un sur l'autre, dont *La main au collet*. Si c'est lors de cette nouvelle réalisation d'Hitchcock qu'elle a découvert la Côte d'Azur et Monaco, elle n'y a pas encore rencontré, contrairement à ce qu'on a dit, son Prince officiellement célibataire mais qui vivait une romance soutenue avec une jolie comédienne française, Giselle Pascal, en particulier dans une villa du cap Ferrat. Au début de cette même année 1955, pour le film *Une fille de la province*, Grace Kelly a obtenu à Hollywood l'Oscar du meilleur rôle féminin ; ses dons, qu'on ne soupçonnait pas pour un rôle difficile, lui ont permis de battre Judy Garland, une légende vivante. Une étoile est née, certes, mais ce n'est pas celle que l'on attendait. Grace Kelly, qui s'était vivement démenée pour être cette *Fille de la province*, menaçant même d'arrêter le cinéma si on ne lui donnait pas ce rôle, a d'ailleurs réalisé un autre exploit puisque jamais, dans les annales d'Hollywood, une comédienne n'avait obtenu la distinction si convoitée après seulement cinq années dans la profession. La star est à Cannes pour la présentation de ce même film qui n'obtiendra pas de récompense au Festival.

Si Grace Kelly est venue, elle est, paradoxalement, dans une situation professionnelle inconfortable. Son contrat avec la MGM a été « suspendu ». Fatiguée, lasse des exigences de la compagnie, nerveuse, elle avait refusé plusieurs rôles qu'elle jugeait insipides ou à l'opposé de ses capacités. Les producteurs, à leur tour excédés de ce qu'ils considéraient comme des caprices, avaient mis son travail – et son salaire – entre parenthèses. Juridiquement, elle était toujours sous contrat, ne pouvait s'engager ailleurs et ne gagnait plus un dollar. Une sorte de mise en disponibilité qui ressemblait à une sanction et dura plusieurs mois jusqu'au triomphe, imprévu, de son Oscar. Cette fois, c'était la MGM qui était embarrassée… Comment imaginer que la punie deviendrait la star ? L'avantage d'un succès est qu'il efface vite les discussions pénibles, les menaces et, selon l'habitude du temps, les transactions entre producteurs pour « prêter » une vedette à un concurrent, moyennant des milliers de dollars et des pénalités en cas de non-respect des clauses. Grace Kelly avait savouré sa revanche sans montrer de rancune, ce qui était avisé. Les patrons de la MGM avaient vite compris que Grace Kelly n'était pas seulement une star que l'on fabriquait – comme c'était alors la méthode – mais aussi une personnalité et qu'ils avaient intérêt à en tenir compte. Toutefois, intérieurement, sa mise à l'écart avait marqué l'actrice : le cinéma était sans pitié ; il vous transformait en marchandise, vous achetait, vous jetait, vous rachetait… On peut dire que Grace, blessée, coupait la poire en deux : d'un côté, elle refusait de tourner *Une chatte sur un toit brûlant* et nous ne saurons jamais si elle y aurait été aussi bonne qu'Elizabeth Taylor ; de l'autre, elle acceptait, pour l'été, un grand rôle dans *Le cygne* où elle serait la partenaire d'Alec Guinness, ce qui n'était pas rien. Un rôle de… princesse ! Depuis quelque temps, Grace se plaignait qu'on ne lui propose pas un scénario écrit spécialement pour elle, comme c'était le cas pour de nombreuses comédiennes. « Des rôles, assurait-elle, qui vous permettent de révéler de manière éclatante votre personnalité. » En princesse, elle allait se révéler inoubliable… Ajoutons que Grace, inévitablement fiancée par les journaux spécialisés à divers partenaires, vit assez mal sa rupture récente avec un homme qui lui avait fait une cour assidue et rêvait de l'épouser, Oleg Cassini.

Voici un personnage romanesque. Sa vie ressemble, elle aussi, à un film. La conjonction du prénom slave, Oleg, avec un patronyme latin, Cassini, suggère un début peu banal : il est d'origine russe ; sa mère, la comtesse Marguerite Cassini, était la fille de l'ambassadeur du dernier tsar, Nicolas II, à Washington et il est né à Paris, dans le vaste mouvement d'immigration de Russes Blancs après la Révolution bolchevique, quand les princes d'hier, sans un rouble, s'étaient souvent convertis en humbles chauffeurs de taxi. Oleg Cassini est un homme séduisant, il plaît et sait plaire aux femmes. Sans établir un lien éventuel de parenté, notons qu'au XVIIe siècle, l'astronome Cassini, Italien fixé à Paris, s'était rendu célèbre par un mémoire sur… Vénus. Oleg cumule les charmes slave et italien, issu de la Renaissance, avec une silhouette élancée, mince, des pommettes saillantes, de fines moustaches et de précieux talents de société puisqu'il est joueur de polo et de tennis, allant jusqu'en Coupe Davis comme représentant de l'Italie.

Lorsqu'il arrive, très jeune, à Hollywood, en 1936, il est paré des séductions européennes. On se l'arrache, mais il se bat pour s'imposer. Avec le recul du temps passé, il résume sa situation dans un entretien accordé à Renée Fendrich pour un magazine américain de voyages, en 1977, soit quelque soixante années plus tard : « Immédiatement, j'ai su que le combat serait très difficile, car tandis que les femmes m'acceptaient intuitivement, les hommes étaient toujours en compétition avec moi. Je devais les battre au tennis et au ski ; dans l'armée, je devais être meilleur cavalier qu'eux. Mais avec une femme, c'était différent. » L'élégance étant son univers naturel, Oleg Cassini choisit d'être styliste. Son métier de couturier le mettra en contact avec des femmes ravissantes et célèbres, de Marilyn Monroe à Ava Gardner, de Gene Tierney – qu'il épousera – à Jackie Kennedy, qu'il compare à un sphinx ou à une reine de l'Égypte ancienne, « à cause de son long cou, de ses épaules larges et de ses hanches minces ». Il a connu Hollywood quand c'était encore presque un village et fréquentait Lana Turner, Rita Hayworth, Errol Flynn. Une Californie mythique. « À cette époque, c'était un paradis. »

Sa romance avec Grace Kelly fut l'une des plus commentées. Il avait dix-sept ans de plus qu'elle. Quand on lui demande pourquoi il ne l'a pas épousée, il répond : « La vérité sur cette affaire est que bien que nous fussions fiancés, j'étais un homme divorcé et cela posait un problème technique majeur. Bien qu'elle ne s'en souciât pas, sa famille s'en préoccupait et même s'en préoccupait beaucoup. Des gens, dont je pensais qu'ils étaient mes amis, essayèrent de détruire notre relation. Peut-être parce que j'avais été déjà marié à une superbe actrice. De plus, l'Église n'acceptait pas que Grace Kelly épouse un divorcé et le studio ne voulait pas perdre sa star. Finalement, cela faisait beaucoup et j'abandonnai. La journaliste hollywoodienne Hedda Hopper écrivit : "Avec tous les hommes séduisants autour, pourquoi Grace Kelly perdrait-elle son temps avec Oleg Cassini ? Ce doit être à cause de sa moustache." Je lui envoyai un télégramme disant : "D'accord, Hedda, j'abandonne. Je raserai ma moustache si vous rasez la vôtre." » Hollywood, univers impitoyable…

Malgré cet apparent détachement, la rupture ne fut pas facile, ni pour lui ni pour elle. Oleg Cassini, qui passait pour un séducteur cosmopolite, était sincèrement amoureux de Grace et avait la réelle intention de l'épouser. Sa cour était assidue, il la couvrait de fleurs, sans carte de visite, s'annonçant bientôt comme son fleuriste attitré. Il était tombé sous le charme de son image cinématographique dans *Mogambo* et s'était juré de faire sa conquête ; le hasard, ce dieu des amoureux, les avait mis en présence l'un de l'autre à New

York, dans un restaurant français ; le charme et l'obstination du couturier finirent par émouvoir Grace. Candidate au mariage, elle n'était pas inquiète d'épouser un homme qui avait déjà eu deux épouses, une riche héritière et Gene Tierney, si belle, si douce, selon lui. Grace était amoureuse. C'est elle qui, en définitive, lui avait demandé de la rejoindre sur la Côte d'Azur, lors du tournage de *La main au collet,* à l'été 1954. Elle lui avait envoyé une carte postale « Que ceux qui m'aiment me suivent. » Il avait suivi. Pendant ces trois mois, l'ambiance, aussi bien professionnelle que privée, fut idyllique. Le retour aux États-Unis mit l'actrice en face d'un choix : Oleg insistait pour l'épouser, elle le souhaitait aussi, mais il lui fallait convaincre la famille Kelly. Une rude tâche !

Le grand-père Kelly avait quitté l'Irlande dans les années 1860, après la terrifiante famine, comme des milliers de ses compatriotes. En 1873, il s'était retrouvé à Philadelphie, travaillant dans une usine textile. Notons que sur dix enfants, il avait eu une fille, déjà prénommée Grace, qui voulait… faire du théâtre, mais était morte à l'âge de vingt-deux ans. L'avant-dernier enfant, John, surnommé Jack, était le père de celle qui allait devenir Grace Kelly. La vie de cet homme, confronté à la dure condition d'immigré, s'orientait autour d'une double ambition : la réussite matérielle (la sienne sera brillante : entré comme maçon chez un de ses frères, il fondera, en 1919, une entreprise de bâtiment particulièrement prospère) et la passion de l'aviron. Dans les deux cas, il fut un champion. Sa femme, Margaret, d'origine allemande et luthérienne, s'était convertie au catholicisme pour épouser Jack. Elle était elle-même une sportive émérite puisque, tout en étant cover-girl, elle avait décroché un diplôme de maîtrise d'éducation physique. Ce culte du sport était devenu une règle de vie pour leurs quatre enfants. L'existence des Kelly était une compétition permanente pour être les meilleurs, et on ne trichait pas. S'il est tentant de comparer les Kelly aux

Kennedy (eux aussi Irlandais, catholiques et démocrates), les espoirs politiques de Jack Kelly n'ont jamais été couronnés de succès : en 1935, il avait essayé d'être maire de Philadelphie – un échec – et en 1936, tenté par l'idée de devenir sénateur – encore un échec –, il avait présidé, jusqu'en 1940, le Comité démocrate de Philadelphie. M. et Mme Jack Kelly avaient fixé des modèles à leurs enfants et s'ils s'en éloignaient, ils leur rappelaient, fermement, ce qui se fait et ce qui ne se fait pas. La valeur de l'exemple a toujours guidé leur fille Grace, née en 1929. Moins acharnée à la compétition que son frère et ses sœurs, Grace avait une réputation d'intellectuelle ; on l'entendait raconter de longues histoires à ses poupées et dès l'âge de dix ans, elle s'intéressait au théâtre. À douze ans, elle jouait dans une troupe d'amateurs, mais avec un tel sérieux que son entourage était surpris. Lubie d'adolescente ou naissance d'une vocation ? Quelqu'un l'observait avec attention et protégeait ses penchants. Effectivement, elle se sentait très proche de son oncle George, un frère de son père, auteur dramatique, lauréat du fameux Prix Pulitzer en 1926 et homosexuel dans cette famille où les hommes étaient plutôt amateurs de femmes. Grace et son oncle étaient différents. Il passait pour original, elle aussi puisqu'elle avait d'autres passions que la gymnastique, lisant beaucoup, aimant la musique, particulièrement un concerto de Grieg, se documentant sur l'histoire de la danse. L'oncle raffiné l'encouragea dans sa passion pour la scène, pressentant ses qualités tout en l'avertissant que la vie d'artiste était très difficile. En 1947, elle était entrée à la prestigieuse Académie américaine d'Art dramatique, à New York, où Lauren Bacall, Spencer Tracy et Kirk Douglas avaient fait leurs premières armes. À dix-huit ans, Grace choisit d'être comédienne. À son père, elle l'annonce comme si elle préparait un championnat : « Je veux étudier très fort pour devenir une grande actrice. » Jack Kelly n'était pas du genre à apprécier spécialement les comédiens mais, réaliste, il ne s'opposa pas à cette décision ;

il l'assortit d'une mise en garde, aussi normale chez un père qu'inévitable chez un Kelly : « C'est une profession qui comporte beaucoup de risques. Tu ne peux pas y entrer à moitié. Il faut aller jusqu'au bout et faire énormément de sacrifices : si tu atteins la célébrité, tu n'auras pratiquement plus de vie privée. Le public est très exigeant... Es-tu prête à payer ce prix ? » Jack Kelly, qui, de sa voix de bronze, avait dû arbitrer d'innombrables querelles sportives entre les amateurs et les professionnels, détestait l'amateurisme, les touche-à-tout. Il pouvait accepter beaucoup de choses sauf que sa fille Grace traîne comme une dilettante. Elle était bien sa fille : elle ne serait jamais un amateur et travaillerait toujours avec énergie et méthode, comme pour préparer une épreuve olympique. Pour gagner. Pour réussir, elle savait que rien ne vaut la discipline. À cette époque, la vie de miss Kelly était stricte. Une pension de famille chic pour jeunes filles aux bonnes manières, un règlement draconien qui permet l'inspection des chambres pour constater que les pensionnaires y ont effectivement passé la nuit. Seules, faut-il le souligner ? Les dirigeants de l'Hôtel Barbizon se méfient des séductions et des pièges de New York, l'une des villes les plus fascinantes du monde. Jolie et photogénique – ce qui ne va pas forcément ensemble –, Grace avait posé pour des magazines élégants, sans y croire vraiment, mais c'était un moyen de gagner un peu d'argent, bien que son père subvienne facilement à son séjour new-yorkais. Quelques photos publicitaires complétaient son apprentissage. Rien n'est plus dur qu'une série de clichés à faire pour vanter une marque. Bien payé mais épuisant. Et une cinglante leçon de modestie : le mannequin anonyme rend célèbre le dentifrice. Tarif : de sept à vingt-cinq dollars l'heure. Nul doute que cette expérience ait compté dans l'apprentissage rigoureux de la débutante Grace Kelly. Un obstacle subsistait pour être une vraie comédienne et il fallait le franchir : Grace avait une voix désagréable, presque nasillarde, ce qu'on a du mal à croire aujourd'hui. Le procès-verbal de son audition pour être admise à l'Académie, en octobre 1947, a conservé ce jugement : « Bonne présence en scène, instinct dramatique assez sûr, lecture du rôle intelligente mais voix mal placée. » Un véritable handicap dont elle ne se débarrassa qu'au prix d'une énergie d'acier. D'ailleurs, l'Académie, pépinière de talents, donnait ce conseil à ses élèves pour qu'ils puissent jouer tous les rôles : « Adoucir votre accent de manière qu'on ne puisse pas déterminer votre origine exacte. » C'est ce qui arriva mais, à l'entendre, on pouvait parier que miss Kelly avait eu une nurse et n'avait pas traîné son enfance dans les faubourgs populeux... C'est à cette époque, en deuxième année d'études, qu'elle allait rencontrer son premier amour, Don Richardson, l'un de ses professeurs. De son vrai nom Schwartz, Richardson est un brillant bohème, marié mais séparé; Grace n'a pas vingt ans, il en a vingt-sept. Une liaison classique, vouée à l'échec, un homme que miss Kelly ne pourra, par définition, oublier. Les jugements de Don Richardson sur son élève-maîtresse résument les qualités et les défauts de l'apprentie comédienne : « Je n'ai jamais pensé que Grace avait plus que le strict minimum pour jouer. Un physique et un style fantastiques, oui, mais pas de puissance vocale. » Encore cette mauvaise voix qu'il faut corriger, travailler... Don Richardson est aussi celui qui, en examinant les premières photos de miss Kelly avec l'œil d'un technicien, se souvient : « C'était miraculeux. Ce n'était pas elle qu'on regardait. On regardait l'illusion d'elle. J'ai su que son avenir se jouerait au cinéma. » Et cette autre remarque essentielle pour la suite : « Elle avait un atout fantastique : elle donnait toujours l'impression qu'il fallait l'aider. La première fois que je l'ai vue, je l'ai crue désemparée, mais j'ai fini par me rendre compte qu'elle était aussi désemparée qu'un char Patton. » Voilà bien le seul homme qui ait eu l'idée de voir en la jeune Grace Kelly un tank! Mais il y a une observation digne d'Hitchcock : les femmes qui ont l'air fragiles parce qu'elles sont très féminines sont, en fait, les plus solides.

Alertée par les rêveries langoureuses de Grace, la famille avait mis fin, sans ménagement, à cette liaison. Un homme bientôt divorcé, plus âgé qu'elle et un artiste ? Il n'en était pas question ! Le clan montait la garde et Grace ne se marierait pas sans l'aval des siens. La tribu veillait... On peut aussi noter que Jack Kelly, qui n'est pas un homme de nuances, a toujours professé un antisémitisme et un anticommunisme symboles d'une Amérique obsédée de bonne conscience, souvent jusqu'à la naïveté. Sur le mariage de sa fille Grace et sur son futur gendre, il a des idées aussi solides que sa fortune de bâtisseur.

Avec Oleg Cassini, le même scénario, aggravé, se reproduisait, à cette différence près que miss Kelly, devenue une femme, était aussi une star. De ce point de vue, Grace avait tenu la promesse faite à son père ; elle était même la meilleure de sa génération. Mais, à vingt-cinq ans, sur le plan privé, elle restait toujours la fille de ses parents et ne se sentait pas assez forte pour les contrarier. Cassini, deux fois divorcé et orthodoxe, n'avait aucune chance. Malgré son échec auprès de Grace, ce couturier légendaire a conservé un œil très averti sur le monde de la mode et sa perversion actuelle : « J'étais un couturier pour les femmes. Maintenant, les couturiers le sont pour la presse et les médias. » Excepté son admiration pour Yves Saint Laurent, par-dessus tout, parce qu'il sait comment doit s'habiller la femme devant lui : « ... Il n'y en a aucun qui, pour moi, symbolise l'élégance puisque ces temps sont révolus. » Le style de Hillary Clinton ? « C'est une jolie femme, séduisante et à ses débuts, elle aurait dû être conseillée. Maintenant, peu importe ce qu'elle fait, elle ne peut marquer des points vis-à-vis de la presse spécialisée dans la mode. Elle a pris un mauvais départ. [...] Peut-être s'en moquait-elle. Elle semble être très intelligente et ambitieuse ;

si un couturier s'était occupé d'elle, il aurait pu créer un style spécial pour elle. Quand Renée Fendrich lui demande encore "Avez-vous seulement aimé une femme dans votre vie?", il répond : "Trois." » Mais il n'en nomme que deux, Gene Tierney et Grace Kelly[1]... M. Kelly père n'avait pas prévu qu'Oleg Cassini resterait toujours un homme marqué par l'irrésistible charme de sa fille.

Lorsque Grace retrouve donc, en 1955, la Côte d'Azur au moment du Festival de Cannes, la jeune femme est plutôt triste, nostalgique d'un amour auquel les conventions – celles de sa famille, pas les siennes – ont mis fin. La Riviera a moins de charme que l'an dernier; y revenir, c'est verser du sel sur une blessure. Grace est arrivée de Paris avec une relation amicale, Gladys de Segonzac, par le Train Bleu, devenu le rapide des stars pendant la fête du cinéma. On peut mettre un nom sur chaque occupant de sleeping qui descend en gare de Cannes, attendu par des meutes de journalistes.

Son voyage d'une nuit avait quelque chose d'un scénario d'Hitchcock car leurs voisins de wagons-lits, une femme célèbre et un inconnu, le mari et la femme, n'étaient pas là par hasard. C'est surtout le lendemain matin, jeudi 5 mai, lors du petit déjeuner, que la conversation s'était engagée. La brigade de relève du wagon-restaurant est montée à la gare de Marseille-Blancarde, un arrêt technique interdit aux voyageurs, avec les croissants et les petits pains frais. La Côte défile dans l'éclat du printemps, parfois voilé des panaches de vapeur de la locomotive, ce tronçon n'étant pas encore électrifié. La femme célèbre est l'actrice Olivia De Havilland, l'inoubliable Mélanie de *Autant en emporte le vent* et Oscar de la meilleure actrice, en 1949, pour *L'Héritière.* Son époux est Pierre Galante, un Niçois, journaliste à *Paris Match* et qui en deviendra secrétaire général, puis auteur de récits historiques.

---

1. Entretien avec Renée Fendrich, *The Magazine*, Insignia Resorts, 1977/1998.

— Et si on organisait une rencontre entre Grace Kelly et le Prince Rainier ?

L'idée est née près des Champs-Élysées, des bureaux de *Match,* alors installés au 51 rue Pierre-Charron où, beaucoup plus tard, j'ai débuté. Cette idée est celle de l'imposant directeur du journal, Gaston Bonheur, au nom prédestiné dans cette affaire et qu'il a formulée de son accent roulant des Corbières qui le faisait passer, selon les non-initiés, pour quelqu'un originaire d'Europe centrale. L'idée a été suggérée à Pierre Galante parce que sa femme est une gloire établie du cinéma – une consœur de Grace au chapitre des Oscars – et qu'il connaît toute la Côte d'Azur. S'il parvient à organiser la rencontre, photos à l'appui, quel scoop !

Le correspondant du magazine sur la Côte, Jean-Paul Ollivier, est requis. D'un côté, le secrétaire particulier du Prince, M. Ballerio, est sollicité pour obtenir une audience en quasi-urgence ; de l'autre, il faut convaincre Grace Kelly d'accepter, ce qui n'est pas le plus simple… « Grace parut fascinée par ce projet », racontera Pierre Galante, entremetteur improvisé. Deux photographes, Michou Simon et Edward Quinn, sont déjà prêts, avec un bon stock de pellicule. Il n'y a plus qu'à attendre la réponse du Palais. Pierre Galante a une alliée de poids en la personne de sa femme qui soutient ce scénario secret. Hollywood est donc très représenté dans ce projet tout de même audacieux, voire farfelu.

La réponse princière ne tarde pas : l'audience est fixée au lendemain, un vendredi, le 6 mai, à 15 heures. En vérité, l'heure initiale était 16 heures mais Grace devant assister à une réception à 17 heures 30, elle n'aurait pas assez de temps. Elle préfère annuler – mais oui ! – ce rendez-vous à Monaco. Après tout, c'est une idée de journalistes. Est-ce bien utile ? Si elle a accepté de venir à Cannes, c'est parce que Rupert Allan, qui travaillait à Paris pour la Motion Pictures Association of America (les Majors) avait insisté ; il l'avait convaincue, pour qu'elle puisse se changer les idées, mais personne n'avait parlé de mondanités princières.

Le matin, Grace Kelly pose, très sagement, pour des photographes sur la Croisette. Pas question de s'exhiber en bikini. Une star n'est pas une starlette.

L'équipe trépigne. Aimablement, le secrétariat du Prince accepte d'avancer le rendez-vous d'une heure. À 13 heures 30, le vendredi, l'escouade guette la star dans le hall du Carlton, face à l'ascenseur. « Vingt fois la porte s'ouvre, vingt fois nous sommes déçus », se souvient Pierre Galante. Enfin, Grace paraît, suivie de Gladys et du représentant de la MGM, chaperon professionnel de cette curieuse équipée. Grace porte une robe de soie noire imprimée de grosses fleurs roses et vertes, la seule non froissée de sa garde-robe, une robe qu'elle n'aime pas (« J'ai l'air d'une poire ! » déplore-t-elle) et semble très énervée. Pourquoi ? Parce qu'une panne d'électricité et une grève ont empêché son séchoir de fonctionner. Elle a les cheveux encore mouillés… Tant pis. Pressés, tous traversent le hall car ils ne sont pas en avance. Pierre Galante sursaute : miss Kelly n'a pas de chapeau ! Impossible de se présenter tête nue au Palais, pour une audience officielle ! Acheter un chapeau ? C'est l'heure de la sieste et toutes les boutiques sont fermées. Gladys de Segonzac, pour qui les vêtements et leurs accessoires n'ont aucun secret, sauve la situation. Les deux femmes remontent vite dans la chambre de Grace. On trouve une curieuse tiare en fleurs artificielles. En un tournemain, Gladys bricole une coiffure assortie à la robe-jardin. Près d'un quart d'heure est perdu pour respecter le protocole. Qui a dit qu'un destin pouvait tenir à un cheveu ?

Enfin, les deux voitures démarrent, celle du représentant de la MGM, M. Lapinière, une Studebaker belle comme une fusée, et celle des photographes, une Peugeot moins somptueuse. Il y a une bonne cinquantaine de kilomètres à avaler en moins d'une heure ; ce sera juste car les aménagements routiers sont encore modestes. Des tournants, du trafic, M. Lapinière est, selon Pierre Galante, « de plus en plus nerveux et de mauvaise humeur ». Il freine brusquement, la Peugeot heurte la Studebaker, ce qui n'arrange pas l'humeur de M. Lapinière qui venait d'acheter sa voiture, spécialement pour le festival. Le choc, un accrochage pas grave mais la Studebaker a l'air moins jeune. Ah ! ces journalistes ! Quelle idée ce rendez-vous insensé ! Encore quinze minutes de perdues. Seul avantage : les cheveux de Grace sont enfin secs !

Cinq minutes avant l'heure, Pierre Galante déboule de sa voiture devant l'Hôtel de Paris, à Monte-Carlo. Au bar, il rafle les derniers sandwiches au jambon parce que dans la panique, le commando a oublié de déjeuner. Et Grace, très calme, a dit « J'ai faim ». Tout simplement. Pendant ce ravitaillement express, elle reste calme. D'ailleurs, depuis le départ de Cannes, elle n'a montré que sa maîtrise d'elle-même, sa bonne éducation. Certes, elle est pâle. On a seulement entendu sa voix timide oser dire qu'elle mangerait volontiers un sandwich. Il est avalé pendant la montée au Palais. Puis, c'est l'indispensable raccord, comme avant de tourner une scène. Le sac ouvert, la houpette qui tamponne le visage, le rouge à lèvres rafraîchi, le coup d'œil angoissé à la coiffure. Si ce bouquet dégringole du chignon, quel désastre !

Ils sont presque à l'heure et le Prince… a été retenu. Il arrive, leur dit-on. Sur les conseils de *Match*, Grace Kelly révise son rôle inattendu, répète sa révérence, l'usage devant un souverain régnant. Pierre Galante a fourni toutes les réponses pratiques : on appelle le Prince « Monseigneur », c'est lui qui s'adressera à vous. N'ayez pas peur, il est très gentil. Et Grace a cette question, saugrenue et délicieuse d'innocence : « Parle-t-il français ? » La réponse est oui. Le français est, lui dit-on, la langue officielle de la Principauté. Aucune inquiétude, il parle aussi très bien anglais. Ah bon !

Le Prince Rainier a une passion pour les voitures de sport ; il les collectionne. Et c'est au volant d'une Lancia qu'il entre dans la cour d'honneur, passant devant les carabiniers au garde-à-vous. Les photographes ont déjà pris des premiers clichés de la vedette, très posés, pendant qu'on lui commentait une brève visite. Et c'est la rencontre…

L'Américaine fleurie esquisse sa révérence, le Prince de Monaco l'accueille en souriant, très aimable. « Il est habillé d'un costume en gabardine bleu marine », note Pierre Galante. « Ses pantalons sont très étroits, presque en forme de fuseau, ses chaussures noires ont d'épaisses semelles. Il paraît intimidé, s'excusant d'être un peu en retard. »

Pierre Galante fait les présentations. « J'ai dit au Prince Rainier : “Monseigneur, je vous présente miss Kelly.” » Un fameux titre de gloire dans une carrière de journaliste, la clé d'un reportage complet, le premier, sur un couple qui n'existe pas. Mais « La Star et le Prince », voilà un bon sujet ! Cela plaira !

Cravate claire, lunettes légèrement teintées, le monarque fait les honneurs de son Palais à l'actrice. Il la conduit vers les jardins. Quand on porte une robe aussi fleurie, c'est qu'on aime le monde végétal. Un premier intérêt commun. Grace avance sagement. Elle a gardé ses gants blancs, tient ses mains derrière le dos lorsqu'ils s'arrêtent. Les photographes travaillent mais discrètement. Ils observent que la jeune femme a les joues rosies. Dans le fond, Monaco ne ressemble pas encore à Hong Kong. Le jeune Prince parle doucement, baisse les yeux sous les arcades ; c'est très utile de contempler le sol quand on est timide. Ils le sont, tous deux. Maintenant, ils sont devant la ménagerie, le zoo privé du souverain, un endroit qui n'est pas facile d'accès. Pas de photographies, s'il vous plaît, car cela pourrait énerver les fauves.

Rainier, dont le public apprendra la passion pour les animaux et le cirque, glisse un bras à travers les barreaux. Le locataire, un tigre, montre les dents. Le geste du Prince n'est pas très recommandé, mais le tigre reste bien élevé, lui aussi, reconnaissant l'affection d'un ami et connaisseur des fauves. Le félin aurait pu tourner dans *Mogambo* ! Aucun incident, donc, mais Grace est surprise. Les yeux agrandis, elle est impressionnée par ce courage tranquille. Un Prince dompteur ? On ne lui avait pas tout dit ! Décidément, Monaco est un pays à part…

Quelques rouleaux de films plus tard, Grace prend congé. Cette visite a été d'une exquise courtoisie. Pierre Galante interroge la vedette, silencieuse, comme d'habitude. Il n'obtient qu'un seul commentaire : « Il est charmant, charmant. » Dans la voiture qui la reconduit au Carlton, elle ne dira rien d'autre. Mais, le soir même, il se produit un petit incident inhabituel dans la carrière de l'actrice, réputée pour sa ponctualité dans le travail : à la réception, donnée en son honneur et qu'elle doit présider, elle arrive en retard. Fatigue ? Trouble ? De toute manière, la journée a été intense et la rencontre incroyable. Les photographes savent que, sauf problème technique toujours redouté, le reportage devrait être excellent et, surtout, exclusif. Au cours de la même soirée, Grace glisse à Olivia De Havilland, en anglais car c'est la langue de leur complicité : « *He is very, very charming.* »

Quand on pense que ce rendez-vous a failli être manqué… Évidemment, le face-à-face a été totalement arrangé. Mais personne, à commencer par les instigateurs de cette promenade convenable et convenue, ne peut imaginer que c'est le premier acte d'une future idylle. Les stratèges de la MGM avaient trouvé un slogan pour Grace : « La femme avec qui vous aimeriez passer toute votre vie ». C'était gentillet, fade et assurément moins fort que celui concocté, en d'autres temps, pour Erich von Stroheim « L'homme que vous aimeriez haïr ». Un autre registre, bien entendu, mais le concept était voisin : certaines personnes emplissent votre existence et pas seulement au cinéma.

Et maintenant ? Pour un magazine qui dépasse déjà le tirage hebdomadaire du million d'exemplaires, le pari est gagné lorsque les films sont développés à Paris, dans le laboratoire du sous-sol. La double page d'ouverture s'impose : c'est la poignée de main entre le Prince et miss Kelly, un peu courbée, la main gauche le long de sa robe. Quand le numéro paraît, les ventes grimpent. Ce journal a osé avoir une idée que les autres n'ont pas eue. La surprise est totale car cette publication n'a été précédée – et pour cause ! – d'aucune rumeur. Les photos parlent. Il en est une prémonitoire : Grace est assise seule, au détour d'une galerie ; le document avait été pris juste avant l'arrivée du Prince, lors de la visite conduite par un garde. Grace avait posé comme dans un studio, en professionnelle, comme elle le fera souvent, au même endroit. Ce rendez-vous de Monaco, mis en pages, raconté, lance ce qui a l'air d'une révélation, le début d'une romance. Certains veulent y croire, d'autres assurent que c'est juste « un coup » (terme de métier), sans lendemain, le succès d'un numéro. En réalité, la situation est bien différente de ce que l'on peut imaginer...

Ce que les lecteurs ignorent est le point commun entre Rainier et Grace, indécelable sur les photos. Ils sont tous deux malheureux dans leur vie personnelle. On a vu pourquoi Grace est dans cet état, plus ou moins dépressif. Mais le Prince ? Sa longue liaison avec la belle Giselle Pascal n'a cessé de lui compliquer l'existence. S'il avait voulu l'épouser, on lui aurait objecté mille et une raisons dont l'une est piquante : elle est comédienne ! Il a dû rompre, après une romance de six années. Dans son palmarès théâtral, Giselle Pascal a pourtant joué une pièce intitulée « Monseigneur » ! Mais si Grace Kelly est, par fonction, la proie des commères du cinéma même en détestant tout ce qui peut être indiscret et déformé, le Prince est un chef d'État et tous les espoirs de la Principauté, c'est-à-dire son existence et son indépendance, reposent sur lui. Les Princes, comme les Rois, ne s'appartiennent pas. Rainier ne peut montrer ses états d'âme. Son attitude aura, c'est l'évidence, des conséquences qui n'ont rien à voir avec une romance hollywoodienne, vraie ou fausse. Un chagrin d'amour de vedette au sommet d'une gloire rapide, ses déboires avec des hommes toujours mariés ou qui l'avaient été, ne peuvent être comparés aux responsabilités écrasantes qu'exerce S.A.S. le Prince Rainier III. La vie privée de Grace Kelly, qu'elle soit agitée ou dépouillée, n'est qu'un additif à son métier voire une de ses composantes inévitables. Combien de vedettes, à cette époque, semblent vouées aux amours condamnées, compliquées, scandaleuses? Pourtant, Grace Kelly ne recherche aucune provocation, mais elle plaît aux hommes mûrs, lesquels sont rarement libres. La vie du souverain, que l'on connaît alors très mal, est toujours une affaire d'État. En ce printemps 1955, pour saisir les secrets d'un homme et d'une femme artificiellement réunis pendant une heure sous escorte médiatique, alors que rien ne permettait d'envisager qu'ils se rencontrent, il faut connaître la situation politique, économique et dynastique de Monaco. Une épopée palpitante qui, à l'inverse de ce qu'on croit souvent, n'a rien de mièvre. Et des siècles d'histoire où les femmes ont toujours joué un rôle déterminant. Des femmes de tempérament et de caractère, certaines séduisantes, qui ont sauvé le Rocher.

La Principauté de cette époque est fort différente de son aspect actuel. Minuscule royaume enclavé dans la République française, large de quelque trois kilomètres, parfois à peine des centaines de mètres, sa population nationale, les sujets du Prince, qu'il ne faut pas confondre avec les résidents, est de quatre mille vingt-sept personnes. Bien qu'exigu, ce petit territoire représente un long passé, original dans les convulsions et la construction européennes[2]. Il a été écrit par trente-deux seigneurs et princes qui se sont battus pour protéger, sauver, contrôler, défendre un site enviable et dont le port est recherché même si, par vent d'est, le séjour à l'amarrage est chahuté. Le fameux Rocher, une acropole qui avance dans la mer, a été le théâtre de combats dans une

2. Voir *Il était une fois Monaco, une famille, 700 ans d'Histoire*, du même auteur, chez le même éditeur, 1997.

atmosphère plus proche de Shakespeare que d'Offenbach. Monaco est un monde encore figé, qui a vécu douloureusement la Seconde Guerre mondiale avec l'occupation italienne puis allemande. Le climat de délation et de suspicion avait, toutes proportions gardées, été aussi pénible qu'en France. La Libération avait ramené la légende des joueurs de casino, des vieux palaces, des ruelles nostalgiques où l'air est chargé de parfums méditerranéens, avec, ici et là, des preuves que la Provence et l'Italie sont proches même si le français est la langue officielle. Doucement, lentement, la Principauté se réorganise. Il y a un entêtement monégasque ; il avait étonné Machiavel, irrité Charles Quint, séduit Louis XIII et agacé Napoléon Ier. À plusieurs reprises, on avait craint la disparition de cet État, en particulier à la fin de la Première Guerre mondiale, lorsque l'héritier direct du trône des Grimaldi était un prince allemand, d'une branche des Wurtemberg. Cette dévolution était inacceptable pour la France qui venait de se battre contre l'Empire allemand pendant quatre ans. Une solution, romanesque, avait conduit la fille des amours de Louis Grimaldi, née lorsqu'il servait en Algérie, le futur Prince Louis II, à être reconnue puis adoptée et devenir la Princesse héréditaire Charlotte, fort séduisante. Elle avait sauvé Monaco avec l'agrément, obligatoire, de la France et de son Président, M. Raymond Poincaré. Jeune femme au charme fou, Charlotte avait épousé, sans passion, Pierre de Polignac, aristocrate raffiné, affable et cultivé, mais qui ne devait pas la rendre heureuse. Leur divorce, au début des années trente, avait été réglé par le même Raymond Poincaré, déjà avocat de la famille princière au moment du mariage. De cette union, deux enfants étaient nés, Antoinette et Rainier ; la mésentente de leurs parents avait assombri les jeunes années de la sœur et du frère qui séjournaient souvent au château de Marchais (Aisne), propriété princière depuis le siècle passé. Pendant la guerre, le jeune Prince Rainier servit, à titre étranger selon la tradition, dans les armées françaises et participa à la campagne d'Alsace-Lorraine. Ce très ancien statut des Princes de Monaco au service de la France en danger – Voltaire lui-même l'avait souligné – est illustré, notamment, par une cérémonie du 23 février 1947 : ce jour-là, en uniforme d'officier français, Rainier avait décoré le jeune fils de René Borghini, héros monégasque de la Résistance fusillé par les Allemands.

Depuis 1944, la Princesse Charlotte avait renoncé à ses droits sur le trône des Grimaldi. Rainier avait donc succédé à son grand-père Louis II, le 9 mai 1949. La date de son avènement ne doit pas être confondue avec celle de la fête nationale, fixée au 19 novembre, jour de la Saint-Rainier.

Nouveau souverain – né le 31 mai 1923, il a vingt-six ans –, S.A.S. Rainier III avait hérité une situation difficile. L'État avait besoin d'évoluer en tenant compte des aspirations de la population et de nouvelles réalités socio-économiques. Par une déclaration solennelle devant le Conseil national (le Parlement monégasque), le monarque s'était fixé ce constat comme programme. Mais une très délicate et très ancienne question n'avait toujours pas reçu de réponse satisfaisante, celle de la constitution. Il fallait un nouveau texte. La précédente constitution – et la première – datait, en effet, de... 1911, c'est-à-dire du règne d'Albert Ier, avant les deux guerres mondiales. Sa révision, partielle en 1917 puis en 1945, restait insuffisante.

L'élaboration du nouveau texte fondamental prendra du temps, ce qui provoquera des crises graves dans le fonctionnement des institutions, des démissions, des malentendus et même des suspensions constitutionnelles. Monaco sera, politiquement, presque paralysé[3].

---

3. En particulier en 1959. La nouvelle constitution ne sera promulguée qu'en 1962. En un siècle, la Principauté de Monaco n'a donc eu que deux constitutions. Un record de stabilité !

La Principauté de 1955 est donc à l'heure des transitions, des adaptations avant celle des innovations. Il est certain que si le Prince se mariait, Monaco partagerait son bonheur sans réserve et avec soulagement. Or, après cette rencontre et alors que le reportage de *Match* n'est pas encore paru, Grace ne semble pas avoir été troublée au point d'imaginer qu'elle pourrait devenir Princesse de Monaco. Bien au contraire, à Cannes, elle retrouve son ami Jean-Pierre Aumont, qu'elle connaît depuis 1950 ; elle a joué le rôle de son épouse dans un des premiers téléfilms. Grace y avait affronté ces grosses boîtes disgracieuses qu'étaient les caméras préhistoriques et, pour elle, l'année 1951 avait été intense dans ce monde télévisé alors presque balbutiant en Europe. Jean-Pierre Aumont, lui non plus, n'avait pu oublier l'arrivée de cette débutante « très belle, très blonde, assez grande, avec des yeux qui pouvaient devenir d'acier ». Mais un détail a particulièrement frappé ce Français pétri d'habitudes du cinéma américain puisque, de son vrai nom Salomon, il avait fui la France en 1940 avant de rejoindre, plus tard, l'armée du général Leclerc et de mériter, par son courage, la Croix de guerre. Ce détail, il l'a consigné dans un de ses livres de souvenirs, *Le Soleil et les Ombres*[4], un ouvrage lucide, intelligent, désinvolte et plein de charme, exactement à son image : « Pendant plusieurs jours, dans ce pays où tout le monde vous appelle Bill, Mac ou Tom à première vue, elle continua à me donner du monsieur Aumont. » Les bonnes manières, inculquées dans des institutions sérieuses comme la Ravenhill Academy quand miss Kelly avait quatorze ans, n'allaient pas fondre sous les projecteurs des plateaux des studios. Le tournage de cette histoire reste savoureux. C'est un temps où la télévision s'impose par le direct, ce qui révolutionne la façon de jouer en raison des contraintes techniques plus lourdes qu'au cinéma, lequel n'a pas encore répliqué pour

---

4. Éditions Robert Laffont, 1976.

retrouver son public perdu. Le petit écran, voilà qui est nouveau et attirant. Pour Grace, ce théâtre à domicile était la plus rapide manière de se faire connaître d'un immense public car le cinéma lui semble inaccessible. On compte déjà cinquante millions de téléspectateurs aux États-Unis. Elle enchaîna ce qu'on nommerait aujourd'hui des soap-operas ou sit-coms, en français des dramatiques sur dramatiques, certaines étant, *stricto sensu*, vraiment dramatiques ! Grace Kelly en joua une centaine, y compris une dans une tenue sexy, avec bas résille. Un rythme infernal ; il fallait savoir tout faire et souvent improviser. L'intrigue et le texte étaient souvent déplorables, on était pressé.

Jean-Pierre Aumont jouait, face à Grace Kelly, le rôle d'un célèbre ornithologue, entouré de vautours et de rouges-gorges. Il raconte : « Elle se mit à déchiffrer son texte. À la fin de chacune de nos scènes, elle devait dire :

— Regarde, chéri, une sarcelle.

Une autre scène, puis :

— Regarde, chéri, un étourneau.

Une autre scène, puis :

— Regarde, chéri, une mésange.

Quel talent, ce dialoguiste ! »

Jean-Pierre Aumont en convient : « C'était monotone mais plaisant… À la pause de midi, je l'invitai à déjeuner. Elle me répondit : Non, merci, monsieur Aumont. »

Agacé – vexé ? – par la froideur et le strict professionnalisme de la jeune comédienne, il finit par lui montrer une grande banderole dans la salle où ils répétaient leurs rôles et qui, le samedi soir, était utilisée comme dancing. Le texte de ce calicot est un chef-d'œuvre d'amabilité féminine. Grace ajusta ses lunettes et lut : « Mesdames, soyez aimables avec vos cavaliers. N'oubliez pas qu'après tout, les hommes sont aussi des êtres humains. » Après tout ! Jean-Pierre Aumont avait gagné : « Grace éclata de rire ; la glace était rompue. Nous devînmes les meilleurs amis du monde. »

Ce sont donc deux complices – ils rient beaucoup ensemble – qui essaient, sans conviction, de semer les photographes sur la route des bistrots de la Côte. Ils poursuivent leur tête-à-tête plutôt tendre, jusque dans l'arrière-pays. Ils semblent très heureux de s'être retrouvés. Leur plaisir est tel que Grace, qui n'a plus d'obligations au festival, décide de regagner Paris avec Jean-Pierre Aumont. Il s'ensuit une semaine de vacances sentimentales. Quand on demande à l'acteur français, avenant et si sympathique, s'il a l'intention d'épouser Grace – cette question devient une manie ! –, il répond : « Qui ne le voudrait pas ? Je l'adore ! » Mais ici encore, la situation n'est pas favorable à Grace Kelly : Jean-Pierre Aumont est un homme divorcé de Blanche Montel, en 1940, et veuf de Maria Montez ; il l'avait épousée en 1943 et cette deuxième femme est morte, accidentellement, dans sa baignoire, en 1951. Un fait divers poignant. Il est donc libre… Éternellement juvénile, charmeur et délicieux compagnon, sa carrière est unique parmi les comédiens qui, pour des raisons diverses, avaient émigré à l'assaut de Hollywood. Une carrière dispersée, atypique, passée du théâtre au cinéma et où il y a quelques trésors. Mais Jean-Pierre Aumont, même si cela ne se voit pas, a… vingt ans de plus que Grace… Exactement les conditions qui, jusqu'à présent, attiraient la jeune femme. On l'interroge sur ce flirt amical qui n'est pas passé inaperçu. Au moment où elle repart pour les États-Unis, visiblement émue, elle glisse : « Je ne sais pas. Je ne peux rien vous dire pour l'instant. » À son retour à Philadelphie, Margaret Kelly, les journaux étalés devant elle, demande à sa fille si elle doit inviter ce « Monsieur Aumont » chez eux, Grace réplique : « C'est à toi de décider. »

Le souvenir des accueils hostiles réservés à ses précédents « fiancés » ne pouvait pas inciter la jeune femme à l'optimisme. La Croix de guerre de Jean-Pierre ne suffirait pas à convaincre son père…

A-t-elle déjà oublié Monaco ? Officiellement, oui. Le reportage est paru et a suscité des commentaires pendant tout l'été, avec de telles spéculations, que le Prince est obligé, le 11 octobre 1955, de parler à ses sujets sur les ondes de Radio-Monte-Carlo. Il comprend que si son mariage préoccupe le peuple monégasque, cette question le concerne encore plus et il demande qu'on lui accorde, sur ce point, deux ou trois ans. Mais, en réalité, une correspondance suivie s'est engagée entre le Prince et la star. D'abord, bien entendu, elle lui a écrit pour le remercier de l'avoir reçue et avec autant de gentillesse que de simplicité. Il lui a répondu. Leurs lettres, leurs premières lettres, resteront leur secret. À la fin de l'été, Grace Kelly se trouve en Caroline du Nord, au château de Biltmore, pour tourner les extérieurs du film dirigé par Charles Vidor, *Le cygne,* avec Alec Guinness et Louis Jourdan. La fiction précède la réalité puisqu'elle y joue le rôle d'une Princesse Alexandra, en 1910… à la recherche d'un mari ! Elle charme ses partenaires, mais paraît rêveuse. Quand Alec Guinness s'inquiète de la voir souvent perdue dans ses pensées, « elle ne se reprenait qu'au bout d'un moment, comme si elle était alors très loin de tout[5] ». Cependant, dans son rôle, elle est irréprochable, parvenant même à faire semblant d'être maladroite dans une révérence ratée au vieux Prince qu'on lui destine ! Alec Guinness et Grace conservent leur humour en inaugurant une farce qui va durer… trente ans ! Un tomahawk, c'est-à-dire une hache indienne, achetée dans une réserve et offerte au comédien britannique, est curieusement glissé dans le lit de Grace. À partir de ce moment, c'est à qui le placera dans le lit de l'autre, avec diverses complicités. Il peut se passer des années avant que le tomahawk baladeur ne resurgisse. Sir Alec le retrouvera même dans sa maison, au fond de la campagne anglaise. Avec son flegme, le digne Alec se contentera de

5. Bertrand Meyer, *Grace,* Perrin, 1984 (le meilleur ouvrage écrit en français).

dire qu'il a des soupçons. Quelles gamineries, Votre Altesse ! Le jeu consiste à ne jamais y faire allusion. Même quand la Princesse de Monaco fera, aux États-Unis puis au Royaume-Uni, des tournées de poésie, l'affreux objet indien dont la hache est ornée de pâquerettes, réapparaîtra, toujours aussi mystérieusement... Encore un exemple de fidélité à ses amis et à son ancien métier.

Si *Le cygne* est loin d'être un chef-d'œuvre, il montre une Grace Kelly plus Princesse que nature, somptueusement habillée par la célèbre costumière de la MGM, Helen Rose. La magnifique robe de la scène du bal a nécessité des semaines de travail, « des centaines de camélias brodés pétale après pétale ». Grace, princesse aux camélias, est tellement éblouie qu'elle demandera, l'année suivante, à la même Helen Rose de confectionner... sa vraie robe de mariée ! Et ce sera le cadeau de mariage de la MGM... Entre-temps, les lettres et même les appels téléphoniques entre la vedette et le souverain étaient devenus réguliers, mais personne ne pouvait s'en douter. Le secret demeurait bien gardé puisque Grace et Rainier ne s'étaient pas revus.

Le Prince avait souhaité qu'on ne le bousculât pas ; en fait, dès le milieu de l'automne, il comptait demander Grace Kelly en mariage. Mais rien ne pouvait être simple. D'une part, les accords franco-monégasques de 1918 imposent que le Prince régnant soumette son choix à l'approbation des autorités françaises. Cet usage avait été « oublié » lors du mariage de la Princesse Charlotte (la mère de Rainier) avec le comte Pierre de Polignac et le Quai d'Orsay s'en était ému. Il n'est donc pas question d'agir avec légèreté dans les rapports, multiséculaires, avec la France. À l'opposé, un risque de fuite existe : il serait catastrophique que la nouvelle se répande avant que la future épouse ne soit, justement, officiellement demandée en mariage. Le Prince Rainier va donc ménager la susceptibilité française et sa décision intime en faisant annoncer, au consul général de France en Principauté, par l'intermédiaire du ministre d'État (chef du gouvernement princier et haut fonctionnaire français) son intention d'épouser une Américaine… mais sans dévoiler son nom.

Le 8 décembre, le Prince de Monaco s'embarque pour les États-Unis, par bateau. Il est accompagné de son chapelain, le R.P. Tucker, un Américain de Philadelphie (hasard !) qui approuve ce projet et l'encourage fortement. Il est convenu que le jeune médecin personnel du monarque, le docteur Donat, les rejoindra à New York. Officiellement, Rainier a l'intention de subir un *check-up* médical dont la vogue commence en Europe. Il affirme vouloir revoir quelques amis et pêcher en Floride. De son côté, Grace va pouvoir arriver à Philadelphie juste à temps pour les fêtes de Noël : le tournage du *Cygne* a pris du retard, les intérieurs sont en studio, à Hollywood. Grace se hâte. Son grand ami Rupert Allan lui prête même une valise pour qu'elle attrape à temps le vol Los Angeles-New York. Il ose une allusion au Prince Rainier. Elle réagit vivement : « Rupert, voyons ! Il n'est pas question d'idylle ! »

Grace est une adorable menteuse.

Arrivé le 15 décembre à New York, le Prince, que l'on sait très attaché aux traditions de Noël, compense son absence de Monaco par un message, diffusé le 24, en direct, sur Radio-Monte-Carlo : « Que cette fête de Noël, qui est la fête de l'espérance, ait pour vous, comme pour moi, cette signification profonde de confiance en l'avenir de la Principauté. […] Que cette année nouvelle efface les erreurs passées et que Dieu continue à nous marquer sa préférence en nous guidant et en nous protégeant comme il l'a toujours fait ! » Une déclaration que nous pouvons aujourd'hui décrypter : le Prince fonde aussi de grands espoirs personnels sur l'année 1956. À Philadelphie, l'astucieux R.P. Tucker est l'artisan d'une conspiration familiale. Par un « hasard » arrangé, le souverain, son chapelain et son médecin, sont invités à dîner chez les Kelly, le 25 décembre. Il est évident que, d'emblée, le Prince de Monaco est accepté par le clan. Rien à voir avec le sort des précédents soupirants ! Rainier ne sera pas qu'un *boy-friend* ! Rainier est presque de la même génération que Grace, il est célibataire et sa position n'est pas critiquable ; il est le candidat idéal et fait la conquête de la famille. Grace est déjà conquise ; tous deux évoquent, en riant, leur première rencontre qui, elle non plus, ne devait rien au hasard. Signe d'admission, le Prince passe la nuit sous le toit des Kelly.

Jack Kelly est définitivement rassuré quand on lui explique que le Prince n'est ni une Altesse détrônée ou en exil, ni un coureur de dot et qu'il a largement les moyens de faire vivre – et bien vivre – sa chère Grace. En bref, il est digne d'épouser une Kelly, la question inverse n'étant pas envisageable… Le « roi de la brique » dit oui au souverain de Monaco. Deux jours plus tard, Grace et Rainier partent pour New York. C'est là que l'héritier des Grimaldi fait sa demande officielle à miss Grace Patricia Kelly. Le 29, elle téléphone à sa mère pour lui annoncer son prochain mariage. Ce n'est que le jeudi 5 janvier que l'annonce des fiançailles est faite, d'abord à Monaco puis quelques instants après aux États-Unis. La France ne pouvait, évidemment, rien objecter à ce charmant et sympathique roman d'amour avec une telle vedette qui avait été son invitée au précédent festival de Cannes. Le Prince va se marier car il est certain de ses sentiments mais il est aussi sûr que Grace sera une parfaite Princesse de Monaco. Leur première rencontre n'a que huit mois et qui aurait pu croire à cette issue ? Dans son livre *Grace et Rainier,* la meilleure étude américaine sur le couple, Jeffrey Robinson rapporte cette réflexion du Prince, des années plus tard, qui résume ce coup de foudre et sa pérennité : « Nous étions assez grands pour savoir ce que nous voulions et quand nous nous sommes revus à Philadelphie, je crois que nous avons compris tous les deux que nous voulions faire notre vie ensemble. Nous n'étions plus des enfants. Nous savions ce que signifiait le mariage. Nous avions tous deux traversé des périodes difficiles, mais en avions tiré les leçons. Nous en avons parlé, nous y avions réfléchi et avons décidé de nous lancer. Nous sommes tombés amoureux. Beaucoup de gens n'y croyaient pas. Certains pensaient que cela ne durerait pas. Je crois que nous les avons bien eus[6]. »

Le 6 janvier, lors d'un bal au Waldorf Astoria, Grace resplendit dans une robe bustier blanche de Dior, ornée d'une orchidée. À son annulaire gauche, sa bague de fiançailles, un diamant de douze carats taillé en émeraude. Un chignon strict met en valeur son profil unique ; elle trinque à son bonheur avec Rainier, en habit. Tous deux sont radieux. Cette soirée a reçu un titre prometteur : « Une nuit à Monte-Carlo ». Examinons les réactions suivant la nouvelle. Évidemment, en Principauté, on est ravi : une aussi jolie star d'Hollywood devenant Princesse, voilà qui charme et rassure. *Paris Match* savoure son triomphe et développe la romance : elle est vraie ! *Le Monde* s'interroge, avec son sérieux habituel, sur l'avenir « américain » de la Principauté. Le très britannique *Manchester Guardian* reste informatif et parfaitement neutre : « Le Prince Rainier fiancé ».

De l'autre côté de l'Atlantique, c'est plus étonnant. On a d'abord du mal à situer Monaco. Si beaucoup d'Américains connaissent Monte-Carlo, peu réalisent qu'il s'agit, simplement, d'un quartier de la Principauté, donc d'une partie de Monaco. Ces approximations géographiques aboutissent même à un gag : l'époux de Grace est mystérieux… Il s'agirait du… Prince of Morocco (!), Monaco étant confondu, en anglais, avec… le Maroc ! Et on s'inquiète de l'avenir de Grace Kelly… dans un désert marocain peuplé de chameaux ! Et, pourquoi pas, recluse dans un harem ?…

---

6. *Grace et Rainier,* traduit de l'anglais par Jean-Paul Mourlon, L'Archipel, 1996.

Les commères hollywoodiennes s'agitent ; furieuses d'avoir été prises de court, mal informées de ce qui peut se passer entre Nice et Gênes, elles se vengent sur leur terrain de chasse réservé, les potins du spectacle. Les grandes prêtresses du ragot sont déchaînées. Elles traquent les précédents fiancés pour recueillir leur dépit car, enfin, il s'agit d'une Américaine ! Elle va épouser un étranger ! Comment dit-on Monégasque en anglais ? Avec le très discret Jean-Pierre Aumont, elles ne parviendront pas à la moindre critique ; il a d'ailleurs toujours pensé que Grace deviendrait une Princesse. Oleg Cassini semble plus aigri, peut-être parce que l'amitié n'avait pas servi de base à son amour. Grace, elle aussi, analysera, plus tard, le bouleversement annoncé de son existence, des années après les banalités d'usage qu'on attendait de sa part, du style : « J'ai envie d'avoir des enfants… » Certes, elle avait déjà été amoureuse, mais pas de cette façon. « En me mariant, j'entrai dans un monde nouveau, totalement inconnu, et je dois dire que cela m'effrayait un peu. J'étais prête à changer de vie. Et le Prince aussi. Nous avons eu de la chance de nous rencontrer au bon moment. J'avais toujours pensé qu'un homme qui épouse une femme célèbre, plus célèbre que lui, risque de perdre sa propre identité. Je ne voulais pas d'un futur M. Kelly, si vous voyez ce que je veux dire. Je ne voulais pas trouver un mari, je voulais devenir la femme de quelqu'un. »

Mme Kelly mère est ravie, tout en soulignant que le Prince n'est pas le « premier venu » (en effet !) après avoir comptabilisé au moins… cinquante amoureux de sa fille. La compétition, jusqu'au bout. Jack Kelly, qui ne manie pas la litote, reconnaît, à propos de son futur gendre, qu'il a été impressionné par le bonhomme et non parce qu'il était prince. C'est un compliment. Les journaux de la Côte Est titrent, joliment, « The Philadelphia Princess », ce qui révèle une fierté régionale. En revanche, le *Chicago Tribune* est agressif, dénigrant cette union par une manchette amère : « Il n'est pas assez bien pour une Kelly » et d'ajouter que cette fille « est trop distinguée pour épouser l'associé d'une maison de jeu » ! Ce quotidien, furieux de voir gaspillée l'origine irlandaise d'une fille Kelly, annonce qu'un jour, le jeune Prince Charles d'Angleterre (il a sept ans mais est, comme Grace, du signe du Scorpion...) pourrait épouser une fille de Grace et donc irriguer de sang irlandais la monarchie des Windsor ! Une hypothèse à rappeler lorsqu'on sait que, beaucoup plus tard, la Princesse Grace sera censée rêver de voir sa fille Caroline épouser Charles, Prince de Galles. Depuis, l'éventualité de cette union dynastique a été vigoureusement démentie. Du *Daily Worker,* quotidien communiste, on ne saurait attendre l'éloge d'un monarque ! Quel dommage, selon ce journal, que Grace Kelly ait choisi un époux « qui ne savait ni poser des briques, ni jouer la comédie, ni écrire des pièces, ni faire de l'aviron » ! Le temps écoulé permet de dire que ce « quotidien des travailleurs » s'est trompé sur deux jugements : Rainier est un bâtisseur et les bateaux sont une de ses passions... Allant plus loin vers l'ouest, on lit le *Denver Post.* Il exécute le souverain qui ose épouser une belle Américaine dont tous les hommes sont amoureux : « Elle se mésallie ! » Tous les anciens partenaires de Grace, dont elle avait tourné la tête et qui avaient envisagé de divorcer pour elle – Ray Milland, Bing Crosby, William Holden – sont interrogés. Il y a, aussi, des gentlemen à Hollywood. James Stewart, le héros de *Fenêtre sur cour* et l'un des rares acteurs ayant joué avec elle sans tomber amoureux de cette fille si intéressante, précisera, plus tard : « Elle n'était pas aussi hautaine qu'on a bien voulu le dire. Elle aimait beaucoup plaisanter. Elle avait un humour très délicat, le regard tourné vers le côté pétillant des choses... Et puis, elle était attentive aux autres, généreuse, gaie, simple. Vraiment, une femme fantastique[7]. »

---

7. James Spada, *Grace, les vies secrètes d'une Princesse* (un livre souvent venimeux, contenant diverses assertions, suppositions et affirmations sans argument), traduit de l'américain par Jacqueline Susini et Annie Hamel, éditions Jean-Claude Lattès, 1987.

Hitchcock compare son actrice fétiche à une trapéziste qui a toujours évolué avec aisance et se demande « si la plate-forme sur laquelle elle a atterri n'est pas trop étroite » ! En d'autres termes, la Principauté de Monaco est-elle assez grande pour le talent et le rayonnement de Grace Kelly ? Ce n'est guère aimable, mais s'explique, sans doute, par son dépit de metteur en scène ; on le savait amoureux, professionnellement, de l'actrice qui donnait vie à ses fantasmes. Alors, si Grace devenait princesse, elle était perdue pour lui, ce qui était grave, et pour le cinéma, ce qui était le problème des patrons de la MGM. Une question résumée par une boutade inattendue, en substance celle-ci : Grace Kelly est une valeur sûre du cinéma, l'une de celles qui permettent de lutter contre la télévision. Elle est rayonnante sur grand écran. Désormais, elle sera réduite à montrer son effigie sur les timbres-poste de la Principauté... Le comble, pour ces messieurs préoccupés, est qu'on la verra bientôt en Princesse, dans *Le cygne.* Sans rancune – et avec un bel esprit commercial –, ils retarderont la sortie de ce film pour qu'elle corresponde au mariage, prévu au printemps. Personne ne pourra ignorer le nouveau statut social de miss Kelly. L'amour est un imbattable agent de publicité.

IV
De la haute société au Gotha

Future Princesse européenne, Grace Kelly demeure sous contrat avec la MGM. Elle avait signé pour un dernier film, *High Society,* qui serait une nouvelle version, musicale, d'un classique de la comédie américaine, *Philadelphia Story* (titre français : *Indiscrétions*). Le tournage commence le 17 janvier 1956, mais Grace, inquiète de ses faibles capacités vocales, avait déjà travaillé sa voix à New York en prévision d'un duo avec Bing Crosby. Crosby, chanteur célèbre, était un ancien partenaire de Grace dans *Une fille de la province* et aussi l'un des hommes les plus amoureux d'elle sans qu'elle ait encouragé cette toquade. La chanson était due au talent du merveilleux Cole Porter, compositeur prolifique et talentueux, un maître de la comédie musicale. Sous le titre *True Love,* elle est enregistrée le 6 mars. Une date banale. C'est, cependant, ce jour-là, le dernier du tournage, que Grace Kelly dit au revoir aux plateaux et aux studios. Le film a permis de confirmer une solide amitié avec Frank Sinatra, qui viendra souvent à Monaco, tandis que l'orchestre de Louis Armstrong rythmait une intrigue très mince. Les spectateurs attentifs pourraient voir que Grace portait sa véritable bague de fiançailles, avec l'accord du metteur en scène Charles Walters, au lieu du faux bijou initialement choisi. En attendant, elle reste aux États-Unis pour remettre, le 21 mars, à Los Angeles, l'Oscar du meilleur rôle masculin à Ernest Borgnine pour *Marty.* C'est en respectant cet usage que Grace fait ses vrais adieux à Hollywood. Malgré ses protestations, involontairement, elle vole presque la vedette au lauréat. Elle a beau répéter : « Mais je n'ai rien gagné ! », on lui réplique : « Si, un Prince[1] ! »

Le Prince était venu passer six semaines sur le tournage de *High Society.* Tout allait bien, Grace répondait, entre deux scènes, qu'elle était heureuse et que le film n'était pas en retard, ce qui était une obsession en raison des festivités prévues. Le très fin Prince Pierre de Polignac, le père de Rainier, que son fils avait appelé auprès de lui en Principauté dès son avènement, s'était également déplacé à Philadelphie pour rencontrer la famille Kelly et mieux connaître sa belle-fille. Cet homme cultivé, qui avait été l'ami de Paul Valéry, appréciait Marcel Proust et considérait, à juste titre, Colette comme une complice, était aussi sous le charme. Ce mélange de mondes et de milieux n'allait pas sans calamités (les confessions naïves et déplacées de Mrs Kelly à des reporters malhonnêtes) ni ruses plus ou moins efficaces (Rainier voyageant sous le pseudonyme de Charles Monte !). Grace n'avait pas encore rencontré sa future belle-mère, la Princesse Charlotte. Elle ne semblait pas apprécier que son fils épousât une Américaine parce que, lors d'un séjour à New York juste après la guerre, on lui avait interdit l'accès d'un restaurant à cause de ses chiens… Les Américains étaient donc des sauvages !

Manhattan, 4 avril 1956. La brume enveloppe New York et sa fascinante sky-line. Dans le port, au môle 84, le paquebot américain *S.S. Constitution* va partir pour l'Europe. Si chaque départ de transatlantique est toujours une fête, ce matin, une foule de journalistes guette l'héroïne dont tout le monde parle. Grace Patricia Kelly apparaît en tailleur de laine beige. Bien entendu, elle porte un chapeau, une sorte de tambourin en paille claire et, bien entendu, elle porte des gants. La tribu Kelly l'accompagne, ce qui a obligé la

1. Sarah Bradford, *Grace,* traduit de l'anglais par Hélène Seyrès, avec une éblouissante préface française de Françoise Ducout, Presses de la Renaissance, 1984.

Compagnie exploitant le bateau à annuler les réservations de soixante-douze passagers qui devraient attendre, pas très contents, le prochain départ. La pluie se met à tomber. Deux cent cinquante journalistes – cela promet ! – se bousculent dans un des bars du paquebot où, normalement, se tiendraient cinquante personnes. Grace manque d'être étouffée. Éclairs de flashes, projecteurs de télévision, micros en grappes : la star presque princesse conserve son calme, parvient à sourire, répond intelligemment à des questions stupides, dont celle-ci :

— miss Kelly, allez-vous renoncer à votre carrière ?

— Il me semble que j'en commence une nouvelle…

Bref, elle détourne les missiles et ne rate pas sa dernière scène sous le nom de Kelly. Ici encore, elle exprimera le fond de sa pensée beaucoup plus tard. Elle avouera qu'elle n'appréciait pas La Mecque du Cinéma : « Je n'aimais pas la Californie. Je n'ai jamais été heureuse à Hollywood. Là-bas, tout est faussé par l'importance qu'on accorde à l'argent. Travailler à Hollywood est, certes, une grande expérience pour un acteur… […] Mais je n'ai jamais connu aucun endroit au monde où les gens fassent tant de dépressions nerveuses, où il y ait tant d'alcooliques, de névrosés, de malheureux. Il faut avoir les nerfs solides pour y vivre… »

Grace avait résisté. C'était son dernier voyage de célibataire. Ces sept jours de traversée seraient-ils un moment de paix et de repos ? Nullement : des dizaines de journalistes sont à bord ! La traque continue ! Ils sont prêts à tout pour une photo indiscrète. L'un de ces hommes d'images a un statut privilégié qui fait des jaloux, c'est Howell Conant, photographe personnel de la future Princesse et collaborateur de *Life*. Lui seul a le droit de prendre des clichés de miss Kelly, y compris dans une zone interdite à la presse autour de sa cabine. Il participe même, avec Morgan Hudgins, l'agent publicitaire de Grace pour la MGM, à l'élaboration d'un véritable plan de campagne quotidien. Chaque jour, un petit événement est organisé pour calmer l'appétit de la meute qui doit envoyer clichés et textes aux rédactions. Une partie de palet avec des enfants sur le pont, la promenade matinale du caniche noir de Grace, le déjà célèbre Oliver, star, lui aussi, offert par M. et Mme Cary Grant, ainsi que d'un nouveau compagnon, un superbe braque allemand, cadeau de bon voyage (en français sur la carte d'accompagnement), donné par des amis et qui l'attendait dans sa cabine. Ah! si on avait pu glisser un appareil d'espion dans son collier! *Constitution* est devenu un bâtiment de guerre médiatique : chaque coursive, chaque hublot est surveillé, gardé, repéré au cas où... On observe maîtres d'hôtel, femmes de chambre, grooms et on essaie de soudoyer certains officiers et marins. Parmi les reporters frustrés, citons l'envoyé spécial de *Match,* Walter Carone, admis à un jeu de charade avec Grace mais sans son matériel. Sur un des clichés de Howell Conant[2], on le voit, photographe photographié, tout de même amusé, le visage dans sa main gauche, assister à un numéro de Grace mimant, avec conviction et des gestes amples, l'expression à deviner : « Attention, zone dangereuse! » Il en faut du talent pour se faire comprendre!

La côte portugaise, espagnole, le détroit de Gibraltar, maintenant *Constitution* remonte vers la France et la Principauté. Grace en profite pour mettre à jour sa correspondance. Consciencieuse, elle paie ses factures, trie ses papiers, écrit des lettres pour remercier tous ceux qui lui ont envoyé des cadeaux. « Elle voulait avoir rangé et classé son ancienne vie

---

2. Howell Conant, qui sera un ami du couple princier pendant vingt-cinq ans, est l'auteur des plus remarquables et surprenants clichés sur Grace dans sa vie personnelle, dès 1955, familiale et publique. De très nombreux documents, jusque-là inédits, ont été révélés dans son superbe album *Grace,* publié dix ans après la mort de la Princesse. Riche d'informations intimes, cet ouvrage, avec une introduction de Todd Brewster, a été traduit de l'américain par Christian-Martin Diebold (Éditions de La Martinière, 1993).

avant d'arriver à Monaco[3]. » À l'horizon, elle revoit l'Europe où elle va vivre. Le dernier soir, déclinant le gala prévu, elle reste enfermée dans sa cabine de première classe, la plus belle du bateau, et dîne dans son salon avec une amie, une ancienne camarade de l'Hôtel Barbizon, quand miss Kelly voulait être comédienne. Flash-back…

Que de souvenirs ! Pour son premier véritable rôle, en 1952, dans *Le train sifflera trois fois,* le réalisateur, Fred Zinnemann l'avait d'abord vue en photo puis avait demandé à la rencontrer. Grace Kelly avait quitté Denver pour Los Angeles et son arrivée n'était pas du tout comparable à celle des starlettes inconnues ni des vamps qui cherchaient à se faire remarquer des producteurs par des attitudes agressives. Elle est une débutante inexpérimentée et c'est, précisément, ce que cherche le metteur en scène. Il se souvient : « C'était la première actrice que je vis arriver en gants blancs à une entrevue. » Raide, empruntée, sa gaucherie convient au rôle d'une jeune épouse quaker, femme d'un shérif courageux incarné par un géant d'Hollywood, Gary Cooper. Pour ses véritables débuts, elle ne pouvait avoir de plus prestigieux partenaire. La différence d'âge (elle a vingt et un ans, il en a cinquante) accentue le contraste entre le personnage d'ombre et d'angoisse du héros et la lumineuse fraîcheur de sa jeune femme. Gary Cooper, malade et dans une situation conjugale conflictuelle, trouve Grace jolie et ajoute : « Elle semblait avoir reçu une solide éducation et venir d'unc famille qui l'avait bien élevée. Il est vrai qu'elle nous changeait des filles faciles que nous avions tant connues. » *Le train…* reçoit quatre Oscars dont celui du meilleur comédien pour Gary Cooper ; la célébrité du film, dont la trame est éternelle, rejaillit sur miss Kelly.

3. Robert Lacey, *Grace*. Un livre qui, à plusieurs reprises, dénote une grave méconnaissance, teintée de mépris, de l'Europe, son histoire et ses traditions… Traduit de l'anglais par Marianne Véron (Éditions A Contrario, 1994).

Pourtant, elle n'était pas satisfaite de sa prestation et se trouvait inexpressive. Après la première projection, elle était « horrifiée », selon son aveu. Et elle confiera à un journaliste de cinéma : « Lorsque je regarde le visage de Gary Cooper, j'y lis tout ce qu'il pense. Mais quand je regarde le mien, je n'y vois rien du tout. » Prise de doute, elle se précipita à New York pour reprendre des cours d'art dramatique. Elle se jugeait toujours débutante et se soumit à la méthode du célèbre Actor's Studio, qui formerait Marlon Brando, James Dean et Paul Newman. Après quelques télévisions, la Fox la convoque à New York pour un bout d'essai. Le film en projet s'appelle *Taxi.* Elle devrait y jouer le rôle d'une Irlandaise séduisant un chauffeur de taxi. Pour l'essai, elle arrive sans avoir eu le temps de se mettre en valeur car on l'a prévenue trop tard. Aucun maquillage, portant une vieille jupe et un chemisier sage, elle éblouit le metteur en scène parce qu'il ne la trouve… pas jolie ! Bien qu'il soit enchanté de son test, il ne lui confie pas le rôle ; Grace est très déçue. Elle a tort : ces quelques plans vont changer sa carrière. En effet, deux très grands réalisateurs vont les visionner, Alfred Hitchcock et John Ford. Le metteur en scène de *La chevauchée fantastique* prépare un *remake* d'un film de 1932, *Red Dust,* des aventures en Malaisie avec Clark Gable et Jean Harlow. La nouvelle version s'appelle *Mogambo.* John Ford garde, vingt ans après, le même acteur, mais déplace l'action en Afrique orientale, car la MGM veut exploiter le filon africain des *Mines du roi Salomon,* qui avait été un grand succès. John Ford choisit Ava Gardner pour succéder à Jean Harlow et Grace est pressentie pour le second rôle féminin, celui de l'épouse d'un ethnologue anglais, terriblement sérieux, qui étudie les gorilles. Pourtant, John Ford n'avait guère apprécié le jeu de Grace Kelly dans *Le train sifflera trois fois.* Avec sa rudesse légendaire, il avait bougonné : « Elle n'avait qu'une chose à faire : tuer un type dans le dos. Cooper aurait dû la renvoyer avec un coup de pied au derrière. » Le bout d'essai de *Taxi* avait totalement modifié son point de vue sans nuance : « Cette fille a un style, du talent, de la classe. Je veux lui faire faire un essai et pas en noir et blanc ! Je suis sûr qu'on en tombera sur le cul ! », rapporté dans le *Saturday Evening Post.* Du pur John Ford ! L'essai enthousiasma les producteurs, mais ses conséquences obligeraient Grace à faire ce qu'elle avait toujours refusé depuis ses débuts, c'est-à-dire signer un contrat (avec la MGM) pour sept ans, renouvelable tous les six mois. Un engagement qui serait toujours valable au moment de son mariage… Si elle obtient, en négociant, quelques avantages (pas plus de trois films annuels, ce qui est déjà énorme, continuer de vivre à New York et non à Hollywood, ce qui est exceptionnel), elle ne parvient pas à avoir le droit de regard sur ses rôles, ce qui lui posera quelques problèmes plus tard. Au *New York Times,* elle avoue que si elle accepte c'est, bien sûr, à cause des noms de John Ford et de Clark Gable, mais en reconnaissant qu'elle était attirée par un voyage gratuit en Afrique. « Si le film avait dû être tourné en Arizona, je n'aurais pas signé. » Grace imaginait-elle que cette Afrique fascinante serait dangereuse ? En effet, le Kenya, alors colonie britannique, est agité par les débuts de la révolte des populations Mau-Mau. Dans les environs de Nairobi comme au Tanganyika et en Ouganda, le pays des gorilles, l'équipe du film travaillera sous la protection de troupes. Le tournage, dans des sites splendides, avait été compliqué, mouvementé, jalonné d'accidents. La féline Ava Gardner, qui semblait l'opposé de Grace Kelly dans le film comme dans la vie, était fidèle à sa réputation, n'hésitant pas à se documenter sur la dimension des attributs sexuels des « immenses » et magnifiques guerriers Watusis, ce qui n'était pas exactement dans le scénario ! Clark Gable, à qui on prêtait un sentiment pour Grace – sentiment également hors scénario – démentait toute liaison, rappelant qu'il pourrait être son père. En fait, le séducteur d'*Autant en emporte le vent* surmonte mal la mort de sa troisième épouse, Carole

Lombard, tuée en 1942 dans un accident d'avion, près de Las Vegas, lors d'une tournée de Théâtre aux Armées pour vendre des bons de la Défense nationale ; sa disparition avait été douloureusement ressentie jusqu'en Europe. Entre l'exotisme géographique – le négatif de la pellicule devait être conservé sur de la glace avant son expédition à Londres –, la misogynie et les colères d'un John Ford odieux, meneur d'hommes mais n'ayant ni le temps ni l'envie de considérer les femmes, les charges de rhinocéros, les bras puissants de Clark Gable et l'impossibilité, pour Ava Gardner, de se contenter d'eau minérale, même acheminée au prix du champagne, Grace Kelly déclara, pudiquement mais astucieusement, que « tourner sous la direction de M. Ford fut toute une éducation ». Elle était fort différente de celle de Philadelphie !

La sortie de *Mogambo* valut à Grace Kelly beaucoup de louanges car elle réussissait à ne pas être effacée par Ava Gardner. Une performance ! Elle était très en progrès et on soulignait ses capacités de séductrice, discrète mais sublime. L'affiche américaine du film révélait la place qu'elle prenait : pour la première fois, son nom était en caractères visibles – plus gros que celui du réalisateur ! –, juste en dessous de ceux du couple Gable-Gardner. À Grace, l'influent magazine *Look* accordait l'importance d'une star en même temps qu'une révélation puisqu'elle est nommée pour l'Oscar du second rôle féminin. Et, à la sortie du film en France, dans *Le Figaro* du 28 septembre 1954, le critique Louis Chauvet conclut à son propos : « Grace Kelly, magistralement dirigée, prouve qu'elle pourra voler très loin, de ses propres ailes… » Et les spectateurs étaient alléchés par la double action du film, également annoncée sur le matériel publicitaire : « la bataille des sexes ! » et « la bataille des gorilles ! » Lequel des affrontements était le plus risqué ? Un safari vraiment torride…

Revenons à l'automne 1953. Grace a vingt-trois ans. On parle beaucoup d'elle. Parmi les invités à une avant-première de *Mogambo,* on reconnaît la silhouette d'un petit homme rondouillard, Alfred Hitchcock. Il n'a pas oublié le bout d'essai de *Taxi* et l'éclosion du talent de miss Kelly l'excite. Si, sur le plan cinématographique, elle ne naît pas sous sa direction, il va la faire renaître. Avec lui, elle va devenir le type même de la femme ravissante, distante, futile, toujours impeccable, mais véhiculant des flots de passions complexes, dissimulatrice et chargée de faiblesses qui attirent les hommes sans inquiéter les femmes, surtout les épouses. Il faut qu'elle « s'épanouisse », annonce-t-il, certain du résultat. Et quoi de plus excitant qu'un meurtre pour qu'une actrice donne le meilleur d'elle-même ? Hitchcock n'a pas mieux. Après un accord entre la MGM et Warner Bros, cette dernière société emprunte, pour huit semaines, miss Kelly à la première (qui n'avait rien à lui proposer...), moyennant un dédommagement. miss Kelly est sur le marché. Et sa valeur monte. L'indemnité versée à la MGM est de vingt mille dollars tandis que la vedette passe de sept cent cinquante à mille dollars par semaine. Grace se prépare en perdant cinq kilos. Le 30 juillet, elle commence le tournage de son quatrième film, *Le crime était presque parfait.* Un film parfait, qui n'a pas pris une ride. Le scénario est inspiré d'une pièce à succès de Frédéric Knott, adaptée par l'auteur, et constitue un modèle de rigueur ; la construction est sans faille jusqu'à la... clé finale. Si les rapports entre Grace et Alfred seront toujours aussi chaleureux, c'est certainement parce que ce cinéaste lui accorda une grande attention. Cela n'avait pas toujours été le cas chez lui qui déclarait, provocateur et enchanté de l'être : « Les acteurs sont du bétail. » Avec Grace, il se montrait patient ; il explorait sa personnalité, de plus en plus convaincu que sa sensualité exploserait dans l'ambiguïté. Dès le début du film, la jeune bourgeoise londonienne embrasse amoureusement son mari, joué par Ray Milland. Le plan suivant, l'épouse, toujours aussi élégante, éprouve la même passion dans les bras de son amant, Robert Cummings, qui joue le rôle d'un auteur de romans policiers.

Ainsi, ce pervers d'Hitchcock montre la duplicité d'une femme dont l'époux cherche à se débarrasser pour hériter son argent ; dans cette formidable histoire, où chaque geste compte, on assiste à une cascade de tromperies, de pièges, d'erreurs et de fautes qui tournent au drame. La scène du réveil, en pleine nuit, de la soi-disant sage épouse appelée au téléphone alors que son assassin la guette pour l'étrangler, plaisait tellement à Hitchcock qu'il la fit recommencer plusieurs fois. Le déshabillé de Grace, en contre-jour, était, déjà, une jouissance. Il ne montrait rien, il suggérait par une fausse transparence. Ces plans, achevés par l'effondrement de l'assassin mortellement frappé du coup de ciseaux donné par l'épouse pour se défendre, alors que cette arme improvisée s'enfonce dans son dos lorsqu'il tombe, provoquera les hurlements… ravis des spectateurs et deviendra aussi mythique que la scène du meurtre sous la douche, dans *Psychose.* De même, la métamorphose de Grace Kelly, lorsqu'elle est condamnée à être pendue pour le meurtre de celui qui devait la tuer, était une révélation ; elle apparaissait non fardée, défaite, détruite et austère. Elle avait refusé tout maquillage, disant qu'une femme sortant de prison pour la reconstitution d'un crime, gravement accusée de l'avoir commis, anéantie parce qu'elle ne sait plus ce qui s'est exactement passé et qu'elle est prise dans un engrenage infernal, n'aurait certainement pas le réflexe d'apparaître sexy. Dépassée, elle était une victime. Hitchcock l'approuva, ajoutant : « Grace Kelly n'a pas besoin de maquillage, elle éblouit la pellicule. » Un autre style que celui de John Ford…

Il faut également noter que Grace a eu de la chance en plus de ses mérites. La combinaison de son « attrait bien terrestre », selon le commentaire réducteur du *Daily News* de Los Angeles, de l'intrigue implacable (la pièce sera jouée en France, par Françoise Fabian, sous le titre *Crime parfait*) et de la précédente carrière d'Hitchcock, lui permettait de s'imposer au cinéma alors que cette industrie était en pleine crise. La télévision retenait les gens chez eux, entraînant la fermeture de studios, des licenciements, une perte de confiance. Circonstance aggravante, le climat politique de la chasse aux sorcières menée par les comités MacCarthy contre les idées communistes, ou réputées telles, à Hollywood, était pourri par la suspicion, la délation, les mises à pied et autres sanctions ; les plus grands étaient frappés. Techniquement, le cinéma avait paradoxalement vieilli ; le Technicolor séduisait, certes, mais il était parfois si criard que le noir et blanc, bien photographié, s'admirait sans réserve. Hitchcock et ses chefs opérateurs seront aussi des maîtres de la couleur. Techniciens et laboratoires cherchaient l'arme secrète et absolue pour contrer l'épidémie de télévision. L'une des solutions, pensait-on, était le relief. On imposa à Hitchcock un tournage avec d'énormes caméras spéciales, enregistrant en trois dimensions. Rien à voir avec les grands espaces de *Mogambo,* pourtant, puisque la quasi-totalité du film se déroulait dans un appartement. Mais les ciseaux perforant les poumons du faux maître chanteur « en relief » devaient être un argument visuel que la télévision ne proposerait jamais[4]... C'était encore sur ce plateau que Grace, qui travaillait selon un rythme dur, avait entendu le réalisateur raconter, d'une voix forte pour qu'elle n'en perde rien, une histoire grossière à Ray Milland. Évidemment, c'était un test, pour juger de sa réaction. Finement, elle ne réagit pas. Ni rire, ni protestation. Hypocrite, Alfred Hitchcock s'adressa à Grace :

4. En réalité, le film fut rarement projeté dans les conditions imposées par le procédé 3D, dont les effets n'étaient visibles qu'avec des lunettes spéciales. La complexité technique des prises de vues gêna beaucoup Hitchcock, notamment pour les gros plans.

— Cela vous choque, miss Kelly?

— Non. J'ai été dans une école religieuse, monsieur Hitchcock. J'en ai entendu d'autres quand j'avais treize ans!

Mme Kelly mère en aurait sûrement été édifiée. Mais elle avait de quoi être plus inquiète. Le tournage avait perturbé sérieusement le bonheur de Ray Milland; on le disait follement épris de Grace et on assurait qu'il envisageait de divorcer. L'épouse de Ray Milland s'était défendue. Comme dans le film que son mari venait de tourner avec Grace, c'était elle qui avait de l'argent... Un argument qui avait fini par calmer l'époux volage. Grace Kelly était donc, selon l'univers glauque des échotiers, destinée à bouleverser la vie des hommes mariés. Elle-même était furieuse des réactions qu'on lui prêtait. Au dernier jour du tournage, deux constatations pouvaient être faites. D'une part, comme le souligna l'un de ses producteurs, elle était si séduisante qu'il était impossible de ne pas tomber amoureux d'elle; d'autre part, Grace Kelly, dont le nom venait au générique directement après celui de Ray Milland, et qui était la seule femme de ce film policier, ne s'appartenait déjà plus. En plus de sa famille et de ses amis, elle serait désormais aussi jugée par le public, celui-là même qui s'enthousiasmait pour elle depuis *Mogambo.* Un public qui accueillit fort bien le film, comme la critique. Et Hitchcock, qui l'avait présentée sous deux facettes différentes dans cette histoire bien ficelée, annonçait les qualités de celle qui devenait son interprète favorite : « Elle est un phénomène rare dans le cinéma : une lady. C'est une véritable actrice. Elle fait partie des personnalités qui peuvent se glisser dans n'importe quel rôle important. Elle a un regard photogénique plein de fraîcheur, mais qui n'est absolument pas enfantin ou juvénile. Ingrid Bergman a la même qualité. Elle suggère l'intelligence. » Une lady. Et une femme dont les pulsions étaient désormais sous surveillance.

En octobre 1953, Grace a retrouvé sa ville favorite, New York. Sans doute éprouvée par l'atmosphère de ragots, plus insidieuse au cinéma qu'au théâtre, elle se retourne vers la scène. José Ferrer prépare une nouvelle présentation de *Cyrano de Bergerac,* en anglais, et il songe à Grace pour le rôle de Roxane. Elle aimerait beaucoup l'obtenir. Elle échoue, victime d'une laryngite catastrophique et d'un trac comme elle n'en avait pas eu depuis longtemps ; la voici considérée comme un amateur par le metteur en scène, qui se moque d'elle. Il est intéressant de noter que les mirages du cinéma et ses immenses avantages de notoriété n'ont pas éteint, chez miss Kelly, le goût des planches et du contact direct, chaque soir, avec le public. Professionnellement, elle est très demandée. Et il lui arrive ce qui arrive dans ce cas : elle doit choisir entre deux rôles d'égale importance bien qu'à l'opposé l'un de l'autre, deux histoires différentes, deux metteurs en scène réputés, l'un, Elia Kazan, mentor de l'Actor's Studio, l'autre, bien entendu, Alfred Hitchcock qui ne peut plus se passer de sa mystérieuse sophistication. Elle hésite. Son agent la harcèle, elle doit donner sa réponse. Entre *Sur les quais* et *Fenêtre sur cour,* quels rapports ? Aucun sinon que Grace est sollicitée pour les deux et que les deux projets lui plaisent. Comment et surtout pourquoi choisir l'un plutôt que l'autre ? *Sur les quais* sera tourné à New York, mais la personnalité d'Hitchcock en même temps que le rôle qui lui va parfaitement bien l'incitent à choisir l'énigme policière, originale et passionnante. À noter : Eva Marie Saint, qui va jouer avec Marlon Brando, retrouvera elle-même Hitchcock dans *La mort aux trousses.* En signant pour *Fenêtre sur cour,* Grace signe aussi pour son film suivant, *Les ponts de Toko-Ri.* En novembre, le tournage commence dans les studios de la Paramount. Dans la première scène, Grace (qui rend visite à James Stewart immobilisé, la jambe cassée et observe attentivement, en voyeur professionnel, la cour de son immeuble dans Greenwich Village), apparaît, éblouissante, aérienne et virevoltante, dans une jupe de tulle blanc brodé de jais noir, chaussée de sandales à lanières très dénudées.

À la grande surprise de l'assistant d'Hitchcock, la caméra, installée au niveau des épaules de l'actrice, enregistre des plans de Grace allongée ; on y voit ses pieds croisés. Malgré la canicule indiquée par le scénario, elle porte des bas. Champ, contre-champ : l'assistant s'étonne, constatant que ce cadrage n'est pas inscrit sur la journée de travail. Hitch réplique :

— Vous n'avez jamais entendu parler de fétichisme ?

Ces plans sont brefs, mais on peut toujours apercevoir les pieds et les sandales sexy dans la première scène de James Stewart avec Grace Kelly…

Hitchcock la dirige pour qu'elle soit totalement sophistiquée ; elle est une jeune femme qui change de robe à chaque scène – à chaque fois de plus en plus étincelante, un véritable défilé présenté par un seul mannequin –, court les cocktails sur Park Avenue et aimerait bien se faire épouser de James Stewart, grand reporter photographe victime d'un accident lors d'un reportage sur une course automobile. Vieux baroudeur de la presse et célibataire, il est réticent, inquiet des préoccupations superficielles de la New-Yorkaise. À sa masseuse, l'irrésistible Thelma Ritter, il confie : « Elle est trop parfaite. » Exactement ce que voulaient Hitchcock et le scénario de John Michael Hayes. Mais voilà que le blessé, soupçonnant un crime parfait dans l'un des appartements d'en face et incapable de bouger, Grace (*alias* Lisa Fremont) se rend très utile ; sa psychologie féminine la transforme en détective intrépide et, en prenant des risques sérieux, elle aide à démasquer le coupable. La dernière séquence est un chef-d'œuvre d'ambiguïté et de perversion : Grace-Lisa est, par amour, déguisée en baroudeuse (des jeans, des mocassins) et feint de se passionner pour un livre sur l'Himalaya. Aurait-elle changé à ce point ? Mais chassez le naturel, il revient au galop : après s'être assurée du profond sommeil de James Stewart, elle délaisse son livre et se replonge, avec délice, dans la lecture de *Harper's Bazaar,* son véritable horizon... On peut ajouter que, déjà à ses débuts, Grace avait posé dans cette tenue sportive pour des magazines. Hitchcock faisait la démonstration que Grace pouvait tout faire et restait un modèle de séduction, aussi belle en robe du soir qu'en jeans. Cela restera vrai. De même, il révèle qu'une femme, supposée futile, peut être astucieuse et efficace.

Le film, excellent, sort en août 1954 aux États-Unis. La critique et le public sont unanimement enthousiastes et le magazine *Life,* qui consacre sa couverture et un reportage important à miss Kelly, la surnomme « la nouvelle bombe d'Hollywood ». En fait, elle est réellement une star et maintenant très soucieuse de son image. Échaudée par tout ce qu'on a raconté sur elle, l'actrice est devenue prudente, sort rarement seule avec un homme, veillant à être escortée de chaperons, ses sœurs ou son amie comédienne Rita Gam (elle est à bord du *Constitution* et sera l'une de ses demoiselles d'honneur). Les échotiers sont découragés : ils n'ont pas pu colporter l'ombre d'un ragot sur ses relations avec James Stewart. En tout bien tout honneur, le grand comédien a, lui aussi, son opinion sur les qualités professionnelles de sa partenaire. Bien après, il livrera, entre autres, ces observations : « Grace, froide ? Pourquoi cette légende ? Grace était tout sauf froide ! Elle avait de grands yeux chaleureux, et si vous aviez jamais joué une scène d'amour avec elle, vous sauriez qu'elle n'est pas froide du tout. Les gens qui ont confiance en eux ne sont pas distants. D'ailleurs, il y avait toujours dans son regard une étincelle de malice... Elle a traversé l'écran comme de la dynamite. Une grande beauté et des qualités dignes d'un cyclone. Elle avait en elle de quoi devenir une autre Garbo, capable de tout jouer, des tragédies comme *Camille,* des comédies comme *Ninotchka,* des romans d'amour comme *La reine Christine...* Elle possédait une classe folle, elle faisait ce qu'on lui demandait sans en faire tout un cirque. Les gens parlaient d'elle comme d'une énigme, d'une femme incompréhensible... alors qu'elle était simplement timide. »

Avec sa brillante prestation dans *Fenêtre sur cour,* Grace Kelly est maintenant connue et sans que l'ombre d'un scandale ait accompagné ce tournage, fort sympathique de l'avis général. Pourtant, elle ne s'arrête pas. Comme prévu, dès décembre 1953, elle avait repris la direction d'Hollywood pour *Les ponts de Toko-Ri.* Sa valeur commerciale a monté : de nouveau, elle est louée par la MGM à la Paramount, moyennant vingt-cinq mille dollars et dix mille seulement pour elle... Soyons justes : c'est un honnête film de guerre, selon les critères de l'époque, où Grace joue un rôle secondaire, celui de l'épouse d'un pilote de la Navy basé à Tokyo pendant la guerre de Corée. C'est un drame d'hommes ; elle n'y apparaît que quinze minutes. En toute logique, les critiques seront indulgentes pour elle mais brèves, comme la présence de son personnage. À noter tout de même qu'on la voit en maillot de bain pour la première fois, nageant amoureusement avec son mari (William Holden), le temps de la permission qu'ils passent ensemble avant le départ de l'aviateur pour sa mission fatale. En revanche, les chasseurs de ragots pouvaient se régaler ; on parlait d'une idylle entre l'acteur, marié à une femme ravissante, connu comme séducteur et qui venait de tourner *Sabrina* avec Audrey Hepburn. Là encore, on avait évoqué un même coup de foudre. Le cyclone sentimental Grace balayait-il toutes les conventions ? C'est, sans doute, Lizanne, la sœur cadette de Grace, qui résume le mieux et avec humour les inévitables dérives de certains tournages avec certains acteurs car, de même qu'il serait stupide de généraliser, on serait hypocrite en gommant des évidences : « Si une charmante jeune fille et un beau garçon doivent jouer au mari et à la femme toute la journée, ils sont forcés d'avoir des problèmes pour arrêter quand le jeu est terminé. » Lizanne Kelly savait que, malgré elle, sa sœur séduisait, même et surtout sans le vouloir. Bien entendu, William Holden était marié. Les scènes entre lui et miss Kelly n'ont pris que trois semaines de travail, mais elles furent d'une intense intimité. Le comédien, qui n'avait pas, comme Grace, une formation théâtrale, s'est interrogé sur le phénomène de séduction que générait Grace Kelly, pourtant le contraire d'une Marilyn Monroe. Et son jugement rejoint les principes comme les fantasmes d'Hitchcock, c'est-à-dire une évolution intellectuelle du physique et de la sensualité : « Longtemps, la popularité d'une actrice est allée de pair avec les dimensions de sa poitrine. Aujourd'hui, je crois que les gens ont envie de quelque chose d'autre. Je ne voudrais pas faire reposer un tel fardeau sur les épaules de Grace mais je pense qu'elle est devenue un symbole de dignité, qu'elle représente ce qu'il y a de bon et de juste en chacun d'entre nous… Et je pense qu'il faut que le monde revienne à ces valeurs, que c'est là un besoin profond. » Que dirait William Holden d'un certain cinéma actuel ? À titre comparatif, on remarquera que cet éloge du naturel, de la franchise, du goût, de la connaissance du métier et d'une formidable aptitude à se concentrer sont à l'opposé, pour cette époque, d'une version latine des critères de la vedette. Les avantages spectaculaires d'une Gina Lollobrigida, les transparences de Martine Carol et les arguments de Brigitte Bardot, bientôt généreusement étalés sur écran large, sont agressifs, le contraire de la discrétion (et de la distinction…). William Holden pense donc qu'il y a une autre manière de mettre le feu aux esprits. Alfred Hitchcock aussi. Ce qui compte n'est pas tant ce qu'on voit mais ce qu'on ressent ; le spectateur est diaboliquement manipulé. Si le film *Les ponts de Toko-Ri* ne devait pas ajouter grand-chose à la gloire de Grace Kelly – il sortit en janvier 1955 –, il allait avoir la même importance, pour la suite, que le bout d'essai de *Taxi* : ses deux producteurs avaient en tête un projet plus intéressant, l'adaptation d'une pièce qui avait été un triomphe de Broadway, *Une fille de la province*. Cependant, ils avaient déjà une candidate, particulièrement bien placée, Jennifer Jones, femme du producteur David O. Selznick, légendaire maître d'œuvre tyrannique d'*Autant en emporte le vent*. Mais Jennifer Jones est bientôt indisponible car elle est enceinte.

Immédiatement, la production pense à Grace pour la remplacer. Or, miss Kelly est toujours sous contrat avec la MGM qui, cette fois, refusa de la prêter car on avait (enfin !) un grand film pour elle. Ce projet était *L'émeraude tragique*, qui serait tout sauf un grand film. À son tour, Grace s'entête car, s'étant procuré le scénario – on ne sait comment – elle juge que le rôle d'*Une fille de la province* est essentiel pour elle, dur mais valorisant. Pas question d'y renoncer. Elle propose alors une transaction : si on la prête de nouveau à la Paramount, elle tournera ensuite *L'émeraude tragique* pour le compte de la Metro Goldwyn Mayer. Sinon, elle avertit qu'elle repart immédiatement faire du théâtre à New York. Parole d'Irlandaise ! Le bazar hollywoodien est prévenu ! La négociation aboutit mais le prix de location de miss Kelly a doublé depuis *Toko-Ri* et une condition draconienne est imposée à la Paramount : l'actrice devra être libre le 4 avril 1954 au plus tard…

Sur ce tournage, elle retrouve William Holden qui, cette fois, n'est pas son mari de cinéma. Son autre partenaire, Bing Crosby – le mari – doit encore être convaincu car son contrat lui permet un droit de veto sur les actrices qu'on lui propose. Une rencontre est organisée. Le résultat : Bing Crosby se montre glacial, mais accepte, sans enthousiasme. Grace est déçue. Elle ne l'aurait pas été si elle avait su la raison de cette attitude. Plus tard, en effet, Bing Crosby avouera qu'il avait été tellement frappé par la beauté de Grace qu'il en avait été paralysé ! Lui, chanteur parmi les plus grandes gloires, lui dont la voix avait accompagné les jeunes années de miss Kelly, n'avait pu trouver un mot à lui dire ! Le rayonnement de la jeune femme avait fait une nouvelle victime. Veuf,

Crosby sera très amoureux d'elle mais sans retour. Il avait été l'idole de son adolescence ; elle l'appréciait et l'estimait, sans plus. Aimer quelqu'un et en être amoureux ne sont pas synonymes. Ils sortiront ensemble, toujours chaperonnés. Dans cette ambiance cornélienne, l'actrice devait relever un défi car, pour la première fois, elle devait s'enlaidir. Comment était-ce possible ? Hollywood réussit ce genre de miracles ! Edith Head, la costumière, s'active dans le registre opposé à celui de *Fenêtre sur cour,* qui avait été un régal visuel. Pour Grace, elle déniche le chandail le plus ordinaire, la robe la plus laide, de grosses et sévères lunettes. La coiffure est un désastre volontaire mais… Grace est parfaite pour jouer une ménagère terne et effacée. C'est un mélodrame pathétique ; elle est la femme d'un comédien fini et alcoolique mais, en rêvant à une idylle avec un metteur en scène intraitable et qui veut sauver son mari de la déchéance, elle n'abandonnera pas cette ancienne gloire devenue un fantôme. La rédemption finale prévue par le scénario est simpliste, pétrie de bons sentiments, mais les comédiens, tous remarquables, enlèvent ce mélo, davantage en gris qu'en noir et blanc. Ce film, amer, aborde plusieurs thèmes favoris d'Hollywood à l'époque, comme l'alcoolisme et la culpabilité née de la mort, en fait accidentelle, d'un enfant. Mais il recèle également des réflexions sur l'angoisse du spectacle, de l'échec, le rôle des critiques, redoutés ou non ; Grace Kelly prononce des répliques qui lui conviennent comme « Il n'y a rien de plus mystérieux et de plus silencieux qu'un théâtre vide » ou « Je ne connais rien au théâtre ou au spectacle, heureusement ! ». Enlaidie et vieillie, autoritaire comme une ancienne alcoolique qui a cessé de boire au moment où son mari allait sombrer, elle est un miroir de ses faiblesses. Des réflexions désabusées fusent de la bouche du metteur en scène (William Holden, excellent), sur la manière dont les épouses se fanent : « Elles commencent toutes comme Juliette et finissent comme Lady Macbeth ! » miss Kelly y déclare encore que la vie des comédiens n'a rien à voir avec la vie tout court. Le plus étonnant est que sa métamorphose finale – bien coiffée, portant une robe seyante, redevenue séduisante alors qu'elle se demande si elle va quitter son mari –, paraît, en réalité, plus fade que dans les trois quarts du film où elle est revêche, s'attirant cette autre remarque : « Vous vous vieillissez alors que vous devriez être plus jeune. » L'érotisme est surtout cérébral mais intense : il se limite à une gifle, à un baiser volé et à l'héroïne rêvant, à la fin de la séquence, en fermant les yeux et mettant ses propres bras autour de son cou. Enfin, un homme l'a regardée comme une femme ! Depuis des années, elle n'était qu'une bouée de sauvetage traînant une épave en même temps qu'elle était devenue un procureur. La composition de Grace Kelly est étonnante car elle impose une image d'elle complètement renouvelée, directement inspirée du théâtre, autour de l'obsession du sacrifice et du devoir. Sur le plateau, le charme de Grace n'opère pas seulement auprès des grands noms ; sans familiarité, elle est courtoise avec toute l'équipe, ponctuelle, connaissant bien son texte, attentive à la direction d'acteurs. Pas un cri, pas une crise, une professionnelle. Ajoutons que le compte à rebours, fixé dans son contrat, même s'il concerne, avant tout, le producteur et le réalisateur, devaient l'inciter à ne pas se mettre dans son tort ni risquer un retard qui serait catastrophique. Les machinistes des studios, comme les électriciens, qui avaient vu défiler d'odieuses caractérielles sous ces projecteurs, ont un geste très significatif et, dit-on, sans précédent. Pour elle, ils font graver, à la fin du tournage, une plaque sur laquelle on lit : « À notre Fille de la province, pour qu'elle prenne patience en attendant l'Oscar qui lui sera décerné lors de la prochaine cérémonie. » Quelle prémonition !

Cependant, la vie cinématographique de miss Kelly ressemble maintenant à un maelström. À peine la dernière séquence est-elle en boîte, à la date convenue, donc début avril 1954, elle s'envole pour la Colombie. Objectif *L'émeraude tragique.* Malheureusement, c'est le film qui est tragique par sa médiocrité... Sous le titre américain de *Green Fire* (« Feu vert »), il raconte l'aventure d'un chercheur d'émeraudes, dont des gisements sont connus en Amérique du Sud. Il y rencontre une jolie femme ; elle exploite une plantation de café qui, comme personne ne peut l'ignorer, est une spécialité colombienne (l'autre est la drogue, mais on en parle peu à l'époque...). Ils vivent une passion, mais tout se termine par un typhon, vraiment catastrophique. Ce n'est pas la seule catastrophe signalée : il y a, d'abord, le scénario, indigent. On peut remarquer que l'utilisation du Cinémascope ne suffit pas à faire un bon film. C'est même un piège : le navet s'étale sur écran large ; l'exotisme poignant de *Mogambo* est absent[5]. Il est vrai, aussi, que le metteur en scène, Andrew Marton, d'origine hongroise, n'est pas John Ford. Sur place, Grace retrouve, dans un rôle de policier, Paul Douglas, avec qui elle avait tourné son premier film dans lequel elle était presque une figurante, *Quatorze heures.* Le tournage est laborieux : la Colombie a subi une nouvelle révolution, le pays est misérable, la jungle hostile et les vedettes sous protection d'une escouade de soldats. Il est regrettable que la MGM ne se soit pas rendu compte que le seul rôle qu'elle avait proposé à Grace Kelly depuis

---

5. C'est un Français, le physicien Henri-Jacques Chrétien, qui, dès 1927, avait mis au point l'hypergonar ou anamorphoseur, permettant la projection avec des images agrandies sur un écran allongé. Il avait vendu ses brevets à Pathé, mais nul n'étant prophète en son pays, ces brevets, non utilisés, devinrent caducs. En 1953, la Fox, qui veut frapper fort contre la télévision, rachète les brevets et leur donne le nom, évocateur, de Cinémascope. Le professeur Chrétien disparaîtra, en 1956, âgé de soixante-dix-sept ans, trois ans après avoir assisté au succès de son invention qui allait connaître plusieurs dérivés techniques, cessions secondaires, transformer l'équipement des salles et conférer au spectacle cinématographique une nouvelle magie, à condition que le scénario ne se contente pas, paresseusement, d'une promenade dans les sites magnifiques d'un documentaire...

Mogambo était dans un film aussi plat, malgré les paysages colombiens. Or, Grace, elle aussi, était devenue une pierre précieuse d'Hollywood, gaspillée dans une production banale. Mais elle était lucide et savait qu'elle tournait un film quelconque (un « navet » selon elle), juste pour honorer son interminable contrat. Elle en souffrait. Donner la réplique à Stewart Granger n'arrangeait rien, au contraire. L'acteur britannique, qui avait été excellent dans les merveilleux films *Les contrebandiers de Moonfleet* et *Les mines du roi Salomon,* est aussi conscient qu'il ne tourne pas un chef-d'œuvre. Entre la chaleur, la poussière, la pluie et la pauvreté scénique, lui non plus ne sait plus quoi faire pour éviter le naufrage (à défaut du typhon…). Il le dira avec franchise, ce qui est très estimable et, s'agissant de Grace Kelly, avouera : « J'ai eu la malchance de jouer avec elle dans le seul mauvais film qu'elle ait tourné. Elle était d'une beauté étonnante et, dès que je l'ai vue, j'ai pensé : quel être charmant ! Elle était assez solitaire, un peu distante… *Green Fire* est un film que j'ai toujours essayé d'oublier. » Grace aussi. Stewart Granger, séduisant et athlétique, époux comblé de Jean Simmons, père de deux jeunes enfants, lui parut insupportable. « Je ne pense pas avoir rencontré quelqu'un d'aussi prétentieux », dira-t-elle, furieuse. Un jugement sévère et rare chez elle. Lui se contentera de se souvenir que sa partenaire était jolie, fraîche, agréablement parfumée. « Elle me regardait avec de la rêverie au fond des yeux… Elle était très agréable à embrasser. »

Même si Stewart Granger décerne ces compliments – pas très originaux – et même s'il n'y eut pas la moindre ambiguïté entre eux, il y a un passage de ses Mémoires qui est à la fois drôle, sans raffinement, cru et original. Un extrait que tous les auteurs de langue anglaise ont cité avec un évident plaisir, d'autant que ces Mémoires ont été publiés en 1981, c'est-à-dire du vivant de la Princesse. Que dit-il ? « La dernière scène se jouait sous une pluie torrentielle et quand vint le baiser final, nous étions tous les deux trempés, ce qui accentuait son fabuleux derrière. Pour lui épargner tout embarras, je le couvris de mes deux mains. Elle était tellement contente de finir le film qu'elle ne protesta même pas, mais si on examine bien ce baiser, on peut voir Grace sursauter en sentant ces deux mains ardentes l'empoigner[6] ! » Il n'est pas certain, en effet, que miss Kelly ait apprécié la galanterie publique de Stewart Granger qui avait pris le prétexte des vêtements collés et du relief du corps pour rendre service à sa partenaire et agir en… gentleman (?). Est-ce la raison pour laquelle elle le trouva prétentieux ? Elle ne tourna plus jamais avec lui. Si toute l'équipe – sauf la MGM – était consciente que ce film serait médiocre, avant même les derniers raccords de studio, Grace préparait sa revanche. Elle était bien décidée à choisir ses rôles elle-même, refusant à l'avenir les personnages faibles ou réduits à l'état de somptueux alibi. À cette date, c'est-à-dire au printemps 1954, Grace Kelly, très amère et mécontente de ce film qui, elle en était sûre, la déclasserait, se rebelle à nouveau contre la MGM, coupable de médiocrité. Or, l'indépendance d'esprit de Grace Kelly, la logique qu'elle prévoit de suivre dans sa carrière, sont répétées bien que non prévues. On les juge mal même si elle a raison. Cette rébellion annonce le début de la fin du terrible *star system* qui réduisait les vedettes à être les esclaves des studios, sans initiative ni jugement du moment qu'ils étaient payés à la semaine. De ce point de vue, Grace Kelly symbolise le tournant d'une mythologie. Avec elle, les actrices pensent, peuvent juger la valeur d'un scénario, de sa construction, de son écriture, le talent du metteur en scène. Son expérience théâtrale n'est certainement pas étrangère à son entêtement ; elle sait ce qui lui convient, ce qu'elle peut faire et, surtout – plusieurs témoins le confirment –, ce qu'il ne faut plus faire. Ce n'est pas du caprice mais de l'émancipation, une idée qui surprend quand on songe à l'image

6. Stewart Granger, *Sparks fly upward,* New York, Putnam's Son, 1981.

laissée par la délicieuse Grace Kelly… C'est, par ailleurs, un bouleversement essentiel des rapports producteurs acteurs puisqu'il s'agit, de plus en plus, de lutter contre les facilités de l'envahissante télévision.

Au printemps 1954, Grace Kelly est épuisée. Rien d'étonnant à cet état puisqu'elle a tourné cinq films en huit mois. Mais *Une fille de la province,* pour lequel elle s'est tant battue, ne sortira qu'à la fin de l'année. Il y a un grand décalage entre la réalisation des films et leur distribution en salle, à des dates très variables. Donc, en juin 1954, elle reste auréolée du succès de *Fenêtre sur cour,* même si les échos du suivant, en cours de montage, sont déjà élogieux. Grace est donc enchantée de retrouver son metteur en scène favori, Alfred Hitchcock. Et lui, donc ! Encore un prêt de la MGM à la Paramount, encore un tarif qui s'envole ! Grace Kelly vaut de l'or à la Bourse du cinéma américain.

C'est l'heure de *La main au collet.* On a souvent dit que c'est à cette occasion qu'elle a rencontré le Prince Rainier, mais nous avons vu que c'était faux ; en revanche, pendant ces semaines sur la Côte d'Azur, elle découvre Monaco, où plusieurs séquences du début du film sont d'ailleurs tournées, sur le port. Une scène deviendra légendaire, celle où elle est dans une voiture décapotable avec Cary Grant, sur la Grande Corniche. Après avoir semé des policiers à la poursuite d'un personnage mystérieux, surnommé le « Chat », un cambrioleur retiré des affaires mais qui est soupçonné de plusieurs vols de bijoux, ils profitent d'un pique-nique. Grace, dans le rôle de Frances Stevens, riche et jolie héritière américaine, s'extasie sur le paysage splendide. Et quel paysage ! Pendant cinq minutes, on voit très bien, dans le fond, en plan-séquence fixe, le port, le Rocher et le Palais de Monaco. Visiblement heureuse, elle lève les bras et lance cette réplique : « Avez-vous déjà vu un endroit aussi beau ? » Une phrase prononcée un an avant son audience au Palais et sa rencontre avec Rainier… La poursuite automobile prendra aussi une valeur tristement symbolique puisque la comédienne avait dû conduire très vite sur la route dangereuse sans lunettes alors qu'elle était myope. Cary Grant s'était montré inquiet. Même si ce n'est pas à cet endroit que la Princesse aurait, vingt-huit ans plus tard, son accident fatal, on ne peut s'empêcher un rapprochement, ne serait-ce que par le voisinage géographique et la configuration routière.

La main au collet est le troisième et dernier film qu'elle tourne avec Hitchcock. C'est davantage une comédie, pleine de charme, basée sur une trame policière presque secondaire, qu'un vrai suspense ; on le reprochera un peu au film, plus relâché que d'habitude malgré son excellente construction et le couple Grant-Kelly qui fonctionne très bien. En revanche, les dialogues à doubles sens sont étincelants (malheureusement, ils perdent de leur éclat dans la version française) et Grace Kelly y est d'une sensualité très audacieuse, surtout en considérant l'époque de la réalisation, un temps où le cinéma d'expression anglaise s'interdit, par exemple, de montrer un couple marié dans le même lit ! C'est elle qui embrasse son partenaire dès la fin de leur première rencontre, dans un couloir du Carlton, le palace de Cannes. Une provocation ! Quand le « Chat » lui demande si elle ne porte jamais de bijoux, elle lui répond :

— Non, leur contact glacial sur ma peau me déplaît… Je préfère dépenser mon argent pour des plaisirs plus réels.

Et lorsqu'elle a réussi à attirer, pour un souper à deux, l'ancien Arsène Lupin, sachant sa véritable identité et portant une fabuleuse rivière de diamants pour l'exciter, elle le met au défi de le lui voler à son cou, le « Chat » lui lance :

— Vous savez très bien que ces bijoux sont une imitation…

Elle répond, comme un autre défi :

— Oui… Mais moi, je n'en suis pas une !

On peut aussi rappeler que son partenaire, méfiant sur ses intentions à son égard (dans le scénario !), a une autre réplique prémonitoire : « Vous êtes venue en Europe pour trouver un mari ! » Et, comme dans le final de *Fenêtre sur cour,* Hitchcock achève son film sur une ultime perfidie féminine : Grace, encore en tenue de bal, a rejoint Cary Grant dans son refuge de l'arrière-pays qu'elle ne connaissait pas ; après un baiser passionné, confirmant qu'ils vont vivre ensemble, elle glisse cette réflexion bien calculée :

— C'est donc ici que vous vivez ?

Et, après une pause : — Maman aimera beaucoup cet endroit…

L'œil noir, stupéfait et terrifié du « Chat », pris dans la souricière du mariage et d'une pétulante belle-mère américaine, est réjouissant. Cette belle-mère, très drôle, est la comédienne Jessie Royce Landis ; après avoir joué la mère de Grace, elle sera la mère de Cary Grant dans *La mort aux trousses,* toujours en personnage secondaire comique, mais qui crève l'écran. Dans *La main au collet,* le libidineux Hitchcock se livre à une double introspection de ses héros et chacun interroge l'autre, en sachant déjà beaucoup et en fouinant le reste. Cette manière de raconter les personnages – un jeu – correspond au tempérament du réalisateur ; lui aussi aime tout connaître de ses comédiens, notamment leurs perversions. Il ne juge pas ; Hitchcock n'est pas un moralisateur, mais un exhibitionniste de l'inconscient, un enquêteur du caché ; il aime savoir et, sans doute, de ce patrimoine sentimental, sensuel, sexuel, alcoolique ou autre, il tire le maximum pour obtenir un jeu plus juste de ses comédiens. Dans le cas de Grace Kelly, le contraste entre la voix douce, les bonnes manières, le sourire aimable et les ravages de sensualité ne font que révéler une nature forte, qui sait ce qu'elle veut et l'obtient avec une apparente candeur. Bien entendu, Hitchcock est à la fois misogyne et admirateur de la Femme. Et en évoquant la manière dont son héroïne avance, froide, réservée, dans les couloirs du Carlton comme si elle allait quitter le séduisant inconnu qu'elle vient de rencontrer (Cary Grant), alors que, soudain, c'est elle qui prend l'initiative de l'embrasser, on comprend le sens de sa remarque : « Je crois que, sexuellement parlant, les Anglaises, les Allemandes du Nord et les Scandinaves sont plus intéressantes que les Latines... » Et il préfère les blondes!

Dans ce film, il nous montre une jeune femme au début snob, prétentieuse puis allumeuse et, finalement, astucieuse et ravie de venir au secours d'un homme qui avait réussi à protéger sa vie de célibataire. Avec ce rôle, Grace Kelly est définitivement une vamp en gants blancs, la bombe sensuelle du bon genre, bref le mélange hitchcockien le plus explosif! Elle est sa première héroïne type des films qu'il réalise en couleurs.

Enfin, le tournage de *La main au collet,* jusqu'au 13 août 1954, reste un chapitre délicieux, à tous points de vue : les bonnes tables de la Côte d'Azur (comme d'habitude, Hitchcock avait maigri avant d'arriver en France pour reprendre, consciencieusement, ses kilos dans les grandes maisons!), l'ambiance exquise avec Cary Grant, qui n'était pas du genre à tomber amoureux d'elle et était l'époux de Betsy Drake, les promenades au-dessus de Monaco, Menton, Nice, Cannes et autres lieux de rêve à une période où l'invasion touristique reste supportable, la romance poussée avec Oleg Cassini susceptible, alors, de se transformer en mariage, l'atmosphère méditerranéenne loin des espions de Berverly Hills... En dépit de sa fatigue, Grace, qui résiste la plupart du temps aux tentations gastronomiques, méticuleuses et mises en scène par Hitchcock, est d'excellente humeur. Cary Grant, déclarera, peu avant le mariage de Grace, qu'elle ne passait pas son temps à se mettre en colère et que sa patience, même avec ses maquilleurs et coiffeurs lorsque quelque chose n'allait pas, était remarquable. Ce mélange d'attention aux autres et d'aura impressionnante est encore rappelé par le même Cary Grant, mais après la mort de la Princesse : « Grace Kelly imposait le respect, un peu comme si elle était irréelle. Je me souviens d'un assistant d'Hitchcock qui n'osait pas lui demander un autographe. Il avait le carnet, le stylo, mais au moment de s'approcher d'elle, Grace l'intimidait et il n'osait pas ! » Ces merveilleux souvenirs ensemble expliqueront la longue et indéfectible amitié entre la Princesse de Monaco et le Prince des mythes masculins d'Hollywood, l'élégant Cary Grant. Pour tout dire, le cauchemar de *L'émeraude tragique* est oublié même si, évidemment, le film n'est pas encore sorti ; pour Grace, sa promotion constituera une nouvelle épreuve de vulgarité, difficile à supporter.

À Hollywood, ce 13 août 1954, dernier jour des scènes et raccords en studio de *La main au collet,* correspond à l'anniversaire du metteur en scène. Hitchcock a cinquante-cinq ans. Selon la tradition, un immense gâteau a été préparé pour ce gourmet jamais repenti. Une fausse surprise... que tout le monde attend. En revanche, ce jour-là, l'incroyable lapsus de la secrétaire proposant à l'équipe de venir déguster le fameux gâteau aboutit à une situation très dôle, inattendue, racontée, plus tard, par un témoin qu'on supposera longtemps hilare, Oleg Cassini. C'est un jeu de mots, évidemment involontaire et calamiteux, intraduisible en français mais qui donne à peu près ceci : au lieu de dire « Voulez-vous venir goûter le cake (gâteau) de M. Hitchcock », la malheureuse s'embrouille et dit : « Voulez-vous venir goûter le cock (sexe masculin en argot !) de M. Hitchcake » au lieu de Hitchcock[7] !

Il y a, maintenant, un style Grace Kelly. Elle a ses fans et même, désormais, une secrétaire pour gérer les enthousiasmes, demandes de photos dédicacées et autres contraintes importantes à respecter. Jupes, chaussures, coiffures, maquillages inspirent d'innombrables jeunes filles. Elle a lancé une mode en restant elle-même. C'est donc, en toute logique, que la MGM, son employeur officiel au flair désastreux, lui propose un rôle terne dans une histoire... médiévale, *Quentin Durward,* adaptation d'un roman de Sir Walter Scott. Pour

---

7. Anecdote relatée, à l'origine, par Oleg Cassini dans son autobiographie *In my own* fashion, New York, Simon and Schuster, 1987.

elle, un enterrement ! Elle aurait, pense-t-on, été convenable dans ce personnage, mais c'était à l'opposé de son registre et, surtout, sans aucun intérêt. Après avoir lu le scénario, elle conclut qu'elle se serait promenée coiffée du hennin des gentes dames au temps des chevaliers et aurait tremblé pour le preux Quentin Durward, *alias* Robert Taylor. Elle aurait passé son temps à changer de toilette et à s'enfuir, effrayée, en serrant contre elle son coffret de bijoux, selon les indications du script à chaque page… De plus, Grace Kelly avait peur de s'ennuyer atrocement sur le tournage. Une fois avait suffi… Autrement dit, la MGM n'avait pas conscience qu'elle disposait d'un trésor sous contrat et considérait toujours Grace Kelly comme une débutante – en progrès, certes –, mais qui devait se contenter d'écouter les professionnels et non d'avoir des idées personnelles…

Or, Grace Kelly invente le sex-appeal cérébral, cocktail particulièrement épicé. Et c'est aux metteurs en scène, en particulier à Hitchcock, qu'elle doit sa carrière et non aux producteurs. Et, comme d'habitude et ainsi que le permet son contrat, elle regagne New York. Le 16 décembre 1954, sort à New York *Une fille de la province.* C'est un succès immédiat et les critiques sont enthousiasmés par cette Grace Kelly nouvelle manière, genre institutrice dans un rôle très ingrat où elle est enlaidie. Elle se métamorphose, mais son contre-emploi est réussi. Pendant que miss Kelly s'installe dans un nouvel appartement sur la Cinquième Avenue, la MGM lui propose deux nouveaux rôles, un western avec Spencer Tracy et un film d'aventures avec Rock Hudson, *Le carnaval des dieux,* sur la révolte des Mau-Mau. Elle refuse les deux, affirmant que ni l'un ni l'autre ne lui conviennent. Il faut dire que ses relations avec la MGM se détériorent encore lorsque, à la sortie de *L'émeraude tragique,* Grace découvre une gigantesque affiche dans Broadway qui la montre dans une robe extrêmement suggestive. Circonstance aggravante pour l'actrice, qui le confiera plus tard : « Une robe qui n'était même pas dans le film ! » Le 26 février 1955, Grace la rebelle reçoit un télégramme, une véritable injonction de rencontrer le producteur Sam Zimbalist Junior, à Culver City, siège de la société contrôlant la MGM pour discuter du projet de western. Elle ignore le rendez-vous. Début mars, un second télégramme lui précise que son contrat est suspendu, qu'elle ne reçoit plus de salaire et qu'elle ne pourra tourner pour aucune autre société, sous peine de poursuites judiciaires. Est-ce une catastrophe ? Non car on ne peut, en réalité, rien reprocher à miss Kelly sinon son exigence pour la conduite de sa carrière ; elle est une professionnelle reconnue et prend son métier avec un sérieux assez rare. Rien à voir avec les crises, caprices et dépressions d'une Marilyn Monroe qui sera, plus tard, sanctionnée et exclue après avoir mis en péril diverses productions. De plus, la MGM ne pouvait choisir plus mauvais moment pour intimider et punir Grace : en effet, depuis quinze jours, elle a reçu une nomination aux prochains Oscars pour son rôle dans *Une fille de la province.* La compétition s'annonce serrée. Il y a Judy Garland pour *Une étoile est née,* Dorothy Dandridge pour *Carmen Jones,* Audrey Hepburn pour *Sabrina* et Jane Wyman, première épouse de Ronald Reagan, pour *Le secret magnifique,* cette dernière étant la moins bien placée. En réalité, comme Audrey Hepburn avait déjà été consacrée meilleure actrice de l'année pour *Vacances romaines* et Dorothy Dandridge étant noire, ce que Hollywood n'était pas encore prêt à couronner, cette course à l'Oscar se réduit à un duel Judy Garland-Grace Kelly. Cependant, Judy Garland, issue du sérail hollywoodien, n'avait jamais reçu un Oscar, et beaucoup pensaient qu'il était grand temps de la récompenser. Mais Grace Kelly est l'astre qui monte. Qui va l'emporter ? Réponse le 30 mars 1955. C'est – ô hasard – William Holden, son partenaire du film, qui ouvre l'enveloppe renfermant le nom de la meilleur actrice. Contrairement aux derniers pronostics, c'est Grace Kelly la gagnante. Elle porte une robe de satin bleu pâle, d'Edith Head, bien sûr. Des gants, bien entendu. Et, comme il se doit, elle fond en larmes. Judy Garland n'était pas dans la salle car deux jours plus tôt, elle avait accouché d'un fils. La chaîne de télévision NBC, qui avait misé sur Judy, attendait, caméras et micros prêts, dans la chambre d'hôpital, l'arrivée programmée de Lauren Bacall apportant la statuette dorée à la jeune accouchée. Les journalistes sur place débranchèrent câbles et fils pour ne pas enregistrer les grossièretés de Judy Garland et de son mari, furieux. Or, l'*establishment* hollywoodien était derrière Judy Garland puisqu'elle reçut un millier de télégrammes de condoléances (!) dont le plus drôle, évidemment, émanait de Groucho Marx : « C'est le plus grand vol depuis celui de la Brink's. » Pour mémoire, rappelons que l'Oscar du meilleur rôle masculin est attribué à Marlon Brando pour *Sur les quais,* le film d'Elia Kazan pour lequel Grace avait été pressentie. Hollywood est une ronde... On imagine une fête. Grace assiste à la réception offerte par la Paramount au célèbre restaurant *Romanoff's*. Mais, après la gloire, la lauréate vit l'épreuve du délaissement. En effet, sa liaison avec Oleg Cassini est rompue et elle n'a pas voulu porter une de ses robes. Seule, elle regagne son hôtel presque à l'aube. Plus tard, elle avouera que, face à sa statuette, elle avait vécu le moment le plus solitaire de sa vie.

Son père, sans doute bluffé mais surpris, déclarera, dans un livre consacré à la saga familiale : « De mes quatre enfants, je ne pensais pas que ce serait Grace qui me donnerait une aussi grande joie dans mon vieil âge ! » Un compliment plutôt mesuré...

Avec sa sœur Peggy, elle prend quelques vacances à la Jamaïque où, pour la première fois, Howell Conant fait des photos d'elle. Puis, sans se préoccuper des embarras de ces messieurs de la MGM, elle finit par céder à la pression de Rupert Allan et accepte de venir au festival de Cannes. Sur cette Riviera qu'elle avait découverte l'année précédente, son nouveau destin l'attend, celui qui la conduit à bord du paquebot *S.S. Constitution* où elle s'est enfermée avec une amie pour vivre sa dernière soirée de célibataire.

Jeudi 12 avril 1956. À 9 heures 45, le *S.S. Constitution,* qui avait fait, très tôt, escale à Cannes, a parcouru plus de six mille cinq cents kilomètres. Il a été aussi discret que la VIe Flotte américaine en manœuvres. Walter Carone, le photographe de *Match* qui avait été réduit au chômage technique, se débrouille pour sauter dans un canot avec des films de Howell Conant ; ainsi, le magazine aura, quand même, un reportage sur la traversée. Dans le port de Monaco, la foule attend, impatiente. Le navire, trop gros pour s'y amarrer, reste dans la baie d'Hercule. À bord de son yacht personnel, *Deo Juvante II,* le Prince part à la rencontre de sa future femme. Mais le temps est gris et la mer houleuse ; ce n'est qu'à 10 heures 30 que le bateau blanc se range le long du *Constitution.* Il est suivi, inévitablement, d'une douzaine d'embarcations, chargées de personnalités et de journalistes. Les sirènes hurlent, la fiancée fait une arrivée digne de Grace Kelly à New York et une passerelle est jetée entre le transatlantique et le yacht princier. Soudain, miss Kelly apparaît. Et le soleil, complice mondain, daigne enfin réchauffer la lumière, grise jusqu'alors. Grace porte un manteau bleu marine cintré, des gants blancs et une capeline blanche à larges bords, ce qui lui sera reproché car ses futurs sujets ne peuvent voir son visage… Élégant mais un peu frustrant…

Dans son bras gauche, Grace a pris son caniche, sa tête grisée enrubannée ; elle le tient contre son cœur, sans doute pour se rassurer. N'ayant qu'une main de libre, elle la tend à son futur mari, qui la serre très fort.

Tant pis pour les photographes : pas de baiser ! Ils s'engouffrent dans le yacht qui décrit un cercle autour du paquebot avant de mettre le cap sur le port. À ce moment, les sirènes sont accompagnées de coups de canon tirés depuis le Fort Antoine.

Même un train siffle (« trois fois », comme dans le film ?) et, dans le ciel, un hydravion lâche des milliers d'œillets rouges et blancs, les couleurs monégasques, sur le *Deo Juvante*. C'est le cadeau de bienvenue de l'armateur Aristote Onassis, fastueux milliardaire… Avant d'accoster, la future Princesse peut voir, pour la première fois, le peuple monégasque en liesse. Sur le quai, le Prince Pierre attend pour un champagne de bienvenue, puis il monte à bord. Les discours vont durer une heure, ce qui provoque l'impatience de la presse ; elle applaudit comme au spectacle quand le rideau ne se lève pas.

Enfin, Grace descend la première, saluée, pour la première fois, par les policiers et les marins en terre princière. La jeune femme reçoit un collier de fleurs, coutume étrangement exotique et deux petits Monégasques en costume national lui ont remis un bouquet de muguet et de myosotis. La Chrysler du Prince, verte, immatriculée 5777, attend puis monte vers le Palais. Sur la place, la garde sonne du clairon et rend les honneurs. Grace retrouve ce Palais où, il y a seulement onze mois, elle avait eu son premier rendez-vous ; il sera son domaine. Un déjeuner réunit vingt-trois personnes, c'est la première fois que les Kelly, excepté le Prince Pierre, rencontrent tous les Grimaldi. En effet, sont présentes la Princesse Charlotte, future belle-mère de Grace, la Princesse Antoinette, sœur de Rainier et la Princesse Ghislaine, veuve de Louis II, belle-grand-mère du Prince et ancienne actrice elle aussi, mais dans un registre différent de celui de Grace. Trois femmes avec qui les rapports ne seront pas nécessairement faciles… D'emblée, Charlotte ne réserve pas le meilleur accueil à sa future belle-fille, qui n'y est pour rien. Il lui suffit que Grace soit américaine. Et pourtant, Charlotte, alors âgée de cinquante-six ans, que ses intimes surnomment Mamou, est enjouée, originale comme un personnage de Scott Fitzgerald, excentrique telle une héroïne de Paul Morand. La Princesse Charlotte déteste les snobs et brave les conventions. Vivant surtout à Marchais, revenue pour le mariage de son fils, elle y fait une arrivée voyante : son chauffeur n'est autre qu'un ancien as de la cambriole, René Girier, *alias* René La Canne ! Ce fameux voleur a été l'évadé public numéro un. L'audace de ses évasions égalait celle de ses casses. Lourdement condamné, il a purgé une bonne partie de sa peine. La Princesse Charlotte l'a connu lorsque, visiteuse de prison, généreuse et attentive, elle se souciait du moral et de la réinsertion des détenus, certains n'étant vraiment pas recommandables, voire des monstres, ce qui n'est pas le cas de René Girier qui n'a jamais tué. Pour lui, elle a obtenu une libération conditionnelle, une mesure qui ne pouvait être accordée que si le bénéficiaire était capable de justifier d'un travail et d'un domicile. Charlotte l'a pris sous sa protection et il était devenu chauffeur de la Princesse douairière ! Quelle revanche pour le truand ! Et quelle situation à Monaco ! La police apprécie modérément son extravagante arrivée, mais qu'y faire s'il se tient tranquille ? Le Prince Rainier, mécontent de sa présence, fait savoir à sa mère qu'elle aurait intérêt à changer de chauffeur… rapidement ! Hélas, un étrange incident vient ternir l'image rassurante que veut offrir Monaco, malgré l'inflation temporaire de sa population : l'épouse d'un proche de Jack Kelly se fait dérober des bijoux d'une valeur, dit-on, de cinquante mille dollars. Dans *Paris-Presse,* on apprendra aussi que « des voleurs ont profité de la garden-party pour voler cinq tableaux de maître ». On dirait un fâcheux *remake* du film tourné par Grace et Cary Grant, deux ans plus tôt, *La main au collet.* On s'interroge en souriant : le « Chat » (surnom du voleur interprété par Cary Grant) aurait-il repris du service ? Mais qui a pu oser un pareil coup de main ? Comme dans le film, René Girier est immédiatement soupçonné, malgré ses protestations. Il assure qu'il n'y est pour rien, que c'est une affaire montée contre lui. Mis à l'ombre, il est relâché sur l'intervention de la Princesse Charlotte, certaine de l'innocence de son protégé. Mais le Prince se fâche et une ordonnance d'expulsion immédiate est prise : René La Canne est interdit de séjour sur le territoire de la Principauté[8] et, prestement, il est reconduit loin du Rocher. L'affaire ne fait pas rire la police, mais elle détend les journalistes impatients, un peu vengés par le fait divers. Le célèbre chroniqueur humoristique Art Buchwald annonce, dans le *New York Times,* que le Prince a décidé d'interdire à tous les cambrioleurs d'assister au mariage !

Malgré sa fortune, la famille Kelly est impressionnée par le protocole, les serviteurs nombreux, stylés et abondamment décorés. Non, ce n'est pas du cinéma, c'est une monarchie régnante. Et une dynastie au pouvoir depuis six cent cinquante ans a ses usages. Il a été prévu que Son Altesse Sérénissime laisserait son Palais à sa future femme et à ses beaux-parents, logés dans l'aile nord, tandis que le reste des Kelly investirait l'Hôtel de Paris. Le Prince regagne sa Villa Iberia, au cap Ferrat. Pendant les cinq jours qui précèdent le mariage, les rapports avec les journalistes tournent à la confrontation puis à la guerre. Il ne se passe rien, les attentes sont interminables. On signale, perfidement, que l'un des plus grands journaux américains a envoyé plus de reporters à Monaco que pour le débarquement de 1942 en Afrique du Nord ! Après des pièges, des incidents, des bagarres, y compris avec des policiers, le Prince, excédé, finit par suivre les conseils de M. Morgan Hudgins, chef de la publicité de la MGM pour gérer ce contentieux et apaiser d'urgence les relations exécrables. M. Hudgins arrive pour éteindre le feu.

---

8. Par la suite, la Princesse Charlotte cessera de garantir l'honnêteté du voleur repenti. Aidé par un magistrat, il aménagera un atelier de menuiserie pour faire travailler d'anciens détenus. Mais la fabrication de clés sera mal vue... par l'administration. Après la mort de la Princesse Charlotte, le 16 novembre 1977, inhumée dans le parc du château de Marchais (Aisne), René Girier voudra déposer des fleurs sur sa tombe. Il n'en aura pas le droit.

L'influence de ce professionnel, habitué à gérer les crises et les caprices, sera excellente : le principe d'une conférence de presse quotidienne, en français et en anglais, est retenu ainsi que des séances de photos car c'est tout ce que demandent les envoyés spéciaux, furieux de l'invisibilité du couple. Ils n'ont rien à raconter, rien à montrer ou si peu… Pour saisir les données du problème, rappelons que plus de mille six cents journalistes ont investi un territoire grand comme un arrondissement parisien, la Principauté. Le mauvais temps n'arrange pas l'humeur des journalistes, trempés, furieux et poursuivis par les injonctions de leur rédacteur en chef. Dans une émission, Lise Elina souligne ce malaise : « Personne, du reste, ne voit Mlle Grace Kelly, gardée avec vigilance par le protocole et les agents de la publicité de la MGM qui veillent sur elle avec un soin aussi jaloux qu'intéressé. » Suit une liste de gens appointés par la firme et « le seul personnage admis dans l'intimité de miss Kelly est le réalisateur du film du mariage, commandé par la MGM. Toutes les grandes marques de parfums, de couture, de champagne, de voitures offrent cocktail sur cocktail dans le cadre, comme on dit, des épousailles. Et au gala du Sporting, si strictement privé, nos grands couturiers firent distribuer par de charmants mannequins parisiens leurs dernières créations odorantes. On se serait cru au Bal des petits Lits Blancs. On connaît, d'ailleurs, les bagarres que déclenche l'arrivée de Mlle Kelly et de ses gardes. » Et de conclure en notant que la foule, badauds et journalistes, a attendu trois heures devant l'Hôtel de Paris. « Attendre qui, me demanderez-vous ? Grace Kelly, bien sûr ! Non : Ava Gardner ! »

Le 13 avril, un autre journaliste, envoyé spécial d'une radio française, s'intéresse à la famille Kelly qui ne réside pas au Palais et ne passe guère inaperçue. Ce reporter est Michel Droit, futur interviewer privilégié du général de Gaulle et académicien français : « Imaginez une troupe de quelques dizaines de gentlemen, d'un type pennsylvanien que je qualifierais de très accentué, le veston largement ouvert sur de flamboyantes cravates, d'explosives cravates même, arborant uniformément à la boutonnière des nœuds de rubans aux couleurs américaines et monégasques entrelacées [...]. Vingt à trente gentlemen allant, venant et s'interpellant, poussant des cris gutturaux et riant à la manière de feu Wallace Berry, tout cela au milieu des salons lambrissés qui n'en avaient jamais tant vu ni surtout entendu... Leurs épouses, également, étaient là, bien sûr, sur les épaules desquelles le vison se compte au mètre carré [...]. Je ne sais pas si vous connaissez l'Hôtel de Paris et sa salle à manger que Gérard Bauër a comparée, avec assez de justesse, au tombeau de Toutankhamon[9], une salle à manger immense, toute coquillée d'or et tapissée de fresques, mais je vous assure que cette troupe, que j'ai essayé de vous décrire, répartie aux tables, reprenant en chœur et battant la mesure des vieux airs américains joués tout spécialement, à leur intention, par l'orchestre, dégustant le *shrimp* cocktail arrosé d'eau glacée pour atténuer, tout de même, le dépaysement, je vous assure qu'il y avait là, vraiment, un tableau qui méritait d'être vu ! »

Épuisants, les festivités, dîners et réceptions se succèdent en quatre jours. Une soirée plus informelle, un dîner-buffet au Palais, permet au couple d'apparaître enfin détendu. Le Prince semble si heureux qu'il vante au père Tucker le bon français de sa femme, ce à quoi le chapelain répond :

— Monseigneur, je savais déjà que l'amour était aveugle... mais j'ignorais encore qu'il fût également sourd !

Mercredi 18 avril. C'est le jour du mariage civil, qui doit se dérouler dans la salle du trône du Palais, somptueuse d'or et de rouge. Les armes des Grimaldi, les losanges rouge et blanc, surmontent la devise *Deo Juvante.* Grace porte un

9. Une comparaison que, malgré mes longues recherches égyptologiques, je saisis mal...

tailleur de dentelle beige rosé et un petit chapeau, genre bonnet Renaissance, qui, cette fois, laisse voir ses traits. À onze heures, M. Marcel Portanier, président du Conseil d'État, directeur des services judiciaires et officier d'état civil de la famille princière, arrive, accompagné de son greffier, M. Jean Cerutti, qui porte le Code et le registre des actes. De la cérémonie, retenons deux faits. D'abord, en devenant Princesse de Monaco, Grace Patricia Kelly est l'une des femmes les plus titrées du monde. Plus de vingt identités différentes, qui résument l'histoire des Grimaldi et de leurs anciens fiefs, lui sont dévolus : elle est trois fois duchesse (Valentinois, Mayenne, Mazarin), six fois comtesse (Carlades, Torigni, Ferrette, Belfort, Thann, Rosemont), six fois baronne (Saint-Lô, Altkirch, Hambye, la Lutherinière, du Buis, Massy), trois fois marquise (Chilly, Guiscard, des Baux), mais aussi Princesse de Château-Porcien et Dame de Saint-Rémy et d'Isenheim. Une carte de visite impressionnante ; elle entre dans le Gotha. Le Prince, lui, porte cent quarante-deux titres. La famille Kelly, toujours aussi étonnée, s'y perd. Ensuite, parmi les personnalités invitées, la France est représentée par son ministre de la Justice, garde des Sceaux du cabinet de Guy Mollet, François Mitterrand, qui appréciera beaucoup les « qualités humaines » de la Princesse. Il fait très chaud, le temps est humide, la cérémonie est longue. Après les félicitations dans le salon bleu, le couple salue la foule du balcon de la loggia, sous les acclamations. Une garden-party permet ensuite à la nouvelle souveraine de rencontrer réellement, pour la première fois, ses sujets : en effet, la réception est réservée aux Monégasques. Toutes les dames sont chapeautées. On se hisse sur la pointe des pieds pour apercevoir la Princesse. Certains journalistes tentent de négocier, à prix d'or, un carton d'invitation. Peine perdue, le moment est trop précieux et aucun citoyen de la Principauté n'aurait l'idée de s'en priver. Grace et Rainier, unis devant la loi et désormais obligés civilement l'un envers l'autre, lèvent leur coupe de champagne avec leurs invités. Une immense fête de famille. De nombreux cadeaux, exposés au Palais, ont été offerts et aucune liste de mariage, bien entendu, n'avait été déposée. L'énumération de ces présents tient de l'inventaire à la Prévert : outre une superbe parure de Cartier, offerte par le Conseil national après un premier choix désastreux chez un autre joaillier, on y trouve des livres de cuisine, certainement utiles, et même un… lion et un ours vivants, pour la ménagerie car leur compagnie est un peu encombrante, même dans un Palais. Les jeunes mariés recevront même, on ne sait pourquoi, une centaine de poulets, également vivants, sans doute reliquat d'une ancienne tradition familiale. À propos d'animaux, une rumeur circule : une tante de la Princesse a refusé de venir car elle exploite une immense ferme et ne voulait pas abandonner son bétail ! Mais personne n'ose évoquer la publication, dans un magazine, des confidences insensées et détaillées de Mme Kelly sur les amours passées de sa fille, commérages du plus mauvais goût ! Hélas, on en a aussi parlé, perfidement, à la radio…

Le soir, celle qui n'est déjà plus miss Kelly, Grace de Monaco, va illuminer, pour la première fois de sa présence, la loge princière du bijou qu'est la salle Garnier, l'Opéra de Monte-Carlo. C'est en princesse qu'elle y prend place. Sa robe vient de Paris, cadeau de sa belle-famille, une merveille confectionnée par Lanvin en organza de satin blanc, brodée de perles, dc strass et de sequins. Elle est coiffée d'une tiare de diamants, son premier diadème de souveraine. Et sa poitrine est barrée du grand cordon de l'Ordre de Saint-Charles ; ce ruban rouge et blanc lui a été remis, quelques instants plus tôt, par le Prince. On sait que Grace a toujours aimé le ballet – elle y consacrera beaucoup de son temps et de son énergie – et le gala est d'une exceptionnelle qualité. Les étoiles du London Festival Ballet, dont Margot Fonteyn, sont venues. Parmi les danseurs, on applaudit un certain

John Gilpin ; vingt-sept ans plus tard, il sera le troisième époux de la Princesse Antoinette. Cependant, ce gala est marqué d'un accroc dont la raison est demeurée inconnue. En prologue, un texte de Jean Cocteau devait saluer, entre autres, la présence de la nouvelle souveraine. Or, le Prince a récusé l'ode commandée à Jean Cocteau ; l'incident sera le titre du journal *Combat* le lendemain. Le Prince des Poètes exclu de la soirée par le Prince de Monaco ? Voilà qui est cocasse. Cocteau, le poète au paraphe étoilé, celui que Colette, farceuse, surnommait la luciole, le confrère qui répondait volontiers quand on le lui demandait, acceptait préfaces, introductions, présentations avec une légendaire disponibilité, a-t-il écrit un texte trop louangeur ? Trop long ? Déplacé ? Mystère… L'ode n'est plus au programme. Il semble que le Prince ait jugé le poème dithyrambique et n'ait eu aucune envie qu'un écrivain, fût-ce Cocteau, ne chantât ses mérites comme s'il était Louis XIV. À un échotier américain, qui guette les incidents, Jean Cocteau confie :

— C'est la première fois qu'on me refuse un cadeau…

Dans la soirée, un peu avant minuit, à l'heure de Cendrillon, Grace regagne le Palais et Rainier sa villa du cap Ferrat. Demain, ils seront mariés devant Dieu. Et *Deo Juvante.*

Enfin, il fait beau. Ce mercredi 19 avril est le grand jour. La cathédrale de Monaco, à mi-chemin du Palais et du Musée océanographique, est un monument de la fin du XIXe siècle érigé à l'emplacement de l'église Saint-Nicolas, une abbatiale du XIIIe siècle. Dans un style néo-roman, sa pierre claire, extraite des carrières de La Turbie, est particulièrement éclatante, la pluie ayant la propriété de la blanchir. Ce matin, elle croule sous les fleurs blanches – lys, lilas, gueules-de-loup et hortensias. Ces floraisons sont gâchées par des bouquets de micros et de caméras, buissons installés la veille et qui devaient être discrets. La retransmission télévisée dans neuf pays est, d'ailleurs, un exploit technique sans précédent.

© EVERETT / Aurimages

Grace Patricia Kelly : une jeune Américaine qui, avant 1950, pose comme mannequin et pour des photos publicitaires. En 1947, à 18 ans, elle s'inscrit à l'Académie américaine d'art dramatique, à New York. Son rêve : le théâtre. On la voit à la télévision.

© Stanley Kramer / United Artists / EVERETT / Aurimages

1952 : Grace Kelly dans son deuxième film de cinéma et son premier vrai rôle, celui de l'épouse du courageux shérif (Gary Cooper) dans un western légendaire : *Le Train sifflera trois fois* de Fred Zinnemann. Cooper juge miss Kelly « très bien élevée ».

© Everett Collection / Aurimages

Une scène de *Mogambo* (1953), de John Ford. Grace Kelly a pour partenaire Clark Gable et Ava Gardner. Un trio torride ! Entre les deux femmes, dans la vie, naît une solide complicité.

© Warner Bros / EVERETT / Aurimages

1954 : *Le crime était presque parfait*, tourné en relief pour être vu avec des lunettes spéciales, réunit Grace Kelly, Ray Milland et Robert Cummings. C'est la première fois que Grace est dirigée par Alfred Hitchcock. Malgré les difficultés techniques imposées par le procédé en trois dimensions, il met en valeur la beauté sophistiquée de la comédienne.

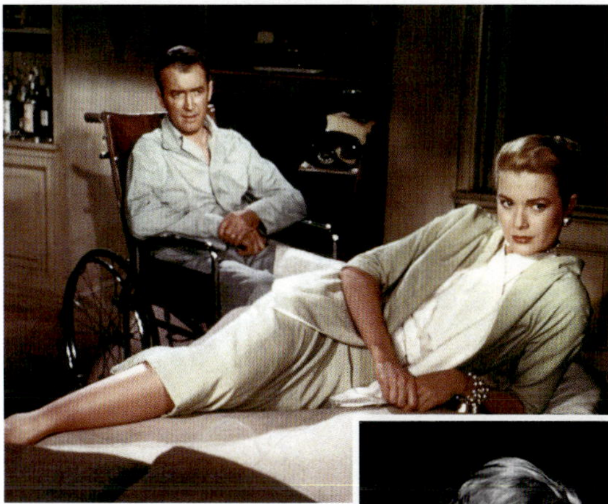

Un plan de *Fenêtre sur cour* (1954), avec James Stewart. Hitchcock est le Pygmalion de Grace Kelly et elle devient son actrice favorite. Elle sait résister à son humour provocateur.

Le 30 mars 1955, Grace Kelly devient une star à son septième film. Elle reçoit l'Oscar du meilleur rôle féminin pour *Une fille de la province*, un rôle à l'opposé de ce qui l'avait rendue célèbre. Marlon Brando, qui l'embrasse, gagne l'Oscar masculin pour *Sur les Quais*, le film d'Elia Kazan qu'on avait aussi proposé à Grace.

1954 : Une scène de *La Main au collet* avec Cary Grant. Tourné sur la Côte d'Azur pendant l'été, c'est le dernier film de Grace Kelly réalisé par Alfred Hitchcock.

1956 : *Le cygne*, avec Alec Guiness et Louis Jourdan, est le dixième et avant-dernier film de Grace Kelly. Elle y joue une princesse à marier, dans l'Europe d'avant 1914. Le film sort en France en avril 1956, une semaine avant que la star ne devienne la Princesse Grace de Monaco. La réalité dépasse la fiction. Par pudeur, le film n'est pas projeté en Principauté.

1955 : Grace Kelly, auréolée de son Oscar, vient au festival de Cannes et pose, très sagement, pour les photographes. L'opposé des starlettes en maillots de bain…

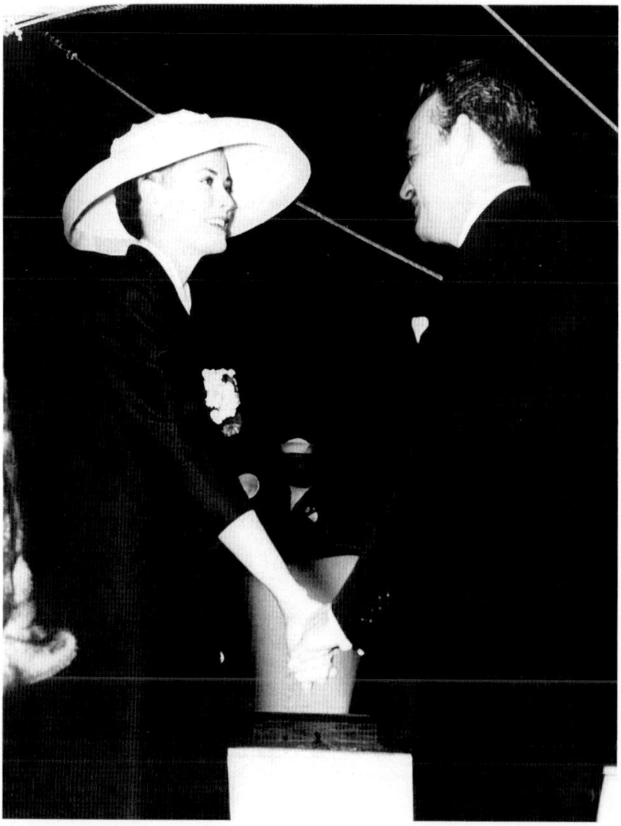

12 avril 1956.
Dans le port de Monaco, le Prince Rainier accueille sa future femme qui arrive de New York à bord du paquebot *Constitution*.
Les Monégasques sont déçus : à cause de son large chapeau, le visage de Grace est difficilement visible.

19 avril 1956.
Le mariage princier dans la cathédrale de Monaco. La romance est devenue un vrai roman d'amour. Une première : la cérémonie est retransmise en Eurovision et des millions de téléspectateurs la suivent avec passion dans neuf pays.

La famille princière de Monaco en 1969, avec ses trois enfants.

Le 23 avril 1960, en gare de Monaco, les Princes accueillent le Général et Mme de Gaulle qui arrivent de Nice. En 1962 éclate la crise franco-monégasque ; elle durera quinze mois.

Le 27 avril 1965, à l'Élysée, le Président de la République et son épouse reçoivent, pour la deuxième fois, les souverains monégasques. Une visite qui scelle la réconciliation et les nouveaux accords entre les deux pays qui ont été signés en 1963.

La Princesse Grace et Joséphine Baker, main dans la main en 1975, quelques jours avant la disparition de l'artiste.

Les Princesses Grace et Caroline, à l'issue d'un gala à l'Opéra de Monte-Carlo. La mère et la fille ont la même passion pour la danse et le ballet, soutenant cette tradition symbolisée par Diaghilev.

30 juillet 1982, le gala de la Croix-Rouge, le dernier auréolé de la présence de la Princesse et de toute la famille, heureuse et unie. Le 18 septembre 1982, lors de ses funérailles dans la cathédrale de Monaco, la Princesse Grace est inhumée dans la robe, signée Christian Dior, qu'elle portait lors de cette soirée.

À cinq heures du matin, l'édifice a été passé au peigne fin car les journalistes sont capables de tout. Certains ont organisé un faux accident, avec un faux blessé en travers de la route, pour obliger la voiture du Prince à s'arrêter ; d'autres se sont faits passer pour des cousins des Kelly ; il y en a même qui ont revêtu une soutane avec aube pour prétendre être l'un des officiants autour de l'autel. Un Oscar de l'imagination aurait dû être décerné. Dès 9 heures 30, le tapis rouge est foulé par les invités.

On note les visages et les noms : l'ex-Roi Farouk d'Égypte (qui avait eu peur d'un attentat lors du tir d'un feu d'artifice l'avant-veille.), l'Aga Khan et l'élégante Bégum, qui est française. Au générique de la délégation hollywoodienne, Gloria Swanson, star d'un autre temps, le producteur Jack Warner, Ava Gardner, superbe, spectaculaire mais bizarrement coiffée d'un diadème sur la nuque. Grace avait invité Frank Sinatra, alors à Londres. Mais Frankie ayant appris la présence de son ex-femme, Ava, renonçait à venir, expliquant à la mariée, par téléphone, que leur couple Frankie-Ava, reconstitué artificiellement à Monaco, risquait de focaliser l'attention des journalistes et de voler à Grace sa journée. C'était une délicatesse et pourtant, Frankie avait déjà mis dans sa valise sa jaquette, son gilet, sa cravate blanche et son haut-de-forme. *High Society* oblige... Grace était triste de son absence car elle était persuadée que le crooner et l'héroïne de *Pandora,* connue lors de *Mogambo,* s'adoraient malgré leur retentissant divorce et elle avait espéré les réconcilier. Le tournage, éprouvant et dangereux, de *Mogambo,* avait noué une belle amitié entre Grace Kelly et Ava Gardner. Celle-ci l'évoquera plus tard, dans sa piquante, décontractée et irrésistible biographie où, comme d'habitude, la belle Ava dit ce qu'elle pense : « Je me souviens que pour un anniversaire de Gracie (Grace), nous avions trouvé du champagne chez un commerçant ; elle, Clark, John Ford et moi avons improvisé un verre sous la tente. Plus tard, on fit la même chose pour mon anniversaire. Par la suite, quel que soit l'endroit où je me trouvais, chaque année un cadeau d'anniversaire arrivait de la part de Grace. Elle n'a jamais oublié et chaque année, à Noël, elle m'envoyait une carte manuscrite, pas une carte écrite par une secrétaire. Elle était une grande dame et aussi une femme très gaie mais elle ne buvait pas, bien qu'elle ait vraiment essayé. Son petit nez se serait mis à rosir, elle serait devenue malade et il aurait fallu la secourir[10]... »

Bronzé, il y a Aristote Onassis et sa belle épouse Tina. Il y a aussi des écrivains, comme Marcel Pagnol, Jean Cocteau – décidément disponible – et le grincheux Somerset Maugham. Caustique, le romancier avait défini Monaco comme « un endroit ensoleillé pour des gens ténébreux ». Pour l'heure, il se plaint d'avoir froid aux pieds et regarde avec dédain les caméras de télévision, incongrues. Les autres invités, eux, admirent, éblouis, la somptueuse robe de la mariée, le chef-d'œuvre préparé par Helen Rose, la talentueuse costumière maison, et offert par la MGM. En effet, il avait fallu quarante-six mètres de taffetas, quatre-vingt-dix mètres de tulle et deux cent quatre-vingt-dix mètres (!) de dentelle ancienne de Valenciennes – elle datait des années 1830 – plus des milliers de perles cousues, une par une, sur le voile. Détail intime, emprunté à une tradition anglaise : le jupon est orné de petits nœuds de satin bleu puisque le jour de ses noces, une mariée doit avoir sur elle, en guise de porte-bonheur, « quelque chose de neuf, quelque chose de vieux et quelque chose de bleu ». Le voile est retenu par un petit bonnet austère, dit à la Juliet. Grace est étincelante dans cette parure de vraie princesse pourtant conçue par une spécialiste du cinéma. La traîne, longue de quatre mètres, est tenue par deux pages et six demoiselles d'honneur. Le Prince suit en grand uniforme (tunique noire et pantalon bleu,

10. Ava GARDNER, *Ava, my story,* Londres, Bantam Press, 1990.

épaulettes et décorations, bicorne à panache blanc). Une tenue dont la presse américaine ne comprendra pas toute la signification en y voyant un souvenir du temps de Napoléon Ier alors qu'il s'agirait plutôt du Second Empire. La cérémonie est célébrée par monseigneur Barthe, évêque de Monaco, en présence de monseigneur Marella, représentant Sa Sainteté le pape Pie XII et de l'indispensable père Tucker qui règle le « ballet » des demoiselles d'honneur avec de vigoureux commandements « Debout ! », « Assis ! », « Agenouillez-vous ! » Un autre prêtre américain, le père Cartin, de la paroisse des Kelly, est également présent, comme si la famille de la mariée n'avait pas voulu laisser à la seule Europe la bénédiction de son union. De toute manière, le R.P. Tucker agit en véritable et intraitable maître de cérémonie, concurrent protocolaire du chambellan du Prince.

L'émotion de Grace est telle que, en dépit des micros et de vingt-quatre haut-parleurs, on entend à peine son « oui ». Le Prince, lui aussi ému, éprouve des difficultés à lui passer son alliance, geste que Grace achèvera. Une heure plus tard, la catholique Irlandaise de Philadelphie, reine d'Hollywood, est devenue S.A.S. la Princesse de Monaco. Depuis une semaine, son film *Le cygne,* rôle qu'elle avait d'ailleurs tenu jadis à la télévision, est sorti sur les écrans. La MGM profite de l'actualité, parfois avec insistance : des affiches montrent Grace, princesse de cinéma, la main baisée par Louis Jourdan, le précepteur dont elle est amoureuse dans le film. En sous-titre, ces affiches annoncent « le roman d'amour d'une princesse ». Lequel ? Le public se précipite, entre la curiosité et une certaine gêne, selon les cas. Pour comparer, aussi, les belles robes de Grace Kelly et de Grace de Monaco, puisque désormais, la première s'effacera au profit de la seconde.

Le magazine d'actualités de Pathé-Journal conclut, dans le ton emphatique de l'époque : « Ainsi se termine, dans l'enthousiasme et dans la joie, un événement qu'une publicité excessive avait bien failli dénaturer. Par bonheur, des gestes aussi charmants, aussi vrais que celui de la Princesse faisant l'hommage de son bouquet de mariée à la sainte patronne de la Principauté, l'attitude toujours digne du Prince Rainier, le sourire retrouvé de Grace, ont forcé la sympathie générale. Que faut-il souhaiter à un couple aussi insolite dans notre époque troublée ? Peu de choses si ce n'est le simple bonheur d'une famille unie. » Les caractéristiques extérieures de ce mariage sont résumées : incroyable pression médiatique, omniprésence du cinéma jetant la suspicion sur la réalité des sentiments, couple inconcevable mais revigorant en des temps de tristesse. Et trente millions de téléspectateurs ont pu se croire invités sans avoir à porter capeline ni jaquette ; ces millions de témoins font de ce mariage d'amour un incroyable grand spectacle, mêlant, pour la première fois, la mythologie fabriquée du septième art à la magie indiscrète de la télévision, les deux menaçant une intimité aussi fragile que recherchée.

La presse parisienne du lendemain étale ses différences, mais toutes à la une. *Le Parisien libéré* est sobre « Sous un ciel d'azur, Grace et Rainier ont célébré leur féerique mariage ». Mais l'envoyée spéciale du quotidien, Jacqueline Michel (qui deviendra la grande critique de cinéma de l'hebdomadaire *Télé 7 Jours*), s'inquiète et ses lecteurs avec elle : « Le matin même, un fakir avait adressé un avertissement au Prince : ce mariage ne vaudra rien. » Toujours dans la réflexion astrologique, *L'Aurore* est plus rassurant : « La ligne de destinée de Grace fait d'elle un de ces êtres rares pour qui les contes de fées peuvent, d'un coup de baguette magique, devenir des réalités. Et Rainier, lui, fort d'une grande sagesse, peut se marier selon son cœur sans sacrifier au devoir d'État. » Une chance ! Dans *Le Figaro*, Pierre Macaigne célèbre le *happy end* que personne ne peut ignorer : « Hier encore, la gentille Grace Kelly, princesse pour rire au royaume d'Hollywood, est devenue, pour toujours, devant Dieu, S.A.S. Grace Patricia de Monaco. » *Le Monde* insiste sur le côté mise en scène qui a fait de la Principauté un studio européen dirigé, pendant huit jours, par des professionnels californiens : « Monaco tourne en Technicolor le mariage de Rainier III avec des vedettes et environ cent mille figurants. » Du Cecil B(illet) De Mille, selon le mot d'Henri Jeanson... Le sérieux journal annonce, parmi les vedettes présentes, Frank Sinatra (ce qui est faux, on a vu pourquoi), mais aussi Marlène Dietrich et Vittorio De Sica, lesquels vont tourner, ensemble et sur place, un film alimentaire mais drôle et plein de charme où ils jouent deux escrocs qui essaient de s'escroquer mutuellement, sous le titre *Monte-Carlo Story.* Le journaliste du *Monde,* Jean Couvreur, s'interroge : « Mais comment reconnaître les biens du Prince et ceux de la MGM, ce qui relève de la fiction et ce qui appartient encore à la réalité ? » Et deux jours plus tard, Jean Cocteau, d'une inlassable mansuétude, confie à un journal parisien : « À notre époque, où le pessimisme est à la mode, j'aime me reposer l'œil sur ce Rocher où les gardes ont l'air de soldats de plomb et où un jeune prince épouse une princesse lointaine, blonde et belle, suivant les traditions impeccables de la légende. »

C'est dans une Rolls-Royce décapotable, noire et crème, que le couple s'est rendu dans le vallon de Sainte-Dévote. Après que la Princesse eut, selon la tradition, offert son bouquet à la vierge martyre de Monaco, M. le curé fut bien inspiré de récupérer, d'urgence, ledit bouquet pour éviter le vol d'un collectionneur.

La Principauté n'a pas de forces armées, mais le Prince a ses carabiniers. Ils sont alors au nombre de soixante-cinq qui défilent, précédant les pompiers. À cette tradition, le R.P. Tucker ajoute une fanfare de Cadets, parfaitement insolite puisque leurs uniformes ont été commandés chez... le tailleur agréé de l'Académie militaire de West Point, le Saint-Cyr américain.

En début d'après-midi, un lunch, le dernier, est offert dans la cour du Palais à des centaines d'invités. Au menu du buffet sous la galerie d'Hercule : caviar, poulet froid, saumon, homard, œufs en gelée et du champagne. En plus du personnel, chaque table, de dix personnes, est confiée à la vigilance d'un homme en habit. C'est un détective car on a voulu décourager les Arsène Lupin du Rocher qui avaient perturbé les jours précédents. Le gâteau de mariage, avec ses cinq étages, est plus haut que les mariés. Le Prince part quand même à l'assaut de la pièce montée, il la découpe avec son épée.

Deux heures plus tard, harassés, le Prince et la Princesse se retirent, pour la première fois ensemble, dans leurs appartements du Palais et se changent. Grace réapparaît en tailleur gris très chic, coiffée d'une toque blanche. Sa coiffeuse attitrée – et celle de la MGM, Virginia Darcy –, a tout inspecté. Bien sûr, le caniche Oliver est du voyage. Sur le quai, près de vingt mille personnes s'écrasent sans désordre, dans une allégresse totale. À croire qu'il n'y a plus de Monégasques ou de résidents chez eux. Sur le pont de *Deo Juvante II,* les souverains saluent et se serrent l'un contre l'autre. Le yacht doit mettre le cap… où exactement ?

Les journalistes aimeraient bien le savoir et ils ont tout essayé. Une escale est prévue, croit-on, à Portofino, élégante station de la Riviera italienne, mais un mauvais vent agite la mer et, finalement, le bateau s'ancre pour la nuit dans la profonde rade de Villefranche. Le lendemain matin, la Méditerranée étant calmée et le soleil au rendez-vous, *Deo Juvante II* part vers l'ouest, sous le commandement d'un capitaine au nom évocateur de lune de miel puisqu'il s'appelle Caruso ! Cette fois, cap sur le bonheur…

V
La Princesse

En épousant le Prince Rainier, la vedette américaine est devenue la quatorzième Princesse de Monaco depuis que le titre princier a été reconnu, en 1633, par la Chancellerie espagnole, alors suzerain du Rocher et de ses fiefs alentour. Ce statut avait succédé à celui de Seigneurie, qui avait compté une dizaine de Dames de Monaco. Depuis le XVIIe siècle, il y avait eu Aurelia Spinola en 1641, Marie-Charlotte de Gramont, en 1660 ; Marie de Lorraine, en 1688 ; Louise-Hippolyte, en 1715 ; Marie-Catherine de Brigole-Sale, en 1757 ; Louise-Félicité d'Aumont, duchesse de Mazarin, en 1777 ; Caroline Gibert de Lametz, en 1816 ; Antoinette-Ghislaine de Mérode, en 1846 ; Marie-Victoire Douglas-Hamilton, en 1869 ; Marie-Alice Heine, parente de l'illustre poète allemand et duchesse de Richelieu, en 1889[1] ; Charlotte, reconnue princesse héritière en 1919 ; Ghislaine-Marie-Françoise Dommanget, en 1946, sans oublier Antoinette, sœur de Rainier. Certaines avaient été épouses, sœurs, filles de souverains ou souveraines en titre. Aucune, évidemment, n'avait eu auparavant une vie comparable à celle de Grace et jamais un Prince régnant n'avait épousé une femme plus

1. Si elle est née à La Nouvelle-Orléans (Louisiane), elle n'est pas, pour autant, la première Américaine devenue Princesse de Monaco puisqu'elle avait changé de nationalité en épousant le duc de Richelieu, en 1875. Divorcée, elle se remarie, à Paris, en 1889 avec le Prince Albert Ier dont la précédente union a été annulée et dissoute en 1880 ; chronologiquement, Marie-Alice devient monégasque après avoir été de nationalité française.

connue que lui au moment de leurs fiançailles. La nouvelle Princesse apporte une incalculable célébrité à l'État monégasque, inversement proportionnelle à sa superficie. C'est la rencontre d'une légende vivante avec l'histoire.

Grace Kelly a connu une carrière rapide – les années 1954 et 1955 étant les plus importantes – et, alors qu'elle vogue, jeune mariée, vers les côtes espagnoles, elle a quitté le cinéma il y a peu de temps et très vite. Le tournage de *High Society* a été pittoresque puisqu'il s'est déroulé entre l'annonce officielle des fiançailles et le mariage. Frank Sinatra, qui jouait le rôle d'un photographe couvrant un mariage mondain, racontera son amical embarras, peu après la mort de la Princesse, dans un entretien publié par l'hebdomadaire *Télé 7 Jours* : « Ça me faisait tout drôle de devoir la prendre dans mes bras car son mariage était proche. Elle s'en est aperçue et c'est elle qui, avant chaque scène, me demandait, d'un ton plutôt ferme : "N'hésitez pas à me serrer plus fort s'il le faut !" C'est là que j'ai compris combien elle pouvait être une actrice exigeante, minutieuse, presque maniaque, veillant au moindre détail… Je n'ai jamais vu, alors, quelqu'un connaissant son rôle par cœur comme elle. Avec Bing Crosby, on était sans cesse en train d'écrire des phrases au crayon sur la main pour ne pas les oublier. Elle se moquait gentiment de nous en disant que ça abîmait les mains. Elle avait beaucoup d'humour, souvent un peu froid. » Couronnement – si l'on peut dire – de cette fin d'activité et de son goût du travail bien fait, le disque de son duo avec Bing Crosby, la chanson *True Love,* se vendra à un million d'exemplaires, obtenant la récompense, inattendue, de disque de platine. Le plus surpris de ce succès fut le directeur musical de la MGM qui, redoutant une contre-performance vocale de Grace Kelly, avait songé à la faire doubler ! Elle s'y était vigoureusement opposée. Ajoutons qu'il était cocasse d'entendre Frank Sinatra lui chanter, amoureusement, « *You're sensational !* » alors qu'elle portait au doigt sa bague offerte par le Prince Rainier…

Adieu caméras, adieu plateaux mais, hélas, bonjour paparazzi ! Pendant le voyage de noces, les mariés sont traqués. Majorque, Jerez, Valence ne sont plus des escales mais des épreuves pour fuir la presse. Tous deux avaient été traumatisés par le harcèlement médiatique de leur mariage ; ils espéraient du calme et de la solitude. Rainier, qui a toujours aimé la mer, l'apprécie encore davantage, elle est un gage de tranquillité. À bord de *Deo Juvante II,* les époux ont la paix, enfin presque. Le yacht, long de quarante-deux mètres, construit en Angleterre en 1928, a le charme et le confort d'une vraie résidence.

Dès son retour, Grace va découvrir ce qu'on attend d'elle en y glissant ses initiatives et sa personnalité. Son premier nouveau rôle est celui de maîtresse de maison. Et quelle maison, quand il s'agit d'un Palais de deux cents pièces ! Pour comprendre que cette tâche est immense, il faut rappeler que depuis longtemps, le Palais n'était plus réellement habité, le Prince y ayant son bureau et vivant au cap Ferrat. Les Princes de Monaco vont s'y installer, décision qui réjouit la population. Déjà, Rainier avait entrepris d'importants travaux, en particulier sur les toitures, en l'état depuis le début du siècle. Mais quelle leçon d'histoire ! Sur la place, les canons sont ceux offerts par Louis XIV au Prince Antoine Ier, en reconnaissance de ses brillantes qualités de soldat et de son engagement marqué au service de la France. Pour la nouvelle Princesse, la véritable difficulté est de cerner ses fonctions. Au Palais, il y a un personnel nombreux et souvent en place depuis des années, qui a ses habitudes, ses manies ; ils attendent de Grace qu'elle se manifeste, guettant ses fautes éventuelles et opposant, souvent, une force d'inertie à ses suggestions. Grace est d'autant plus handicapée qu'elle maîtrise mal le français et que son entourage, sauf le Prince et le père Tucker, ne parlent pas anglais. La communication est laborieuse. Elle qui avait conquis chèrement son indépendance va devoir s'habituer à toujours être servie, à ne jamais être seule, à être observée presque en permanence et à ne pas pouvoir sortir sans être accompagnée d'une dame d'honneur et d'un garde du corps. Le couple s'installe au rez-de-chaussée, dans l'appartement de célibataire de Rainier, qui donne sur le jardin, vers l'ouest. Les pièces ne sont pas très gaies, les couleurs ternes. Le Prince lui avait demandé de rajeunir, aussi, les appartements d'apparat, leur donnant, selon son expression « un grand coup de bleu ». Peu à peu, Grace se familiarise avec les majordomes, femmes de chambre, jardiniers, cuisiniers, mais il n'est pas facile de s'imposer dans un Palais longtemps privé de la présence et de l'autorité d'une Princesse. Un rôle complexe mais, en moins d'un an, selon son mari, Grace obtient la confiance et l'estime de tout le personnel, quels que soient son niveau et sa fonction. « Être princesse est un métier. J'ai accepté de le faire et de consacrer tout le temps qu'il fallait à apprendre comment bien le faire[2]. »

Très vite, la Princesse est enceinte. L'heureuse nouvelle est annoncée, officiellement par le Prince à Radio-Monte-Carlo, le 2 août 1956 : « C'est une grande joie pour moi de vous associer à notre bonheur. Cela doit renforcer notre confiance en l'avenir. » Grace affronte, en succombant, ce qu'elle avait toujours dominé, pour des raisons professionnelles : sa grossesse lui donne des fringales entre deux malaises. Elle a des envies de spaghetti et Rainier lui révèle ses talents dans la préparation des œufs brouillés.

Au mois de septembre, les Princes se rendent aux États-Unis, à bord du paquebot *United States,* qui assure la ligne Le Havre-New York. Bien que précédé d'une conférence de presse, il ne s'agit pas d'un voyage officiel, même s'ils sont reçus, à la Maison-Blanche, par le Président Eisenhower, « Ike », et la célèbre Mamie. Certains photographes américains, peu

---

2. Gwen Robyns, *Princess Grace* (New York, David Mac Kay, 1976. Réédition 1982).

frottés au protocole monarchique, hésitent sur la manière d'appeler la Princesse ; ils finissent par l'interpeller « Madame Rainier », ce qui prouve que son nouveau statut est, parfois, difficile à admettre. Il est vrai que six mois plus tôt, elle était encore Grace Kelly. D'ailleurs, on le vérifie en remarquant qu'à son arrivée à New York, elle porte un sac d'Hermès avec lequel elle tente de dissimuler son état. Ce sac devient une des légendes de la maison du faubourg Saint-Honoré sous le nom de Kelly. Le Kelly sera – et continue d'être – un accessoire de mode, luxueux et mythique.

Revenue dans sa ville bien-aimée de New York, la Princesse se livre à un shopping effréné pour le futur bébé. Et aussi pour la « maison ». Grace et Rainier sont très sensibles à tous les gadgets ménagers que propose l'Amérique car, à cette époque, l'Europe les connaît peu. Grace retrouve aussi ses amis ; ils passent des soirées détendues et informelles. Rainier se laisse même convaincre de jouer au jeu favori de son épouse, les charades. Hélas, le hasard fait tirer au Prince un petit billet sur lequel est écrit ce qu'il doit mimer : « Veuillez ne pas utiliser les WC quand le train est en gare ! » Le mari de Rita Gam, amie intime et demoiselle d'honneur de Grace, dira encore son effarement en racontant l'histoire à Robert Lacey. C'est dire si l'atmosphère est vraiment décontractée ; ils dînent avec leurs assiettes sur les genoux et s'amusent franchement, en évoquant le bon vieux temps.

Un temps qui s'éloigne puisque Grace profite de son séjour pour vider son appartement et faire expédier ses meubles à Monaco. Cet ancien domicile, sur la Cinquième Avenue, avait été aménagé par un célèbre décorateur new-yorkais, George Stacey, que la Princesse fait venir, dès la mi-novembre, au Palais, pour l'aider à la transformation des appartements privés, sans oublier l'installation d'une nurserie, puisque la future maman est enceinte de sept mois.

Le 23 janvier 1957, neuf mois et quatre jours après son mariage, la Princesse accouche d'un bébé de 3,730 kg, mesurant 51 cm. C'est une fille, prénommée Caroline, Louise, Marguerite. Grace aurait aimé un garçon, Rainier est ravi que ce soit une fille ; d'ailleurs, cela ne pose aucun problème dynastique à Monaco où, à l'inverse de ce qui se passait dans les monarchies européennes, notamment en France autrefois, la loi salique n'a jamais été en vigueur. Selon la situation, les femmes succèdent naturellement aux hommes sur le trône des Grimaldi, et cela depuis des siècles, bel exemple de modernité. Dès sa naissance, Caroline est donc Princesse héritière. Dire que cette naissance n'a pas été suivie par la presse serait ignorer le filon journalistique en même temps que la sympathie ressentie pour le couple jeune, entreprenant et proche des gens. Décidément, Monaco a ses inconditionnels. Encore un bon sujet ! Mille journalistes étaient prêts à tout. Certains espéraient même pouvoir traquer la voiture qui emporterait la Princesse du Palais à l'hôpital, comme cela avait été prévu. Mais la tradition était que les enfants princiers naissent au Palais, et Grace tenait à la respecter. Aucune complication n'étant redoutée, l'accouchement eut donc lieu derrière ces vieux murs, dans la bibliothèque transformée en salle de travail. La Princesse Grace, n'oubliant pas son sang irlandais, avait fait tapisser la pièce de soie verte, couleur emblématique de l'Irlande et porte-bonheur. Photographes et cameramen sont déçus, certains s'étaient même acoquinés avec le chauffeur présumé de l'ambulance pour qu'il ralentisse en passant devant leurs appareils sur l'itinéraire ! Vingt et un coups de canons annoncent l'événement aux Monégasques. Détail oublié : au même moment sort, en France, le film d'Alfred Hitchcock *L'homme qui en savait trop* (seconde version), dont le thème musical, chanté à l'origine par Doris Day, le célèbre *Que sera, sera*, est adapté, pour la circonstance, en français et chanté par Yvette Giraud :

Dans le berceau
D'un vieux château
Une promesse vient d'arriver.
Une princesse tout étonnée
À qui l'on vient chanter
Que sera, sera !

Plus tard, la Princesse Caroline sera souvent saluée, musicalement, à Monte-Carlo, par l'excellent orchestre d'Aimé Barelli jouant *Sweet Caroline.* Les premières séquences représentant le bébé ne sont pas dues à la presse mais à un cameraman autorisé, le Prince Rainier lui-même, qui filme la mère et l'enfant avec une caméra 16 mm. Le film est diffusé sur Télé-Monte-Carlo, qui compte alors environ quinze mille téléspectateurs. Caroline n'est âgée que de cinquante et une heures et elle est déjà une star... Les cloches sonnent, les voitures klaxonnent tandis que la population monégasque se réunit sur la place du Palais en scandant des « Vive la Princesse Caroline ! » de bienvenue. Dans les nombreux messages protocolaires, citons celui du Président de la République française, le courtois M. René Coty : « Je vous adresse, Monseigneur, ainsi qu'à la Princesse, mes très cordiales félicitations. Je suis heureux que votre foyer, si accueillant, se pare aujourd'hui de la gracieuse présence d'une petite fille, pour qui je forme des vœux fervents de bonheur. Veuillez aussi transmettre à la Princesse Grace mes respectueux hommages et croire, Monseigneur, aux assurances de ma sincère amitié. » Parmi les gens que cette naissance comble, le seul détenu des geôles monégasques, un voleur de vingt-quatre ans, bénéficie d'une amnistie souveraine. Vive Caroline ! Son prénom n'a pas été choisi par hasard : il était celui de l'épouse du Prince Florestan Ier, mariée en 1816 et décédée en 1879, une femme remarquable, d'origine française, qui avait connu et surmonté la difficile période du protectorat de Piémont-Sardaigne sur la Principauté.

Comme Grace l'avait dit, elle allaite elle-même son bébé. Le vieux Palais des Grimaldi devient la maison du bonheur puisque, cinq mois plus tard, Grace attend un nouvel enfant. Il naît le 14 mars 1958. Cette fois, c'est un garçon, Albert, qui reçoit le prénom de son illustre arrière-arrière-grand-père, Albert Ier, le fascinant explorateur des océans, souverain visionnaire et défenseur de la paix entre les hommes. Cent un coups de canon annoncent à la Principauté la venue de cet héritier mâle ; dans l'ordre de la succession, Caroline lui cède le pas. Grace, très heureuse, est littéralement couverte d'orchidées, que l'on compte par dizaines de milliers. On connaît déjà sa passion pour les fleurs. Le Prince lui offre une rivière de diamants après avoir déclaré à la population, notamment : « Remercions Dieu de nous accorder ce nouveau bonheur, preuve de sa divine faveur. »

Cependant, la vie au Palais, même dans le refuge des appartements privés, est contraignante. Rapidement, le Prince et la Princesse décident d'acquérir une thébaïde dans la montagne, au-dessus de Monaco, un endroit où ils vivront réellement en couple et en famille. Ce repaire, c'est Roc-Agel, une ancienne vieille ferme un peu fortifiée, aux aspects de mas provençal, à moitié écroulée. Le site est merveilleux car, à huit cents mètres d'altitude, on échappe à la chaleur étouffante du littoral et la vue embrasse une partie de la Côte d'Azur et de la Riviera italienne. Les travaux seront longs, en plusieurs tranches, dans le but d'aménager une résidence très confortable, simple et protégée. Chacun pourra s'y livrer à ses passions ; les animaux domestiques sont les rois. Chevaux, poneys, chiens, chats, poules sont en liberté. Un été, certains fauves de la ménagerie princière seront même transférés à Roc-Agel. Ils ne seront pas, bien entendu, en liberté, mais changeront d'air, le souverain ayant déclaré : « Il faut bien qu'ils aient des vacances, eux aussi. » Rainier se détend dans un atelier de menuiserie et de ferronnerie, Grace a la haute main – verte – sur les jardins et les fleurs de ce domaine privé. Les barbecues et la piscine réunissent le cercle de famille et pratiquement pas d'étrangers. Chaque week-end, sauf obligations ou voyages, le rendez-vous de Roc-Agel est sacré. Une occasion de se reposer, de bavarder, de lire, d'écouter ou de faire de la musique, d'être près des enfants dont chacun aura une petite maison. Dans ce que les voisins et les Monégasques appelleront le ranch, seule une petite pièce témoigne du glorieux passé cinématographique de Grace Kelly, avec des photos et des affiches. Au cours du temps, l'isolement sûr de Roc-Agel paraîtra de plus en plus précieux aux Grimaldi. En chemisier, jeans et chapeau de paille, Grace est heureuse, sans rôle à jouer ; Roc-Agel est sa vraie maison. Un coin de paradis bien que géographiquement proche de Monaco.

Mais comment s'éloigner réellement d'une situation politique alors préoccupante ? Grace, qui avait soigneusement étudié l'histoire et le fonctionnement de son nouveau pays, est le témoin direct des difficultés graves auxquelles son époux est confronté. Un conflit interne couve depuis longtemps. Dès 1955, il était apparu à cause des divergences entre le Conseil national – le Parlement – et le gouvernement, à propos du fonctionnement des services administratifs. De plus, une banque, dépositaire d'importants fonds publics, avait fait faillite. Et, dans la foulée, plusieurs membres de l'Assemblée avaient démissionné puis refusé de se présenter aux élections organisées. Le nouveau Conseil national, à peine installé, avait souhaité une révision de la loi fondamentale de l'État, c'est-à-dire la constitution, qui datait de 1911 et que le Prince Louis II, grand-père de Rainier, n'avait pas eu la possibilité de refondre. Le jeune souverain considérait qu'un amendement était certes nécessaire, mais qu'il convenait de désigner une commission chargée de lui soumettre des propositions. Le contrôle du budget national, entre autres, était une question essentielle. En 1958, l'année de la naissance du Prince Albert, la situation n'avait guère bougé.

Des élus votent, à l'unanimité, une motion pour « voir aboutir rapidement les réformes constitutionnelles et les réformes de structure indispensables à l'évolution normale des institutions de la Principauté ». Il s'agit, selon ce souhait, de prévoir « les remplacements qui s'imposent dans l'intérêt de l'État ». Pendant plusieurs mois, le malentendu s'aggrave entre le Conseil national et le gouvernement. Or, le Prince a d'importants projets de grands travaux et leur financement n'est pas réglé. Le souverain se trouve donc privé des moyens d'entamer la rénovation, indispensable et urgente, de la Principauté. Monaco risque la paralysie. Le 28 janvier 1959, le Prince, lassé, signe une ordonnance qui suspend, temporairement, certaines dispositions constitutionnelles. Le destin de la vieille monarchie est en jeu. « Aux termes de l'ordonnance de suspension, les attributions conférées au Conseil national sont exercées, à titre consultatif, par le Conseil d'État ; les attributions conférées à la municipalité et au Conseil communal sont exercées par une délégation spéciale communale, dont les membres sont nommés par ordonnance souveraine ; enfin, les réunions publiques à caractère politique sont interdites[3]. » Cette dernière décision illustre la profondeur du malaise. La Princesse n'est, évidemment, pas directement mêlée à ces événements mais elle ne peut les ignorer. De plus en plus, elle exerce des responsabilités officielles et, depuis le 23 mai 1958, deux mois après la naissance d'Albert, elle a été nommée présidente de la Croix-Rouge monégasque, qui avait été fondée en 1948 par le Prince Louis II. Mieux : à l'automne 1959, la Princesse est nommée, par ordonnance de son mari, Régente jusqu'à la majorité d'Albert, en cas de disparition prématurée du Prince. Il est évident que le souverain, soucieux de la situation, fait une confiance totale à sa femme. Grace est parfaitement

3. Jacques Freu, René Novella et Jean-Baptiste Robert, *Histoire de Monaco*, tome 1. Ouvrage très clair sur ces affaires complexes (Éditions du ministère d'État, 1986).

intégrée à la vie monégasque, pour le meilleur et pour le pire. C'est avec cette nouvelle aura que la Princesse, qui va avoir trente ans, accompagne S.A.S. Rainier III lors de son voyage officiel en France, à l'automne. La première visite de Grace en qualité de Princesse de Monaco comme hôte de la République française.

Depuis le mariage de miss Kelly, beaucoup de choses ont changé en France. La République a un nouveau numéro, c'est la Cinquième. Élu président depuis moins d'un an, le général de Gaulle s'est installé à l'Élysée le 8 janvier. Pour le Prince, si cette visite est la troisième depuis 1950, la présence de son épouse lui confère une dimension dont la politique ne saurait se priver : le charme. Le 12 octobre 1959, rappelant les très anciens liens unissant les deux peuples et la brillante conduite du sous-lieutenant Grimaldi, dans l'offensive du général de Montsabert lors de la campagne d'Alsace – en 1954, le Prince avait été nommé colonel dans l'armée française –, le président de la République déclare : « Vous êtes, Monseigneur, le noble représentant d'une dynastie qui n'a cessé d'entretenir avec nous les plus étroites et confiantes relations. Celles-ci, sans doute, procèdent de la nature géographique et politique des choses, mais elles sont également inspirées par les meilleures raisons de l'esprit et du cœur… Quant à nous, nous en gardons précieusement les preuves, telles que, par exemple, l'acte conclu par votre arrière-grand-père, le Prince Albert, pour régler nos rapports, ou le fait qu'au cours de la Première Guerre mondiale, votre grand-père, le Prince Louis II, crut devoir appartenir à l'armée française comme officier général, ou la vaillante participation que vous-même avez voulu prendre dans les rangs de notre 1re armée à la bataille qui libéra l'Europe et porta nos drapeaux sur le Rhin et sur le Danube. Oui, Monseigneur, votre visite consacre la communauté d'intérêts et de sentiments qui crée entre nos deux pays une exemplaire association. »

Avant ce voyage, la Princesse a beaucoup travaillé, lisant et se faisant commenter les *Mémoires de guerre.* On connaît l'antiaméricanisme du général de Gaulle, mais on vante aussi sa galanterie. Il est touché que Grace tienne à s'exprimer en français et avoue trouver « charmantes » ses fautes de grammaire et de prononciation. Un spectacle de ballets se déroule dans la salle des fêtes de l'Élysée, palais que de Gaulle n'aime pas, ayant dit, dès son arrivée : « Cette maison est trop bourgeoise, l'esprit n'y souffle pas. » En robes du soir, habits et uniformes – le Général déteste le smoking –, Grace est à sa gauche, manifestement intimidée. À sa droite, le Prince et Mme de Gaulle. Le quotidien *Paris-Presse* écrit, le lendemain : « Grace de Monaco a régné sur quinze ministres et trois cents sujets à l'Élysée. » Sur le perron présidentiel, la photo officielle montre les deux couples ; Grace est à la gauche du Président – en veston, cette fois –, elle est en tailleur sombre et coiffée d'un turban. Elle sera toujours très heureuse de parler avec l'homme, si impressionnant. Elle dira : « Avec de Gaulle, nous bavardions de choses et d'autres. Il était très intéressant et surtout très profond dans ses réflexions. » Amoureux d'une langue précise, le Général n'aurait sans doute pas retenu le verbe bavarder car, avait-il averti un de ses collaborateurs, « on ne bavarde pas avec le général de Gaulle » qui pratiquait, en maître, la conversation. La petite histoire élyséenne assure que le Général, dont les mots et les formules font mouche, aurait surnommé sa visiteuse « l'Aphrodite américaine » ! Le charme… En trois jours, d'hôpitaux en orphelinats, la Princesse conquiert le cœur des Parisiens. Rainier conclut : « Elle est mon meilleur ambassadeur. » Une idylle politique et pourtant, bientôt, les relations franco-monégasques ne vont pas tarder à s'envenimer. Une crise extérieure qui va se juxtaposer à la crise intérieure, laquelle s'enlise. Alors, la jolie Princesse venue d'Amérique sera, sans doute, moins « charmante » aux yeux du général de Gaulle…

Entre-temps, le Prince est parvenu à l'apaisement politique en Principauté. Le 4 janvier 1960, comme un cadeau de Nouvel An, il annonce son vœu d'une « collaboration efficace qui, en excluant l'éventualité des querelles et des oppositions personnelles, permette l'effacement des intérêts particuliers devant l'intérêt général ». Pour calmer les esprits échauffés à Monaco et consolider son autorité, le monarque prépare le retour au régime constitutionnel, suspendu depuis près d'un an ; et il transfère les attributions du Conseil national à une Assemblée en veillant à ce que sa composition soit établie par une ordonnance souveraine. Le Prince n'entend pas renoncer à son pouvoir même s'il regrette l'interruption de la vie politique normale. La réussite est à ce prix, il faut de la patience, de la réflexion avant d'agir afin de réduire les risques d'erreur. Or, le souverain, souvent présenté à l'époque comme un homme triste jusqu'à son mariage, est très heureux dans sa vie personnelle ; cela compte pour livrer une bataille décisive qui est celle de la stabilité politique. Elle a été mise en péril par diverses ambitions et quelques querelles de clocher.

L'objectif est gigantesque dans sa simplicité : né Prince, Rainier III doit réellement conquérir Monaco pour en être le souverain. Il faut se débarrasser du vieux carcan qu'est la routine, si confortable mais si illusoire… À son avènement, il avait été bien seul. Il ne l'est plus, mais sa tâche est loin d'être facile. La Principauté ne doit pas être faible ni vaciller, car ce serait encore pire. Des siècles d'histoire l'ont démontré : autour du Rocher, que de convoitises !

Heureusement, le monarque et son épouse ont assuré l'avenir dynastique et l'image du couple renvoie aux heures sombres les souvenirs de mésentente et de tristesse. Toutefois, une épreuve personnelle atteint profondément Grace au printemps 1960. Son père est opéré d'un cancer à l'estomac. Elle s'envole pour Philadelphie. Jack pense que sa fille ignore la gravité de son mal, ce qui rend leur dernière rencontre artificielle. Chacun joue le jeu de l'espoir. En réalité, Grace sait que son père est perdu. Elle passe quinze jours à son chevet puis regagne Monaco le 13 juin. Elle ne reverra pas le patriarche qui meurt le 20 juin, à soixante-dix ans, mais elle avait pris le temps de lui dire adieu. La Princesse refait donc le voyage en direction de Philadelphie pour les obsèques. La jeune femme est bouleversée par la disparition de ce père exigeant qu'elle avait toujours essayé d'éblouir, pour qu'il soit fier d'elle, et qui avait tenu une si grande place dans sa vie. Elle s'interrogeait, se demandant si elle y était parvenue, en dépit de son brillant destin. Longtemps, elle restera fragilisée par ce deuil. Et pendant l'été, lors d'un concert dans la cour du Palais princier où Chopin est au programme, le visage soudain noyé de larmes, elle quitte précipitamment sa place, submergée de chagrin. On l'avait rarement vue manifester publiquement son émotion. Ce soir-là, sa douleur était celle de Grace Kelly.

VI
Le temps des crises

En 1960, les rapports entre Monaco et la République française se développent sous le signe d'une attention plus que cordiale. Répondant au général de Gaulle, le souverain monégasque avait déclaré : « Si les sentiments ne se mesurent pas facilement, l'affectueuse amitié qui unit la France et la Principauté trouve dans ses origines si lointaines leur force et leur solidité. » Des relations au beau fixe. Tout naturellement, un an après leur voyage officiel en France, les Princes reçoivent, en retour, le Général et Mme de Gaulle, le 23 octobre 1960. Achevant une visite dans trois départements du sud-est, dont les Alpes-Maritimes, et arrivant par train spécial depuis Nice, le Président ne passe qu'une journée en terre monégasque, ce que semble déplorer Rainier III en adressant ce souhait au Général : « Puissiez-vous emporter de votre trop court passage en Principauté, le souvenir le meilleur d'un pays beau et heureux, qui n'a d'autre intérêt que de vivre dans un monde de paix et d'autre ambition que de s'épanouir en maintenant l'amitié qui le lie à la France. »

Dans cette atmosphère, la Princesse, dont les fonctions se multiplient, joue un rôle précieux, le plus complexe de sa vie. Elle est présente, elle apparaît beaucoup, élargit le domaine de ses interventions sans s'y noyer ; elle a vite compris que les Monégasques, qui, il faut le dire, avaient été un peu sceptiques, désirent l'avoir pour eux seuls, en exclusivité, même si les journalistes sont inévitables. En quatre ans, ayant étudié et appris, l'épouse du Prince n'est plus considérée comme Grace Kelly. La Princesse Grace lui a succédé ; le moins que l'on puisse dire est qu'elle n'était pas attendue partout avec des fleurs, certaines personnes ayant décidé qu'elles étaient les seules, les vraies à incarner Monaco, surtout dans sa version cancanière et futile de Monte-Carlo… La métamorphose était accomplie. Et ceux qui en étaient restés à Grace Kelly pouvaient toujours revoir ses films. Si la délicieuse star est devenue une princesse « de métier », l'Américaine est également devenue une Européenne, avec instinct et un apprentissage quotidien, déjouant mille et un pièges. Elle est aussi une mère qui élève, entourée d'un personnel adéquat, ses deux enfants (Stéphanie ne naîtra qu'en 1965). Passons sur ces tendres attentions des jeunes années de Caroline et d'Albert : rien ne nous a été caché du chapitre « Princesse et Maman ». L'éducation (qui est le plus sévère ? Cela dépend des moments…), les jeux, l'entourage strictement sélectionné en même temps que l'apprentissage de la réalité du monde (non, tout le monde ne vit pas dans un palais), le travail, la conduite. Un bon dosage de méthodes américaines et d'habitudes du vieux monde. Et même si Grace surprend en veillant à ce que ses enfants soient nourris, entre autres, par des petits pots, encore peu répandus en France, il y a des entorses plus graves à la tyrannie des pédiatres, dont la science est d'ailleurs variable.

L'aspect le plus intéressant de cette époque est la manière dont Grace jongle entre la vie de famille et une vie publique de plus en plus remplie, sans que l'une souffre trop de l'autre. Différente des précédentes Princesses de Monaco, Grace ne joue pas les invisibles. C'eût d'ailleurs été une erreur irréparable. Elle dispose, en somme, d'une « Maison » qui, sans en avoir le nom, comprend un secrétariat particulier et un service de dames d'honneur. Le rythme est soutenu, il suffit d'examiner un emploi du temps officiel de cette période pour le constater. Les journées sont de plus en plus remplies et mieux vaut ne pas parler d'horaires lorsqu'on ajoute galas, mondanités et réceptions, tous importants. Le Prince est lui-même enchaîné à son bureau, se plaignant d'avoir un écrasant labeur de paperasseries, comme un fonctionnaire. C'est l'époque où, sur les plans et sur les chantiers, il commence à bâtir la nouvelle Principauté, entouré de ses conseillers, d'architectes, de promoteurs et de financiers. C'est dans son bureau de la vieille tour que naîtra le Monaco actuel, ses transformations et ses extensions. Grace est elle-même stupéfaite de ces projets pharaoniques sur un territoire plus petit que… certains studios de Hollywood ! Dès le 2 décembre 1956, elle y avait été étroitement associée par le changement de nom du boulevard des Bas-Moulins en avenue Princesse-Grace, symbole des profondes mutations du quartier du Larvotto. Au travail, la Princesse est d'un entrain joyeux et communicatif. En entrant dans son bureau, elle ne cesse de répéter : « Il faut absolument que je m'organise ! » Bien entendu, elle obtient une protestation, inévitable : « Mais, Madame, vous êtes organisée ! » et il est vrai que son secrétaire particulier, Paul Choisit, la représente souvent quand elle s'impose des priorités. Maîtresse d'elle-même, dominant sa colère, mais attentive à ce que ses instructions soient exécutées, Grace n'est jamais négligée, défaite ni d'un aspect harassé et seuls ses très proches peuvent percevoir sa fatigue, sa contrariété, son mécontentement. Et cela arrive ! Dans cette période, son principal problème est de ne pas se réveiller trop tard car elle a besoin de beaucoup de sommeil, vieille habitude du temps des studios. Or, jusque tard dans la nuit, elle grignote sur son temps de repos en dévorant des livres d'histoire, des biographies et d'innombrables ouvrages de poésies. Avec la maturité, elle se réveillera plus tôt. Ainsi, en peu de temps, environ deux ans, le couple de Princes « au travail » a fait mentir les Cassandre de Hollywood ; au moment de leur mariage, le magazine *Variety*, fondé en 1905 et imbattable dans le genre cinglant, avait délicatement écrit : « La mariée est une star, le marié, un amateur. » Depuis, tous deux étaient devenus des professionnels.

Si Grace élabore son programme, examine les suggestions d'engagements, les inévitables et les autres, si elle répond oui, si elle répond non (avec regret, avec ou sans représentant), si elle ajuste, tranche, modifie, annule (rarement) et modifie (le moins possible) pour être où il faut quand il le faut, à partir de 1958, ses interventions ont pris une autre ampleur. Sa nomination à la présidence de la Croix-Rouge monégasque a fait surgir une catégorie de solliciteurs et de quémandeurs audacieux. La Princesse est bienveillante mais la présidente s'informe des détresses, cachées et vraies, des cas pathétiques et urgents, diligente des enquêtes serrées pour démasquer les imposteurs. Ses racines américaines sont un atout car aux États-Unis, depuis longtemps, le *Charity Business* (expression regrettable, mais qui a le mérite de ne pas être hypocrite) est très développé, naturel, intégré dans la vie sociale et bien aidé… fiscalement : on n'y confond pas bénévolat et amateurisme, ce qui est trop souvent le cas en Europe. Grace introduit des méthodes efficaces qui n'ont plus rien à voir avec les bonnes œuvres et combinent une action sur le terrain avec de somptueux galas qui, sous son autorité, sont aussi une action sur un terrain miné par les susceptibilités et les prétentions de donateurs blasés. On peut sourire mais la Croix-Rouge monégasque, qui a été fondée dix ans plus tôt, est réveillée, réanimée, étend son action à la région en établissant des contacts avec les spécialistes français et italiens, se calque sur les programmes internationaux de ses célèbres homologues. Chaussant ses lunettes, épluchant ses dossiers, recevant les émissaires et correspondants, la Présidente s'investit dans l'aide au développement et aux drames nés des catastrophes naturelles, du type inondations et tremblements de terre. Un nouveau métier, qui engage le renom de l'État monégasque, s'est ajouté à celui appris depuis 1956. C'est un signe des temps : pour la première fois, les Princes de Monaco sont des souverains à temps complet.

C'est donc une Grace de Monaco radieuse – manteau de zibeline et toque assortie – qui accueille, avec son mari, le couple présidentiel français d'abord à la gare puis au Palais, ce dimanche 23 octobre 1960. Le général de Gaulle passe en revue les carabiniers, le drapeau tricolore est hissé, puis Caroline, âgée de trois ans et dix mois, offre un petit bouquet à l'illustre visiteur. Elle lui serre la main comme on le lui a répété vingt fois. Débonnaire, le Président casse sa haute silhouette dans son inévitable complet sombre croisé et se penche longuement vers la petite princesse, avec un intérêt patriarcal, sous l'œil attentif de Rainier. Sur un canapé, Grace tient Albert dans ses bras, il n'a que deux ans et demi et le Général se penche à nouveau, jouant l'art d'être grand-père à Monaco. Un déjeuner est servi dans la salle du Trône, Grace étant à la droite du Général ; suit une visite de la riche collection de souvenirs napoléoniens puis un entretien privé entre les deux chefs d'État, dans le salon d'York. Une belle journée d'automne pour des retrouvailles en famille entre deux pays certes différents, mais que ne sépare aucune frontière. C'était une caractéristique qui avait beaucoup étonné Grace lorsqu'elle avait étudié le passé, original et complexe, des relations bilatérales. Et depuis son voyage à Paris, la Princesse avait, par sa présence, comme l'escomptait le quotidien *Le Monde,* donné « sans nul doute une nouvelle dimension à l'amitié franco-monégasque ».

On allait pourtant vérifier que la politique est rarement un conte de fées. La Princesse, elle aussi, va se trouver confrontée à une crise gravissime avec la France pourtant protectrice et voisine. Grace vit des événements incroyables, impensables qui tournent au cauchemar, comme un engrenage fou. Et Alfred Hitchcock n'y est pour rien.

D'où vient la crise ? De près et de loin. De près, il s'agit, courant 1961 et pour résumer, de la création d'actions nouvelles de la société monégasque qui contrôle Télé-Monte-Carlo et une station de radio française. Dès son avènement, le Prince s'était intéressé au développement d'une télévision commerciale à Monaco, ce qui n'existait pas en France.

Une curiosité envers le progrès qui rappelait celle de son ancêtre, Albert Ier, lequel avait soutenu l'industrie débutante du cinématographe en faisant installer une salle de projection dans le Pavillon de Monaco, lors de l'Exposition universelle de 1900, à Paris. À son tour visionnaire, Rainier avait institué, le 26 avril 1961, un Conseil de la Radio et de la Télévision. Cette décision suivait l'inauguration, avec Grace, en janvier, du premier Festival de Télévision de Monte-Carlo, appelé à devenir un rendez-vous artistique, technique et commercial mondial. Pour la première fois en Europe, le « petit écran » était reconnu par une manifestation d'envergure. Une occasion, pour la star devenue souveraine, de côtoyer le monde de l'image à l'aube d'une formidable révolution et alors que la presse spécialisée grimpe vers des tirages impressionnants. Parallèlement, le règne spectaculaire du transistor commence, s'accompagnant d'une liberté de ton – on parlera, plus tard, de « persiflage » – qui distingue, en France, la station Europe n° 1, en même temps que ses programmes musicaux jeunes gonflent l'audience, par exemple avec l'émission *Salut les copains,* lancée par Lucien Morisse et Daniel Filipacchi. Or, en 1959, à la suite de difficultés financières, la Sofirad, société d'État, avait acquis plus de 37 % des parts d'Europe n° 1. Paris voit, en effet, avec déplaisir se développer l'idée d'une ceinture de stations privées menaçant le sacro-saint monopole. Le 21 février 1962, le gouvernement français, que préside Michel Debré, et qui dirige la radio et la télévision publiques, annonce son intention de prendre le contrôle des émetteurs périphériques, dont Télé-Monte-Carlo. Immédiatement, l'État français acquiert de nouvelles actions ; or le Prince, lui, ne veut pas que Monaco perde la maîtrise de sa station, élément de son identité et de sa notoriété. Il paraît anormal que la majorité des capitaux de Télé-Monte-Carlo appartienne à l'État français. Immédiatement, le souverain signe une ordonnance interdisant la vente de ces nouveaux paquets d'actions. Le ministre d'État, oubliant qu'il est, par fonction et entente franco-monégasque, au service du Prince et de la Principauté, informe Paris ; en retour, il reçoit l'ordre de signifier au Prince que s'il n'annule pas son ordonnance, les conséquences seraient graves et immédiates… La France gaullienne va-t-elle envahir la Principauté à peine plus grande qu'un vingtième de Paris ? Goliath va-t-il dévorer David ? Le 21 février 1962, une note du gouvernement Debré tombe, sèche, exigeant la révision imminente des conventions franco-monégasques, notamment économiques et fiscales. Une révision imposée unilatéralement… Autrement dit, Monaco est sommé de s'aligner sur la France, Principauté ou pas… Qui aurait pu envisager un contentieux aussi sévère après tant de marques chaleureuses de part et d'autre ?

Dans la nuit, une entrevue, d'une rare violence, oppose le Prince au ministre d'État. La scène est sans précédent : Rainier III, excédé, furieux de ce qu'il considère comme une trahison, amende son texte, mais congédie vertement le haut fonctionnaire après un échange de mots comme le Palais n'en avait sans doute pas entendu quand la Révolution française avait, unilatéralement, réduit Monaco en « Port-Hercule », ce qui n'avait pas plu du tout aux Monégasques… Le lendemain, 12 avril, le général de Gaulle abroge les traités liant les deux pays, en particulier la Convention de voisinage et d'assistance administrative mutuelle. Pire : le 13 octobre, il instaure un cordon douanier et des gendarmes mobiles matérialisent la frontière monégasque puis contrôlent les véhicules, arrêtés par de surprenants panneaux « Halte. Douane ». Le général de Gaulle n'a pas la même vision que Colette sur Monaco, « ce pays dont les seules frontières sont des fleurs ».

La Princesse Grace est stupéfaite mais reste calme. Alors à Paris avec son mari, elle regagne Monaco au plus vite. Les gendarmes français la saluent tout de même… Les Monégasques, sous une pluie battante, soutiennent leurs souverains. La situation est insensée, surréaliste. C'est le point culminant de la crise.

Voilà pour la cause immédiate, le déclic. Mais, bien entendu, ce différend vient de beaucoup plus loin et une telle crispation ne peut avoir une cause unique. La crise vient, politiquement, de l'autre côté de la Méditerranée, d'Algérie… Ici encore, le recul historique met les événements en perspective. Depuis la « Toussaint sanglante » de 1954, ce département français est en insurrection. Plusieurs actes de la tragédie se sont succédé : Bataille d'Alger (janvier 1957), émeutes et Comité de salut public (13 mai 1958), constitution du GPRA (19 septembre 1958), putsch des généraux (22 au 25 avril 1961)… L'année 1962 a commencé par les attentats de l'OAS en métropole puis, en réponse, la manifestation anti-OAS, interdite et réprimée, fait plusieurs morts au métro Charonne. Sur fond d'horreur, on parle d'un cessez-le-feu et de l'indépendance, inéluctable, de l'Algérie. Pour les partisans de l'Algérie française, cette issue, douloureuse et pathétique, ne peut que dresser des milliers de familles pieds-noirs contre le dessein politique suivi par le général de Gaulle. L'exode qui commence s'accompagne, pour certains, de transferts de fonds vers la Principauté, au régime fiscal accueillant. Ne croyant plus en la parole de la France, des Français aisés d'Algérie placent leurs capitaux dans des banques de Monaco. Mais on peut ajouter que ce mouvement financier a déjà eu un précédent lors de la fin de l'Indochine française. Il semble logique que le gouvernement français préfère, même avec mauvaise humeur, que des fonds soient placés à Monaco plutôt qu'en Suisse. Rappelons que les relations entre la Principauté et la République sont alors régies par des textes de 1945 « signés dans un contexte, caractérisés par les contingences de l'après-guerre[4] », complétés et modifiés par une convention du 23 décembre 1951. Le statut fiscal monégasque, ignorant, depuis 1869, l'impôt direct

4. *Histoire de Monaco, op. cit.*, tome 2.

sur le revenu des personnes physiques, une masse d'argent français flotte dans les caisses monégasques et ne demande qu'à prospérer. Le président de la République exècre cette situation, et entend que le régime fiscal français soit étendu à Monaco. La « grosse colère » du Général, comme on dira plus tard, y voit, en accord avec Michel Debré, un double détournement, politique et économique. Pire, les sociétés françaises sont jugées comme désavantagées par rapport aux sociétés monégasques, ce qui est une atteinte aux conditions de la concurrence prévues par le traité de 1918. En bref, pour Paris, la Principauté viole ce traité en nuisant aux intérêts français et encourage la fraude fiscale ; selon Monaco, en retirant à la Principauté certaines de ses spécificités, la France, au lieu de garantir l'indépendance de Monaco, se prépare à l'étouffer. Le malentendu est total. On dira même, selon une formule populaire, que le général de Gaulle s'apprête à couper l'eau, le gaz et l'électricité à la Principauté ! C'est avéré : pour diverses raisons techniques, Monaco dépend de la France. Dans cette affaire – qui, il faut le dire, prend une dimension ridicule par le déséquilibre entre les antagonistes –, la Princesse soutient son époux. Elle le fait d'autant plus que la presse américaine prédit, comme avec joie, la disparition inévitable de la Principauté, que le trône des Grimaldi ne vaut plus un seul dollar et que Grace de Monaco aurait été mieux inspirée de rester Grace Kelly ! Pas de *happy end* pour la belle histoire ! L'affrontement distrait, surprend, inquiète, c'est selon. Grace réagit en vraie Monégasque, effarée de ce qui se passe et se tenant informée des détails, ce qui n'est pas simple. Tout est arrivé si vite ! La Princesse se montre solidaire de la peur et des menaces qui sont tombées, foudre gaullienne, sur le Rocher. Or, elle est loin de son pays, loin de ses véritables amis et lutte contre cet isolement. Elle avouera qu'elle a souffert des quolibets des journaux américains qui, par leur absence de nuances et de données précises, déformaient une situation déjà grossie. Il faut ajouter que certaines rancœurs d'outre-Atlantique n'étaient que l'écho mondain de vexations stupides, exacerbées par des causes totalement extérieures. Certains Américains n'hésitaient pas à solliciter, en insistant, le concours de la Princesse lors de leur passage en Principauté. Elle organisait volontiers cocktails, verres entre amis et réceptions de bienvenue ; mais, à côté des gens bien élevés, il y avait ceux qui confondaient leur ancienne compatriote avec une sorte d'ambassadrice américaine aux grands moyens, totalement disponible et qui n'avait rien à refuser à ceux lui faisant l'honneur de venir la voir…

Il était très rare que Grace ne se rende pas libre. Mais ses visiteurs à qui elle n'avait pu consacrer, d'après eux, le temps nécessaire, étaient de méchante humeur. Or, Grace ne voulait pas systématiquement favoriser les Américains ou les Britanniques, même si sa culture naturelle l'y poussait. Elle veillait à un périlleux équilibre national car elle savait qu'on l'épiait. Jamais, d'ailleurs, ses anciens partenaires et amis de Hollywood n'abusèrent de cette situation, certes sans précédent… Eux connaissaient son nouveau travail, une réalité quotidienne. La Princesse était, d'abord, l'épouse du Prince de Monaco et non un bureau de tourisme privilégié pour des voyageurs arrivés des États-Unis. Le record de prétention et de caractère insupportables avait été atteint par une femme tonitruante qui se croyait tout permis à Monaco, l'incroyable Lady Docker, l'un des pires parasites ayant empoisonné la vie princière. Quel parcours ! Née Norah Turner en Angleterre, elle commence par vendre des abat-jour dans un magasin de Birmingham, mais n'est pas du genre à se contenter de ce petit commerce. À vingt ans, elle épouse le propriétaire d'une marque de liqueurs, Clement Cunningham. Un beau mariage. Le premier. M. Cunningham a le bon goût de disparaître, lui laissant cinq cent mille dollars. La riche veuve n'a plus besoin d'être jeune et jolie. Avec une telle dot, elle ne peut qu'être séduisante. D'ailleurs, elle épouse un marchand de sel, le vieux Sir William Collins ; la voici donc

Lady Collins, une promotion enrichie, l'année suivante, de quelques millions de dollars par le décès de son deuxième mari, encore un gentleman ! Deux fois veuve et de plus en plus riche, que croyez-vous qu'il arrive ? Elle se remarie. Le nouvel élu est Sir Bernard Docker, un multimilliardaire fabricant de matériel ferroviaire de Birmingham, ville où l'acier a souvent été converti en wagons et voitures de chemin de fer. La jeune femme est restée attachée à Birmingham, mais deux fois veuve, deux fois lady et trois fois riche, elle aligne un bilan déjà confortable : n'a-t-elle pas réussi tous ses mariages ? Son apparition à Monte-Carlo était inévitable ; elle a lieu vers 1950 où elle fait amarrer exprès son yacht, *Shemara,* à la place de celui du Prince. Elle n'en déménage qu'après une injonction ; son nom est consigné sur les registres de la police maritime monégasque ; ce n'est qu'un début... Deux ans plus tard, accompagnée de son troisième mari et du fils qu'elle a eu du premier, elle participe aux remarques désobligeantes et sonores de ce fils sur le Prince et la Principauté alors qu'ils dînent au Sporting, l'ancien bâtiment portant ce nom. Autour, des gens bien élevés sont outrés, tels le prince Jean Louis de Faucigny-Lucinge, qui reçoit à dîner Ali Khan et le grand couturier Jacques Fath. Le ton monte. Expulsés du Sporting, les Docker tentent d'entrer au casino ; ils sont dans un tel état qu'on leur en interdit l'accès, comme à toute personne ayant manifestement abusé du champagne. Lady Docker interdite quelque part ? Elle gifle l'un des portiers... et attaque le casino pour préjudice grave. Les millions remplaçant, quelquefois, les bonnes manières, l'affaire s'arrange, mais le nom des Docker est désormais sous surveillance. Au moment du mariage princier, Lady Docker réapparaît comme... envoyée spéciale d'un journal américain friand de scandales et de potins. Une envoyée très spéciale qui commence par protester parce qu'elle n'est pas invitée à une réception donnée par les parents Kelly, dans l'un des restaurants du casino, fermé pour la circonstance.

On l'entend aussi dire que le chapeau porté par Grace en descendant du paquebot *Constitution* est ridiculement grand, sans doute parce que miss Kelly ne connaît pas les dimensions du yacht princier « qui ne fait que quarante mètres et que mon mari avait loué avant que Rainier ne l'achète » ! Lady Docker a appris à être une femme de chiffres. Un soir, jugeant que le feu d'artifice prévu est en retard, elle fait actionner les sirènes de *Shemara,* son yacht, dans le port. Discrète Lady Docker... En avril 1958, lors du baptême du marquis des Baux – le Prince Albert –, le fils de l'insupportable Norah n'a pas été invité, ce qui était prévisible... Sa mère le venge et se venge en tenant une conférence de presse dans un palace, nourrie de propos insultants. Plus grave encore, elle déchire un petit drapeau monégasque en papier qui décorait la table... Cette fois, Lady Docker a dépassé le seuil de tolérance. Ses extravagances, notamment verbales, ont souvent fait scandale à l'Hôtel de Paris. Trois heures plus tard, le Prince Rainier III signe une ordonnance d'expulsion immédiate du territoire monégasque ; or, en vertu des accords conclus avec la France, cette mesure, véritable interdiction de séjour prévue contre les criminels et les escrocs, en particulier les tricheurs au jeu, s'étend aux départements des Alpes-Maritimes et du Var, la République ne voulant pas être le refuge d'individus louches passés par Monaco et inversement. En pratique, les Docker sont donc bannis de la Côte d'Azur. L'intéressée tente bien, *in extremis,* de proposer un don aux œuvres que la Princesse commence à présider, mais Grace refuse cette tractation qui ressemble à un dessous-de-table. Lady Docker choisit le *Daily Express,* de Londres, pour répondre au monde entier – que pourrait-elle faire d'autre ? – en un couplet grandiose : « J'ai moi-même signé le décret m'interdisant de remettre les pieds dans cette Principauté pas plus grande que Hyde Park... de faire approcher mon yacht à portée de canon du Palais. Nous leur manquerons plus qu'ils ne nous manqueront ! »

Lady Docker se trompait. Elle continua à puiser dans le champagne rosé la force d'insulter les Grimaldi, de traiter Grace et Rainier de tous les noms... mais de loin. Dans les années soixante, le yacht *Shemara* réapparut dans le port de Monaco ; on pouvait le louer deux mille dollars par jour. Lady exclue... Grace savait bien que son mari était un homme entêté. Tous les Grimaldi ont ce trait de caractère et cette obstination les a plutôt bien servis en sept siècles d'histoire. La Princesse sait aussi que, sur l'essentiel, c'est-à-dire l'identité monégasque, le Prince ne cédera pas. Tout ce qui concerne ses pouvoirs, les droits et devoirs de ses sujets et résidents, leur vie quotidienne, la place de Monaco dans le monde, place qu'il souhaite voir grandir, sont des questions très sensibles. Elles doivent être abordées avec la plus extrême précaution. En face, évidemment, personne ne peut penser que le général de Gaulle soit un homme à revenir sur une décision aussi drastique. Mettre Monaco à genoux ne le dérange pas, d'autant que les négociations de paix en Algérie, les fameux accords d'Évian, sont signés le 18 mars et qu'un référendum doit les entériner. Alors, qui va céder ? Les Français ignorent le début de l'ancien hymne national monégasque, celui de... 1845, au temps du Protectorat, très mal supporté, de Piémont-Sardaigne. Ce texte avertissait les étrangers :

> « Halte là à qui veut me toucher
> Halte là à qui veut nous regarder... »

L'auteur de la partition était – un comble ! – sous-préfet du Vaucluse ! La décision française va engendrer une réaction inattendue. Rappelons, en effet, que depuis trois ans, le souverain a suspendu la constitution. Monarque absolu, S.A.S. Rainier III est devenu, depuis l'éclatement de la crise avec la France, un monarque isolé. Peut-il tenir ? Comment ? Et combien de temps ? En quelques jours, difficilement vécus, l'opinion se retourne car le danger est réel ; Monaco pourrait être gravement affaibli, peut-être menacé d'autres contrôles tatillons, peut-être de disparition, d'annexion ; les rumeurs pessimistes succèdent aux rires des incrédules. L'opinion se place derrière son Prince car l'urgence est à l'union. La crise réveille le sentiment national, balaie les querelles de Rocher et de clocher, reconstitue la communauté divisée. Le 27 mars, le souverain rétablit les dispositions constitutionnelles et le fonctionnement du Conseil « estimant qu'il convient d'assurer aux représentants élus du peuple monégasque le libre exercice de leurs attributions ». L'affrontement avec la France dure depuis cinq semaines… Il n'est rien de tel pour souder les esprits qu'une menace extérieure. En même temps, le Prince, toujours soucieux d'un nouveau texte, attendu depuis cinquante ans, charge une commission d'éminents juristes français, de préparer la constitution espérée ; parmi ces spécialistes du droit public et administratif figure le professeur Georges Vedel, doyen de la faculté de droit de Paris, futur membre du Conseil constitutionnel et de l'Académie française. Avec deux collègues, l'un de Nice et l'autre de Lausanne, il propose au Prince un texte qui devient définitif. Par ordonnance souveraine du 17 décembre 1962, Rainier annonce la promulgation de la nouvelle constitution. La Princesse est à ses côtés, dans la salle du Trône du Palais, lorsqu'il énonce, au micro de Radio-Monte-Carlo, l'esprit du nouveau texte : « Le temps, qui a pu sembler long à certains, me paraît avoir été largement bénéfique au fond et à la forme du nouveau texte. Bien sûr, rien de ce que fait l'homme n'est parfait. Mais je crois, très sincèrement, que ce qui fut fait dans ce cas est plus que satisfaisant. Car, d'une volonté commune, un esprit nouveau, introduit dans des cadres anciens, a consacré des principes modernes, sans pour autant renier la tradition ; il y a ajustement et non bouleversement ; il y a évolution et non révolution. » Au-delà de ces considérations internes, notons ce rappel destiné au gouvernement français qui a installé le cordon douanier depuis deux mois : « La Principauté est un État souverain et indépendant dans le cadre des principes généraux du droit international et des conventions particulières avec la France. » Quelles conventions puisque la France les a suspendues ? En coulisses, il y a tout de même des négociations. Elles sont laborieuses, pénibles, difficiles même si, depuis le 14 avril, la démission de Michel Debré a été suivie de la nomination, immédiate, de Georges Pompidou au poste de Premier ministre, « un commis de la haute finance », selon la gauche française. La tension s'assouplit. Le Prince, qui peut se mettre en colère, sait être patient. « Les exigences françaises s'éloignent progressivement des positions intransigeantes des premières rencontres pour s'approcher d'une compréhension plus réaliste des problèmes posés », observe René Novella, notamment diplomate de carrière (il est ambassadeur de Monaco en Italie depuis 1982) et auteur, entre autres ouvrages de référence, d'une monumentale étude historique[5]. Après quinze mois de crise, les plénipotentiaires des deux gouvernements signent, enfin, six conventions et quatre échanges de lettres, le 18 mai 1963. Des textes qui, complétés par quelques amendements ultérieurs, régissent les rapports actuels franco-monégasques. L'harmonisation fiscale, exigée par Paris, est officialisée : les personnes de nationalité française qui, à la date du 13 octobre 1962, ne peuvent justifier de cinq années de résidence habituelle à Monaco, sont soumises à l'impôt français sur le revenu ; de même, la fiscalité des entreprises monégasques réalisant au moins 25 % de leur chiffre d'affaires en dehors de Monaco, est adaptée par un impôt sur les bénéfices. Il semble que le gouvernement italien soit d'ailleurs, discrètement, intervenu pour rappeler la France à ses devoirs de 1918, la protection n'étant pas synonyme de tutelle, d'immixtion et d'intrusion… Quinze mois de conflit s'achèvent sur une conformité

5. *Seigneurs et Princes de Monaco,* Monaco, Éditions Arts et Couleurs, 1991.

retrouvée des intérêts mutuels. Même si, pendant l'isolement de la Principauté, le général de Gaulle avait échappé à l'attentat du Petit-Clamart et refusé la grâce de son organisateur, le colonel Bastien-Thiry ; même si la police est-allemande avait abattu la première victime du mur de Berlin et même si la crise des missiles soviétiques à Cuba avait menacé la paix mondiale, Monaco a eu peur. L'alerte a été chaude. Mais, deux ans plus tard, la sérénité des relations est confirmée puisque les Princes de Monaco seront, à nouveau, reçus à l'Élysée par le Président et Mme de Gaulle, le 27 avril 1965. Les deux chefs d'État auront un entretien capital. La Princesse Grace est avec son époux ; elle est très intéressée de revoir de Gaulle, grand homme qu'elle admire beaucoup tout en déplorant son antiaméricanisme et ce sentiment hélas fort développé en France. Elle estime que c'est le résultat de malentendus et qu'il ne faut pas confondre les Américains chez eux et les Américains en France qui, comme beaucoup de gens lorsqu'ils voyagent, ne se comportent pas de la même façon que dans leur pays. Grace découvre que la France est le pays le plus antiaméricain d'Europe en même temps que celui où l'Amérique trouve le plus de sympathies sans doute parce que les Français veulent bien être séduits par les Américains, mais pas leur obéir. D'ailleurs, la France a quitté l'OTAN. Quelques mois plus tard, la Princesse dira qu'elle pense que de Gaulle a fait beaucoup pour la France et les Français, qu'il n'y a pas de peuple plus difficile à gouverner (on sait que le Général avait ce même avis à cause du nombre de fromages en France !) et que la succession du Général posera un immense problème. « D'un côté, notera Grace, dans une réflexion oubliée, les Européens cherchent à donner des responsabilités à des hommes jeunes et de l'autre, les communistes en France sont trop bien organisés pour me convenir. » Qui a dit que la conversation de Grace de Monaco était toujours à l'eau de rose ?

Lors de ce voyage du printemps 1965, presque deux mois plus tôt, Stéphanie est née. Une joie qui avait succédé à un drame intime, puisque la Princesse avait fait une fausse couche, en 1963, avant la naissance de son troisième enfant, à l'âge de trente-six ans. La vie, pendant cette période, n'a pas été aussi plaisante ni si facile qu'on le croit…

On avait assisté à une crise frontale. Il y en avait d'autres, plus feutrées, en apparence moins politiques, mais dont les enjeux sont essentiels pour la Principauté. C'est le cas de la Société des Bains de Mer, la célèbre SBM, riche d'un patrimoine hôtelier luxueux, d'installations de prestige, du légendaire casino et d'un personnel compétent. En 1953, un certain Aristote Onassis, qui avait déjà fait fortune comme armateur, avait été séduit par Monaco dont la situation géographique était au cœur de ses centres d'intérêt. Les attraits financiers de la Principauté ne lui avaient pas semblé déplaisants… Il avait même voulu installer ses bureaux dans l'immeuble du Sporting d'hiver, désaffecté. On l'avait fermement éconduit. Mais on ne met pas le Grec aussi facilement à la porte… Avec une patience toute orientale – il était né à Smyrne –, Onassis achète, pendant deux ans, des actions de la SBM jusqu'à en devenir majoritaire. Cette position dominante – il faut le préciser – ne dérange pas le jeune Prince, au contraire. M. Onassis a dit qu'il souhaitait construire, embellir et rénover Monaco un peu assoupi. Or, c'est aussi et déjà le souhait du Prince. Par ailleurs, même si le monarque ne possède, à titre familial, que 2 % des actions de la SBM, son droit de veto sur la plupart des activités de ladite SBM contrebalance le pouvoir majoritaire du Grec, propriétaire de trois cent mille actions. Les rapports entre les deux hommes ne sont donc pas mauvais ; le yacht d'Onassis, le superbe *Christina* (du nom de sa femme Tina, ravissante fille de l'armateur Livanos et mère de ses deux enfants), allonge ses cent mètres dans le port de Monaco. Comme son propriétaire, ce bateau ne passe pas inaperçu avec quarante hommes d'équipage, deux véhicules, un canot, un voilier et… un hydravion (!), une piste de danse pouvant recouvrir la piscine, une robinetterie en or dans les salles de bains et une vraie cheminée, alimentée par du vrai bois, sans oublier un centre de communications très élaboré pour l'époque. M. Onassis est en contact permanent avec ses bureaux du monde entier. Ses fastes attirent des célébrités et des gens richissimes. Il accueille aussi bien Sir Winston Churchill, qu'il vénère, que Greta Garbo, propriétaire d'une villa voisine et qui a décidé de se retirer à cinquante ans bien qu'elle n'en ait que quarante-huit… Mais, derrière ce luxe, les investissements promis pour la SBM tardent, selon le Prince… Au moment de son mariage, on note que le couple Onassis, qui régnait sur les mondanités, fait preuve d'une grande discrétion, évitant d'être, lui aussi, en première ligne. C'est une période de chassés-croisés. Certains en concluent que les deux hommes s'évitent. Pourtant, après l'installation de Grace et de Rainier dans leur nouvelle vie, le Grec invite les souverains à bord du *Christina* puis le Prince assiste à un banquet en l'honneur de l'armateur. La Princesse Grace est liée à Tina. Ensemble, elles sont venues, le 31 mai 1959, à l'inauguration du Grill de l'Hôtel de Paris, magnifiquement installé au sommet du dernier étage, le palace venant d'être surélevé de quatre niveaux sur sa rotonde. Cependant, en juillet de cette même année, un cyclone, nommé Maria Callas, bouleverse la vie du couple Onassis, marié depuis treize ans. Un mois plus tôt, à Covent Garden, l'Opéra royal de Londres, Aristote et Tina ont assisté à une représentation triomphale de *Médée* dont la soprano était la vedette. Onassis qui, on l'a vu, n'aime pas vraiment attendre, organise, le soir même, une réception en l'honneur de la diva, au célèbre Hôtel Dorchester. Mme Callas est mariée à son imprésario et Pygmalion, Giovanni Meneghini. Il est l'homme qui a révélé sa voix et qui l'a rendue attirante… en la faisant maigrir de quarante kilos en deux ans. Maria Callas était devenue, grâce à lui, une cantatrice mince ! Onassis les invite en croisière, en Grèce, évidemment, en compagnie d'illustres invités – encore Churchill, toujours Garbo – et la tragédie de l'été se joue, notamment, dans l'admirable théâtre antique d'Épidaure, mais à la place des spectateurs. Tina, assise sur les gradins, assiste, impuissante, à l'incroyable opération de séduction à laquelle se livre son mari à l'égard de la diva. Tina Onassis en tire, élégamment et rapidement, les conséquences ; elle annonce, un mois plus tard, qu'elle va demander le divorce. Un nouveau couple de légende est né, le milliardaire et la cantatrice ; ce couple ne sera jamais marié puisque le mari bafoué, catholique, refusera toujours le divorce à sa femme. Il n'y a pas qu'Onassis qui soit séduit par la Callas. La Princesse Grace, dans un premier temps, essaie de ressouder le ménage détruit et tente de convaincre Tina de ne pas divorcer. Mais elle échoue. Et bientôt, elle accepte, en avril 1961, de partir en croisière avec Rainier sur *Christina,* à l'invitation d'Onassis et de la Callas. La date n'est pas un hasard : c'est le cinquième anniversaire de mariage de Grace et Rainier. Cap sur les Baléares. L'atmosphère est si joyeuse que lors d'une escale à Majorque, à l'Hôtel Son Vida, le dîner sera suivi d'un incroyable concert improvisé – un « bœuf » qui rassemble la redoutable commère américaine Elsa Maxwell, qui a le don de s'inviter partout et répète que l'armateur n'épousera jamais la cantatrice, Maria Callas aux maracas et castagnettes (pour changer !), le Prince Rainier à la batterie (comme à Roc-Agel), Onassis qui s'installe au piano et chante à la manière, assure-t-il, de Frank Sinatra et Grace, qui dirige l'ensemble entre deux fous rires. D'autres croisières suivront, qui permettront à Grace de nouer une relation sincère avec la Callas, qu'elle admire aussi profondément comme artiste. La Princesse sera à ses côtés dans les bons moments et, surtout, dans les mauvais, car ses amis peuvent compter sur elle. On citera, par exemple, le triste soir du 22 mai 1964. À Paris, à l'Opéra (Garnier, il n'y en a pas d'autre à l'époque), la salle est surchauffée ; Callas n'a pas chanté depuis longtemps en France et ailleurs puisqu'elle n'a cessé de réduire ses prestations et n'a rien chanté l'année précédente. Ce soir, *Norma* est au programme. Le dernier acte de Bellini est fatal à la Callas : la grande prêtresse du culte druidique commet quelques fausses notes, déclenchant un tollé. Et pourtant, au milieu des sifflets, Maria Callas s'arrête, se tourne vers le chef d'orchestre et lui demande, d'un signe, de reprendre la mélodie là où sa voix l'a trahie. Elle ose recommencer ! Jamais une chanteuse ne s'est permis cette seconde chance ! Mais au cirque, on recommence bien un saut périlleux raté… Alors ? Les cris redoublent, le silence est une houle… La Callas réussit, filant la note comme au temps de sa toute-puissance vocale. Un délire ! Grace est l'une des premières à se précipiter dans sa loge pour la réconforter après l'affront du public parisien, si chic. Plus tard, au crépuscule de la vie de la Callas, en 1968, au moment du mariage d'Onassis avec Jackie Kennedy, le Prince et la Princesse n'oublieront pas la cantatrice esseulée. Tous deux pensent qu'elle avait été, en fait, le grand amour de l'armateur. De Callas, la Princesse apprécie son caractère chaleureux et très honnête. « Elle dit ce qu'elle pense et ce qu'elle ressent, ce qui est une qualité que j'admire beaucoup », un hommage à la franchise que la Princesse regrette de ne pouvoir exprimer, elle, d'une manière aussi ouverte, mais plus pour des raisons de caractère que des motifs diplomatiques.

Progressivement, les relations « professionnelles » entre le Prince et l'armateur se détériorent nettement. En effet, la stratégie suivie par la SBM ne convient pas au souverain qui souhaite un développement touristique de Monaco, rapide et important.

Rainier aimerait que l'on construise des hôtels moins élitistes que les palaces de tradition, mais offrant des normes de confort standardisées ; selon lui, une nouvelle clientèle y trouverait de quoi la rassurer et l'attirer. À l'opposé, Onassis refuse les chaînes hôtelières américaines ; pour lui,

Monte-Carlo doit demeurer un paradis exclusif. Mais il finit par céder au Prince, très entêté comme l'on sait, et accepter la construction d'un immeuble et de deux hôtels. Toutefois, il y met de telles restrictions que le Prince use de son droit de veto, considérant que le projet est dénaturé et saboté. Il confirme sa désapprobation à Télé-Monte-Carlo, en accusant la SBM de « léthargie et de mauvaise foi ». En effet, le temps presse : il va y avoir cent ans que le quartier mondain de Monte-Carlo a été créé par Charles III, un anniversaire que le Prince veut célébrer dignement. Or, c'est pendant leur visite officielle de réconciliation, en 1965, que Rainier informe de son projet le général de Gaulle. Le Président français lui donne son aval. Onassis avait souvent répété, cynique, qu'il avait deux jouets, la SBM et son yacht. Son bateau ne concernait que sa propre importance ; en revanche, la SBM, même propriétaire du casino, ne pouvait être réduite à un jeu. Grace est parfaitement d'accord avec son mari sur ce point. Et on observe que c'est la Princesse qui va formuler le jugement le plus sévère contre l'attitude méprisante du milliardaire. À cette originalité s'ajoute la forme choisie par Grace de Monaco, laquelle n'est guère courante pour une Princesse régnante : elle s'exprime dans… *Playboy*! Le fameux magazine américain, fondé par Hugh Hefner douze ans plus tôt, s'est fait la spécialité de montrer des filles nues (à l'époque, on ne dévoile pas leur totale intimité…) et de publier, entre ces pages excitantes, des entretiens avec des personnalités, dans tous les milieux et tous les domaines. L'alibi intellectuel est solide, les deux « lectorats » représentant, à cette époque, trois millions deux cent cinquante mille exemplaires vendus chaque mois. Entre les photos sexy, il y a de quoi lire ! Grace de Monaco dans *Playboy*, quelle sensation ! Restons calmes… Dans le numéro anniversaire de janvier 1966 – il s'agit de l'édition américaine, alors la seule, où s'expriment aussi Jean-Paul Sartre et Somerset Maugham –, la Princesse parle dans une conversation qualifiée de « candide » par le journal. Candide? C'est le grand entretien du mois, peut-être le plus fort qu'ait jamais accordé Grace de Monaco par la variété des questions-réponses et leur franchise.

Sur huit colonnes, après une longue introduction historique accompagnée de trois modestes portraits d'elle en noir et blanc qui sont l'illustration la plus sage de ce magazine de 264 pages, la Princesse donne son sentiment sur Onassis qu'elle n'a pas vu depuis plusieurs mois : « Mon mari pense qu'Onassis ne fait pas assez pour le développement de Monte-Carlo. [...] Je ne pense pas que les investissements de M. Onassis dans la Société des Bains de Mer de Monte-Carlo soient d'une grande importance par rapport à l'ensemble de son empire. Il a tant d'autres investissements plus considérables que Monte-Carlo. J'ai le sentiment que la possession de la majeure partie des actions, et donc de la majorité de contrôle dans le casino de Monte-Carlo, a toujours été plus un amusement pour lui qu'une affaire sérieuse et professionnelle. Il est dur pour quelqu'un de rester attaché à quelque chose qui, autrefois, vous a amusé et maintenant cause des soucis. » À propos des différences de conception entre celle du Prince qui cherche à populariser, relativement, Monte-Carlo pour y attirer l'industrie touristique et celle du milliardaire qui n'y est pas favorable, Grace dit encore qu'il y a d'intéressants projets pour moderniser certaines parties de la Principauté, mais précise que « Monte-Carlo ne devra et ne pourra jamais être un autre Saint-Tropez; ces deux endroits sont trop différents et chacun a son charme particulier. Monte-Carlo doit rester élégant et un peu démodé. Tout le monde n'est pas de mon opinion, malheureusement... » On peut estimer, aujourd'hui, que cette dernière remarque concerne l'Hôtel Hermitage qu'Onassis a, tout simplement, l'intention de démolir, tentative de crime monstrueux contre lequel Grace s'est vigoureusement élevée. Colère irlandaise contre stratégie grecque, Grace ne cédera pas. L'opinion qu'elle exprime est donc très politique, fait rarissime, et qui ressemble à un avertissement. Malheureusement pour lui, Onassis ne voit pas ce qu'il y a de plus intéressant dans *Playboy.* Six mois plus tard, en juin, le Prince fait préparer par son cabinet, dont fait partie un futur ambassadeur de France, puis décider, la création de six cent mille nouvelles actions de la SBM achetées et détenues par le gouvernement princier. Onassis n'est plus majoritaire ; décontenancé, il tente un recours judiciaire mais, à sa totale surprise, au début de 1967, il est débouté. Le Trésor monégasque rachète toutes les parts de l'armateur. Montant de la transaction : dix millions de dollars… seulement.

Aristote Socrate Onassis a perdu sa fantastique partie de poker, qui a été suivie comme un match juridique, diplomatique et financier par la presse mondiale. Un fameux banco ! Dans les milieux d'affaires, on avait souvent surnommé la SBM « Monte-Greco » pour saluer la toute-puissance du milliardaire qui se croyait chez lui et pensait que tout s'achetait, y compris le goût. Cette fois, on ne parle plus que de Monte-Carlo… Le Prince est totalement maître chez lui. Contre Onassis, il a réussi ce que l'on pourrait considérer comme la première « nationalisation » de la SBM, société privée, et aussi, sans doute, la dernière.

La Princesse a vécu ces tensions comme épouse du souverain en n'imaginant pas qu'elles auraient des conséquences tout à fait imprévisibles sur ses choix personnels. Lorsque son mariage avait été annoncé, il avait été clairement dit par Rainier que Grace Kelly, en devenant Grace de Monaco, renonçait à sa carrière au cinéma. Aucune ambiguïté n'était possible sur ce point, et cependant, depuis son mariage et malgré ses diverses occupations, la Princesse n'arrêtait pas d'être sollicitée. Des producteurs, obstinés eux aussi, savaient que si elle n'avait jamais aimé Hollywood, son ancien métier lui manquait un peu. À quel point ? Il était difficile de le savoir. Des propositions, insensées, lui sont faites. Un des patrons de la Fox lui offre, via un télégramme à Onassis – la

Princesse est à bord du *Christina* – de jouer dans « la plus grande histoire jamais contée », autrement dit la Bible. Vaste sujet ! On réserve à Grace le rôle de… la Vierge Marie ! Elle éclate de rire et réplique : « Pas question ! » De son côté, Maria Callas est sollicitée pour incarner… Marie Madeleine ! Chacune recevrait un million de dollars, ce qui indique que, selon Hollywood, la Vierge et la pécheresse ont la même cote. Un sacré casting… trop beau pour que le film se tourne ainsi. Des mois passent. Cette fois, c'est la MGM, vieille connaissance de la Princesse, qui revient à la charge avec… le même rôle, dans *Le Roi des Rois* où l'on propose à Grace d'être la mère de Jésus. Toujours la Vierge Marie ! Les producteurs pensent, naïvement, qu'un rôle aussi convenable et édifiant ne peut qu'intéresser la souveraine d'une monarchie où le catholicisme est religion d'État… C'est encore non. Par ailleurs, Alfred Hitchcock, catholique lui aussi et passé par la formation des jésuites, n'a pas renoncé à ramener Grace devant ses caméras. Au début de 1962, Hitch et son scénariste Evan Hunter réfléchissent au nom d'une vedette qui pourrait incarner l'héroïne compliquée d'un roman de Winston Graham, *Mamie*. Ils tombent d'accord sur l'idée du nom de Grace. On lui envoie le script. Elle est enthousiaste et, très surprise, elle entend son mari lui donner son accord à une seule condition, que le tournage ait lieu pendant les vacances d'été.

La nouvelle tombe comme un éclair : le 18 mars 1962, un communiqué du Palais annonce que la Princesse va jouer dans un film de M. Alfred Hitchcock et qu'afin de ne pas perturber la vie officielle monégasque, le tournage aura lieu entre août et l'automne. Or, deux éléments, graves et imprévus, vont faire capoter ce projet. D'abord, l'intensification, incroyablement rapide, de la crise avec la France. Puis, la réaction radicalement négative des Monégasques, stupéfaits et furieux que leur Princesse, enfin adoptée, enfin arrachée à son ancien univers, leur donne le sentiment de les abandonner et d'abandonner son mari alors que se déroulent de graves événements pour la Principauté. Nadia Lacoste, responsable des relations du Palais avec la presse, bondit dans le bureau du Prince. Elle lui fait valoir que, depuis 1956, date de son entrée en fonction, elle s'est battue pour faire oublier, peu à peu, Grace Kelly ; elle constate que ce résultat est pratiquement atteint depuis deux ans et voilà que, pour tourner avec Hitchcock, tout sera défait et à refaire ! Le Prince objecte que, à son époque, le Roi des Belges, Albert Ier, le fameux Roi Chevalier, se livrait à l'alpinisme sans dommage pour son statut de souverain. Oui, mais c'était avant les paparazzi et, surtout, il agissait en amateur tandis que Grace Kelly a été une professionnelle consacrée. De plus, le rôle de *Mamie* est celui d'une femme traumatisée par l'enfance, hantée par des phobies, qui devient une voleuse, bref tout l'univers torturé d'Hitchcock... Enfin, Nadia Lacoste interroge le Prince sur une question simple mais qui résume tout : « Monseigneur, comment voyez-vous les affiches ? Avec quel nom ? Grace Kelly ? Grace de Monaco ? » Une autre question n'est pas posée, tout aussi cruciale : quelle sera la réaction du public, monégasque notamment, lorsque, selon le scénario, elle devra embrasser un homme ? On murmure que le Vatican aurait fait savoir que ce projet est inopportun, mais il est vrai que la Principauté s'enfle alors de rumeurs critiques parfois incontrôlées. Hitchcock contre-attaque en assurant que le cachet prévu pour la Princesse, soit huit cent mille dollars, serait entièrement versé à la Croix-Rouge monégasque. Certes... mais à quel prix pour l'image de la Principauté ? Décidément, ce retour au cinéma est impossible, mal ressenti, impopulaire, d'une légèreté déplacée. Et l'idée tombe à un très mauvais moment. Être absente plusieurs semaines, voire trois mois, de Monaco quasiment assiégé par la France, ressemblerait à une désertion. Tout ce projet est né sans arrière-pensée, dans l'euphorie de retrouver

Hitchcock et de passer des vacances inhabituelles avec les enfants, dans une villa d'Hollywood. Avec lucidité, Grace renonce. Le cinéma ne peut qu'appartenir à son passé. Les circonstances lui rappellent son choix; élevée au rang d'Altesse Sérénissime par son mariage, ses apparitions à l'écran ne peuvent être, désormais, que pour la promotion de son pays, celui qu'elle représente au plus haut niveau. Pour la presse, l'annulation du projet est à la fois une déception et l'occasion de rebondir, comme l'ose le supplément hebdomadaire illustré du très sérieux quotidien italien, *Corriere della Sera,* qui paraît chaque dimanche. À la une de son numéro du 1er juillet 1962, *Domenica del Corriere* présente à ses lecteurs un dessin dans le style des romans-photos, archétype du genre : le Prince éloigne la Princesse du tentateur Hitchcock, qu'elle salue de la main, dignement résignée, alors qu'il serre son scénario sous le bras et se tient, en voyeur, devant une porte ouverte du Palais. Dans le coin droit de la page, l'un des deux moines qui ornent les armoiries des Grimaldi et le blason aux losanges sont comme un rappel du devoir d'État. En bas, le titre de l'entretien rassure les foules de la Riviera : « Grace restera avec moi. » Évidemment, la scène imaginée est fausse, elle n'a jamais eu lieu de cette manière, ni sur la forme ni sur le fond, mais elle interprète le malaise provoqué par ce projet. Et il n'a jamais été question que Grace quitte Rainier puisque tous deux étaient, au départ, d'accord sur ce retour sympathique au cinéma et qu'ils auraient séjourné ensemble à Beverly Hills. Face aux événements, elle et lui ont dû se faire une raison et la Princesse en a certainement été profondément et durablement désolée. Trois ans plus tard, elle se dira encore choquée qu'on ait pu croire qu'elle allait reprendre sa carrière de star, laisser son mari, leurs enfants, les Monégasques et effacer, en somme, sa vie depuis huit années. « Rien n'était plus loin de la vérité. Il y a eu un malentendu complet. Mes devoirs de Princesse de Monaco priment sur tout. Franchement, je serais heureuse si toute cette pénible histoire était oubliée. » Ajoutons que, peut-être, le métier d'acteur est alors moins pris au sérieux en Europe qu'aux États-Unis et que la Princesse devant des caméras, dans une fiction, serait apparue, de toute manière, comme une futilité. Une réflexion complémentaire peut être faite si l'on note ce sentiment de Grace, exprimé encore plus tard : « À mon arrivée, les gens m'ont accueillie chaleureusement et affectueusement, mais il y a certaines personnes qui me considèrent toujours comme une étrangère. Quand je suis à New York, les maîtres d'hôtel me parlent français et quand je suis en Europe, ils s'adressent à moi en anglais. » En dépit de son statut monégasque, Grace est, parfois, l'enjeu de nationalismes qui se réveillent.

Après son refus définitif, Alfred Hitchcock, qui aime dire « ce n'est qu'un film » pour relativiser les ambitions, devra retenir une autre actrice pour jouer *Mamie,* Tippi Hedren, qui avait déjà été son héroïne dans *Les Oiseaux.* Le partenaire masculin prévu pour *Mamie* n'est autre que Sean Connery, qui a acquis une formidable célébrité dans le rôle de l'élégant macho James Bond, l'invincible espion au service de Sa Majesté britannique, avec le premier film de la future prolifique série, *James Bond contre Dr No.* Ce pervers d'Hitchcock ne réunira pas le couple qui aurait dépassé ses fantasmes les plus fous. L'agent 007 ne tiendra pas dans ses bras la Princesse de Monaco à l'ombre, toujours lumineuse, de Grace Kelly.

VII
Le temps des fêtes

Le 1er juin 1866, le Prince Charles III avait créé, par ordonnance, le quartier de Monte-Carlo, auquel il avait donné son prénom. Cette décision marquait le début de la transformation de la Principauté et de sa prospérité. Près d'un siècle plus tard, les souverains désirent célébrer ces cent années qui ont accompagné le triomphe d'une double entité mondaine, politique, financière et artistique, Monaco et Monte-Carlo, les deux étant souvent, à tort, confondus. Les monarques décident d'organiser un bal Second Empire et de reconstituer l'ambiance d'une époque où régnait, sur la danse, sa majesté la valse. On peut préciser que cette soirée du 27 mai 1966 marque aussi, d'une part, à un mois près, le dixième anniversaire du mariage de Rainier et Grace (Stéphanie est âgée d'un an) et, d'autre part, la mise à l'écart, qui sera effective à l'été, du trop ambitieux Onassis. Les Princes font appel à un maître de la fête, magicien des transformations éblouissantes, André Levasseur, qui avait travaillé en Principauté dès 1954. Le décorateur choisit l'extraordinaire façade maritime du casino, qui jouxte la salle Garnier et aménage la terrasse. Escaliers, tourelles, clochetons, plumets et réverbères composent une féerie à la mesure de l'histoire de Monte-Carlo. André Levasseur accroche des drapés bleus, pose des nappes rose pâle, choisit des chaises dorées. Pour une nuit, le centre mythique de Monaco revit à l'heure du fameux bal Mabille, près des Champs-Élysées sous Napoléon III, mais dans un cadre réellement magique et luxueux.

L'immense travail conçu par André Levasseur, l'organisation d'Hélène Rochas et de Georges Cravenne sont une réussite complète : ce soir, c'est une seconde naissance d'un Monte-Carlo achevé. Les tenues d'époque sont de rigueur : habits, souvent avec jabots, uniformes civils et militaires et robes à crinoline. Celle de Grace est en taffetas rose et on l'admire dès son arrivée dans l'atrium de l'Opéra, descendant d'une calèche avec son époux entre deux haies de laquais en livrée à la française ; au cou et aux poignets, une parure de saphirs et diamants ; à la ceinture, un camée, et Grace n'a pas oublié ses chers gants blancs – courts toutefois. Une tiare, réellement impériale, surmonte une cascade de torsades et d'anglaises, géniale composition d'Alexandre. Le Prince a un collier de barbe, moins fourni que celle de Charles III, tandis que beaucoup d'hommes ont encadré leurs visages de favoris et de moustaches. Docteur incontesté ès valses, Jacques Chazot fait danser la Princesse, radieuse, au son des mélodies de Strauss fils et de Waldteufel, compositeur injustement méconnu des valses françaises de ce temps et qui avait été le pianiste de l'Impératrice Eugénie. La Princesse de Monaco semble fixée par le pinceau de Winterhalter. On dansera jusqu'à l'aube ; seul un feu d'artifice, tiré depuis le port, interrompra les cent violons de Louis Frosio.

Si cette soirée revêt un caractère spécial par sa référence historique, elle n'est pas la seule manifestation de ce centenaire, pour lequel un hall spécial est construit ; il y aura des fêtes pendant des semaines et même un pique-nique géant où plusieurs pays sont représentés. Les steaks arrivent directement des États-Unis et les autorités ont beaucoup de mal à faire comprendre aux étrangers qu'il s'agit du centenaire de Monte-Carlo et non de celui de Monaco, qui existe depuis plus de six cent cinquante ans ; la nuance est difficile à expliquer. Le 10 juin, un gala exceptionnel, dans la cour d'honneur du Palais Princier, permet d'applaudir la troupe du « Royal Ballet » de Covent Garden, l'opéra de Londres, avec ses deux plus brillantes étoiles, Margot Fonteyn et Rudolf Noureev, qui dansent *Roméo et Juliette*. Le 1er juillet, un autre gala de bienfaisance au profit d'enfants malades, le fameux Bal des Petits Lits Blancs, se déroule sur la place du Palais. Karl Vanis, alors attaché de direction à l'Hôtel de Paris, ne peut oublier cette étonnante soirée. Charles Aznavour, Gilbert Bécaud et une délégation du Tout-Paris, ainsi que mille cinq cents participants, ont le choix entre les violons de Louis Frosio et les cuivres d'Aimé Barelli. Les donateurs reprennent des forces en dégustant de l'agneau à la broche. « Toute la vieille ville, le Rocher, était euphorique et l'on y dansa jusqu'au petit matin. Tout le monde se retrouva ensuite dans les bistrots pour prendre le petit déjeuner », se souvient Karl Vanis.

Bien qu'ayant ébloui les invités, la Princesse n'en est pas à son premier bal à Monaco. Les deux plus célèbres seront celui de la Croix-Rouge, en été et auquel la Présidente donnera un éclat qu'il n'avait pas – elle préside le gala à partir de juillet 1956, avant de présider l'organisme – et celui de la Rose, une ancienne idée projetée dès 1954, transformée, qui aura toujours lieu le premier samedi de printemps. Il s'agit de célébrer la fin de l'hiver et l'éclat des roses. Cette soirée, dès sa première version, avait eu le soutien enthousiaste de Sacha Guitry, qui y avait assisté. Le maître était ravi, lui qui avait déclaré, à propos de Monaco : « On ne peut pas en faire une opérette, c'en est une ! », ce qui est un joli mot mais, hélas, pour une fois inexact. On notera que, depuis 1964, le Bal de la Rose est donné au profit de la fondation Princesse-Grace, créée par la souveraine, et qui vient au secours de gens qui n'ont trouvé aucune aide. Dans ce complément de protection sociale, la fondatrice s'engage à fond pour la solidarité, y compris avec ses ressources personnelles. Sa fondation, la Princesse est heureuse de la présider car elle peut prendre une décision seule, rapidement, pour accorder une aide urgente sans avoir à attendre la prochaine réunion de son Conseil. L'éclat des galas, aux buts financiers évidents, contraste avec la discrétion efficace menée en permanence, car la générosité, la vraie, ne se résume pas à une soirée, même féerique ; elle se pratique toute l'année. Grace choisira, après étude d'un dossier argumenté, des bénéficiaires variables selon les années, mais toujours des institutions caritatives, le terme d'organismes humanitaires n'étant pas encore imposé. Le sérieux avec lequel la Princesse prépare ses actions la situe parmi les pionnières d'un état d'esprit qui, depuis, a fait école. Le rayonnement de Grace illumine ces soirées étonnantes où diverses célébrités viennent et apportent leur soutien à ces manifestations. On voit ainsi le docteur Christian Barnard, le célèbre chirurgien sud-africain, qui a réalisé la première greffe du cœur le 3 décembre 1967, ouvrir le bal de la Croix-Rouge de l'année suivante, en août 1968, avec la Princesse, vaporeuse dans un dégradé de mousseline fuchsia et orange. Le docteur Barnard est séduisant dans son smoking et sa présence suscite une immense curiosité. L'avoir fait venir est une belle réussite promotionnelle. Le Prince, qui aime beaucoup participer à ces soirées dont le prestige rejaillit sur son pays, n'est pas le dernier à jouer le jeu des tenues imposées : ainsi, il apparaît, à un bal de têtes, en mandarin à chapeau noir et or, les yeux bridés et de longues moustaches tombantes. Le bal ayant lieu à l'intérieur du casino et l'accès des salles de jeux étant interdit à tous les Monégasques, fût-ce le souverain, les tables de roulettes, de baccara et autres creusets du hasard ont été retirés des salles. Deux femmes tiennent ses bras : à sa gauche, Grace qui est coiffée d'une pièce montée asiatique qui ne doit pas lui permettre de danser un fox-trot ; Alexandre s'est surpassé. D'ailleurs, elle n'a pu se déplacer qu'à bord d'une camionnette et arrive en riant, pour annoncer qu'elle est coiffée d'une forêt d'antennes : « J'ai l'air d'une Radio-Monte-Carlo ambulante ! » À la droite de Rainier, Sophia Loren porte un invraisemblable turban blanc hérissé de volutes turquoise évoquant, on suppose, la mer, pas davantage pratique pour un twist ! Une belle époque de Monte-Carlo… La Belle Époque ? Elle revit, autour de ce thème, lors d'un « Bal Paré 1900 ». Dans le plus grand salon du casino, la soirée se déroule en 1968. Le Prince – habit et moustache fine, horizontale cette fois – est sensé être un… Grand-Duc de Russie, souvenir des fastes tsaristes quand les trains de luxe transportaient des joueurs acharnés et grands buveurs, de Saint-Pétersbourg à la Riviera ; la Princesse, elle, est en… demi-mondaine, exactement en Belle Otéro. Cette Reine des Cocottes, qui avait quatorze ans quand elle était apparue pour la première fois à Monte-Carlo, avait fait perdre tellement d'argent aux hommes qui en avaient qu'on l'avait surnommée, cyniquement, la « sirène du suicide ». À l'endroit même où se déroule ce bal 1900, Jean Cocteau s'était souvenu de la vraie Caroline Otéro, parée pour séduire, lors d'un souper : « Ce n'était pas une petite affaire. Rien que des enveloppes, des fourreaux, des baleines, des cordons de soie, des bretelles, des guêtres, des cuissardes, des gantelets, des corselets, des licous de perles, des boucliers de plumes, des cottes de mailles, des ceintures de velours et de satin. » La Princesse Grace n'est pas autant harnachée, mais on ne l'a jamais vue – sauf au cinéma, dans *Le cygne* – en beauté début de siècle : elle porte une robe noire (couleur favorite d'Otéro) en mousseline rebrodée d'arabesques, de feuillages et de fleurs de cristal. Autour du cou, un ruban noir brodé de diamants. Ses gants sont longs. Elle est coiffée d'un superbe chignon 1900 surmonté d'un minuscule diadème de diamants d'où partent des plumes de paradis blanches et noires. L'illusion est parfaite, on se croirait à l'époque d'Albert Ier.

Toutes ces soirées sont, en général, publiques, payantes ; c'est cher pour les galas de bienfaisance, sinon c'est inutile. Elles sont destinées à faire briller la Principauté aux yeux du monde ; certains de ces divertissements luxueux n'auront jamais lieu ailleurs. Néanmoins, il arrive aussi que le couple organise des soirées privées, non moins étonnantes, pour son plaisir et celui de ses amis. Ainsi, Grace va fêter d'une manière très originale son quarantième anniversaire. Née un 12 novembre, sous le signe du Scorpion, elle a l'idée d'un « Bal des Scorpions ». Parmi ses invités, il y aura de nombreuses personnes de ce signe zodiacal. La soirée est fixée au 12 novembre 1969, le jour même des quarante ans de la Princesse et se déroule à l'Hôtel Hermitage, ce palace qui lui est cher et dont elle a évité la démolition programmée par Onassis… Sur le carton d'invitation, elle s'intitule « Grande Scorpionne », titre piquant qui suit immédiatement celui de « S.A.S. la Princesse Grace de Monaco », juxtaposition illustrant le goût du spectacle, de la fête, de la plaisanterie, même si la souveraine a toujours pris au sérieux les questions d'astrologie. Elle y ajoute l'horoscope de l'année pour les Scorpions. Le texte est plein d'humour : comme par hasard, les amours scorpionnes seront favorisées à partir du bal car « Vénus entre dans votre signe » ; les activités sociales seront jalonnées de rencontres avec des gens intéressants (au bal, naturellement !) ; quant à la santé, le carton précise que si l'on survit au bal et au brunch du lendemain, c'est qu'elle est excellente ! On peut donc « envisager une vieillesse sans histoire ». Suivent quelques conseils pratiques : des « nids pour une occupation scorpionnesque » sont prévus à l'Hôtel de Paris où, d'ailleurs, aura lieu le brunch, au bord de la piscine. Et les dames scorpionnes sont priées de porter exclusivement leurs couleurs zodiacales : rouge, noir ou blanc. Ce texte, rédigé en français et en anglais, s'achève par un « Hommage de la Grande Scorpionne » et indique que « les autres signes ayant épousé des Scorpions seront tolérés… » Pour cette nuit étrange, la Princesse a demandé à André Levasseur de décorer l'hôtel, alors un peu triste et qui avait besoin d'un sérieux coup de fraîcheur. André Levasseur, avant tout homme de théâtre (son Bal de l'Opéra, salle Garnier, sera également, un enchantement avec le souper à la place des fauteuils et l'orchestre sur la scène), transforme le vénérable palace en théâtre éphémère. Pour la circonstance, il fait refaire la salle Belle Époque dans des tons rose et rouge : et, dans le hall actuel, il installe un « Bar des Scorpions », rouge et or.

L'atmosphère particulière est accentuée par l'installation de portraits de Scorpions célèbres et de miroirs dans lesquels les Scorpions invités pourront se voir et comparer leur aspect avec celui des illustres disparus. Une centaine de participants a été prévue. Parmi les Scorpions notoires, on voit arriver l'épouse de David Niven, Jean-Claude Pascal, le producteur Sam Spiegel, d'esprit de plus en plus indépendant – depuis six ans, *Lawrence d'Arabie* accumule succès et récompenses – et Richard Burton. À son épouse, la spectaculaire Elizabeth Taylor, il vient d'offrir un des plus gros diamants du monde, une merveille sud-africaine de près de soixante-dix carats après avoir été taillée par Cartier. Un joyau digne de celle qui a été *Cléopâtre,* lors d'un tournage ruineux et tumultueux ; son *Marc-Antoine* l'a payé quatorze millions cinq cent mille francs ! La star va le porter, pour la première fois, à ce « Bal des Scorpions ». L'arrivée du couple explosif est déjà digne du cinéma puisque, escortés par des policiers, traqués par des journalistes, les Taylor-Burton gardent deux mallettes, l'une contenant le vrai diamant et l'autre sa copie. Un piège digne d'Arsène Lupin ! Le gâteau d'anniversaire est, lui aussi, aux couleurs scorpionnesques, rouge et or… comme la robe de la Princesse.

Mais il y a tout de même des soirées plus simples, telles celles qui se déroulent au Palais. Le couple princier en a pris très tôt l'habitude. Ainsi, ils convient souvent leur ami, Sir Winston Churchill, à des projections de films. En effet, le Prince a fait aménager une salle, bien équipée. Rainier indique que l'ancien Premier ministre britannique est si difficile dans ses choix culinaires, qu'il préfère dîner à l'Hôtel de Paris avant la séance plutôt que de faire honneur au buffet prévu au Palais princier après la séance. En revanche, il apprécie la bouteille de cognac placée à côté de son fauteuil et l'obscurité aidant, il en profite... Après une projection du splendide film *Lawrence d'Arabie,* chef-d'œuvre de David Lean, on entend Churchill répéter « Je l'ai connu, ce type ». Et comment! Le véritable colonel Lawrence, fédérateur de la révolte arabe lors de la Première Guerre mondiale, a fait partie du Comité d'Orient dans le cabinet de guerre de Churchill. Sans doute, ce soir-là, le « Vieux Lion » (il a plus de quatre-vingt-cinq ans) oublie même qu'il avait dit de cet extraordinaire officier : « Son nom restera dans les légendes d'Arabie. »

Grace de Monaco aime-t-elle revoir les films de Grace Kelly? Parfois, mais elle n'est pas narcissique; il lui arrive de se juger sévèrement. Elle a dû batailler avec ses anciens producteurs, en particulier la MGM, pour obtenir une copie de certains films en seize millimètres, mais elle ne les a pas tous et les cassettes pour magnétoscopes ne sont pas encore répandues. Ses premiers films vus par ses enfants sont *Le train sifflera trois fois* et *La main au collet.* Lors de leur vision de *Mogambo,* ils éclatent de rire en entendant leur mère dire une réplique particulièrement niaise à Clark Gable : « Je ne savais pas que les singes grimpaient aux arbres! » Les petits princes sont persuadés que leur maman pense réellement ce qu'elle dit! Avec le jardin zoologique de leur père, eux ont toujours su que les singes grimpaient aux arbres...

À partir de 1959, la Princesse a accompagné son mari lors de voyages et visites officiels, par exemple au Vatican, en Italie, en Suisse et en Belgique où le Roi et la Reine des Belges, Baudouin Ier et Fabiola, les ont reçus avec de grands égards. La fonction de représentation à l'extérieur convient fort bien à Grace et, peu à peu, la notoriété internationale de la Principauté devient une réalité par un phénomène de miroir : on voit Monaco se développer, avec une politique spectaculaire de grands travaux (nouvelle gare, tunnel ferroviaire, terre-plein du Portier, aménagement du Larvotto, gigantesque projet et chantier Fontvieille, par exemple) et la Principauté accède à un rang d'État modernisé où aucun domaine n'est inconnu, qu'il soit scientifique, technique, artistique, sportif, diplomatique et financier. La volonté de préserver le cadre de vie est, en réalité, la protection d'un outil de travail. Dans cette double expansion, la Princesse a sa part, de congrès en musées, de centres en programmes musicaux, littéraires et chorégraphiques. Elle est, comme son époux, obligée d'inaugurer, de présider, de patronner, toutes interventions qui affirment une réalité difficile à faire admettre : on travaille aussi à Monaco et ce n'est pas qu'un refuge doré pour riches oisifs ou stars alléchées par un plaisant statut de résident. Grace s'acquitte de ses devoirs avec intérêt et conscience professionnelle. On remarque qu'elle est toujours à l'aise et bien informée ; elle suit la mise en pratique de ses décisions et déteste laisser une œuvre ou un projet inachevés.

Parmi les déplacements très attendus du couple, se situe, en 1961, un voyage en Irlande, à l'invitation du Président Eamon De Valera. C'est le pèlerinage aux sources, précédé, en quelque sorte, d'une visite aux Kennedy, à la Maison-Blanche. John Kennedy n'est-il pas un autre célèbre Américain d'origine irlandaise et le premier président catholique des États-Unis ? Jackie et Grace, quel concours ! La Princesse est très émue à l'idée de retrouver ses racines familiales, en particulier la maison de son grand-père dans le comté de Mayo. L'accueil qui est réservé à l'Irlandaise, devenue Américaine puis Monégasque, est fantastique : près de vingt mille personnes l'attendent à l'aéroport de Dublin. Il faut dire que la Princesse a préparé soigneusement son arrivée. Elle porte un tailleur de Dior, conçu par Marc Bohan, de couleur « Vert Irlande », qu'on surnommera « Vert Kelly ». À Dublin, à Cork, les hôtels où elle réside avec le Prince et leurs enfants sont pris d'assaut par la foule qui exige ses apparitions, la réclame et manifeste sa fierté nationaliste. Cette émotion, Grace la partage.

Après quatre jours de visite officielle, le séjour se poursuit à titre privé. Ayant pris le thé dans la toute petite maison de son aïeul côté paternel, reçue par sa nouvelle propriétaire, elle veillera, à la mort de cette vieille dame, à racheter la minuscule résidence de deux pièces pour conserver une attache personnelle avec le pays de son sang. On peut ajouter que le charme irlandais, le romantisme de la mer grise, les côtes sauvages, les landes, le paradis de la pêche et des chevaux et tout ce qui fait le caractère de ce magique bout de l'Europe vont trouver en Grace une ambassadrice en Principauté. Dans son bureau, elle entassera près de deux mille partitions de chansons irlandaises, achetées à longueur d'années, avec l'idée de pouvoir, un jour, les faire interpréter et enregistrer, et aussi des livres. Comment ne pas aimer le pays de James Joyce ?

Toutefois, le rayonnement de Grace aboutit souvent à une saturation de son emploi du temps et à une lassitude devant des engagements de plus en plus nombreux. En avril 1966, les Princes sont invités en Espagne, à la Feria de Séville. Grace y retrouve Jackie, veuve de John Kennedy. Encore une aubaine pour la presse qui n'a qu'une idée, mettre en concurrence les deux femmes. Une idée qui a fait ses preuves : un siècle plus tôt, les gazettes européennes comparaient les beautés de l'Impératrice Eugénie des Français et de l'Impératrice Élisabeth d'Autriche, la fameuse Sissi. Reconnaissons que les deux ladies préférées des reporters sont fort belles. À la Feria, elles apparaissent toutes deux en Andalouses, mais avec des choix radicalement différents : Grace est en robe de gitane, rose avec des volants, cadeau des danseurs de flamenco de Séville, et coiffée d'un peigne traditionnel, tandis que Jackie est habillée en cavalier andalou, veste courte, chemisier blanc et pantalon noir, très étroit. Comment les départager ?

Le bal, au but caritatif, a lieu dans un palais du XVe siècle. Les journaux américains, notamment, ne sont pas tendres envers les deux femmes. En fait, la bousculade des invités a rendu l'atmosphère difficile. Mais c'est surtout le retard de la Princesse de Monaco qui a fait monter l'impatience. Grace avait décidé de dompter sa myopie, celle-là même qui lui avait valu une réputation de femme distante. Les lunettes ? Elle les réservait à la vie intime ou à l'étude de ses dossiers. Ce soir-là, alors que la fiesta a commencé, elle tente de mettre, pour la première fois, ses verres de contact. Dans l'énervement, elles les intervertit et le résultat est catastrophique, ses yeux sont irrités, elle pleure et arrive avec quarante minutes de retard. Elle qui est la ponctualité même, en est malade. Les paparazzi montent en épingle la tension des deux femmes, qui sont simplement crispées et épuisées, un droit que leur refuse la presse. Après le reportage désagréable du *Herald Tribune*, paru à la une le 19 avril, la Princesse de Monaco, furieuse de cette mauvaise foi, envoie une lettre ouverte au quotidien. Elle y explique qu'elle a du respect et de l'admiration pour Jackie Kennedy et souligne le rôle néfaste des « dizaines de photographes qui nous ont poussées, bousculées et harcelées sans pitié toute la soirée ». Supposer une jalousie ou un froid entre les deux femmes était donc gratuit. Décidément, Grace de Monaco n'a pas de chance avec la famille Kennedy. Déjà, une fâcheuse coïncidence avait montré, en photo, la Princesse, accompagnée de ses enfants et de leur nurse, tirant à la carabine dans un stand forain, à la fête installée chaque année en Principauté, au moment de la fête nationale, sur le quai Albert-Ier. Caroline et Albert ont peur du bruit, ils se bouchent les oreilles. Hélas, c'était le 22 novembre 1963, le jour même de l'assassinat de John Kennedy à Dallas… La juxtaposition des documents, sans aucun rapport l'un avec l'autre, est une manipulation ignoble, la promenade foraine ayant eu lieu en Europe occidentale, soit neuf heures avant le drame de Dallas. La Princesse est révoltée par la bassesse du procédé. Mais l'incident s'envenime lorsqu'on apprend que Grace ne se rend pas aux obsèques de John Kennedy, comme si cette absence était une trahison envers son ancienne patrie. Une partie de la presse américaine, sans doute sous l'effet du traumatisme, n'admet pas que la Princesse de Monaco oublie sa première nationalité. À nouveau, Grace prend sa plume pour dire son écœurement devant ce montage, totalement artificiel : « Je ne peux pas vous dire combien j'ai été choquée et profondément blessée par vos propos. J'ai longtemps ignoré les attaques nombreuses de la presse contre ma personne, ma famille et ma vie privée, et je considère que tout le monde a le droit d'avoir sa propre opinion. Mais je ne peux passer sous silence votre cruelle attaque, sans le moindre fondement, sur ma loyauté envers mon pays natal et mes sentiments sur l'atroce assassinat du regretté Président. Mes relations avec le Président et Mme Kennedy ont toujours été strictement d'ordre privé et c'est pourquoi j'ai préféré exprimer mes condoléances et ma peine de façon personnelle. Grace de Monaco. »

Et ce que l'on ne dit pas est que, dix jours plus tard, la Princesse se recueille sur la tombe du Président, à Arlington, souhaitant pouvoir prier sans reporters qui guettent son attitude ; ensuite, le président Lyndon Johnson la reçoit longuement à la Maison-Blanche.

Dans cette période, les relations avec les autres dynasties n'ont cessé de se développer. On se souvient que les monarchies régnantes avaient été absentes au mariage de 1956. Depuis, l'aura du couple et la façon charmante de recevoir à Monaco avaient resserré les liens en diverses occasions. On avait vu le couple au mariage du Roi de Grèce, Constantin, avec la Princesse Anne-Marie de Danemark, en 1964. Et Juan Carlos de Bourbon, successeur désigné de Franco, ainsi que son épouse, Sophie de Grèce, sont souvent venus au Palais princier. D'ailleurs, en signe de ces excellentes relations hispano-monégasques, la marraine du prince Albert n'est autre que S.M. la Reine Victoria-Eugénie, veuve du Roi Alphonse XIII, grand-mère de Juan Carlos ; petite-fille de la Reine Victoria, Impératrice des Indes, elle mourra, âgée de quatre-vingt-deux ans, en avril 1969 et Albert aura un immense chagrin.

Au chapitre impérial et royal, l'événement le plus considérable reste – de loin ! – les fastueuses cérémonies d'octobre 1971, à Persépolis, célébrant les vingt-cinq siècles de la monarchie perse. Parmi les trente-sept chefs d'État présents – il y a six cents invités –, les Princes de Monaco sont placés à l'immense table du Shah d'Iran, qui compte quatre-vingt-quatorze convives ; le festin est organisé sous des tentes dans le désert et les invités sont venus de Téhéran en convoi blindé. Si la seule contribution iranienne aux agapes est le caviar – et pas n'importe lequel, l'impérial ! –, le dîner est préparé par plusieurs chefs réputés dont celui de l'Hôtel de Paris, chargé de servir l'une de ses spécialités, le « cœur de filet Wellington ». La Princesse, ce soir-là, est habillée par Givenchy avec une robe boutonnée dans le dos. À la fin du somptueux dîner, un des voisins de Grace allume un impressionnant cigare ; la fumée du havane fait éternuer la Princesse. Horreur ! Des boutons craquent et la robe s'ouvre... La dame d'honneur de Grace, Jacqueline Ardant, et Rainier se précipitent à son secours. Trop tard !

Grace fait preuve d'un extraordinaire sang-froid et d'humour ; elle éclate de rire (ce qui ne peut que faire sauter les derniers boutons !) et lance :

— C'est une fin parfaite pour un dîner parfait !

Un gag, digne des Marx Brothers, resté unique dans les annales des voyages de la Princesse. Sans incident comparable, on verra aussi les Princes au mariage de la Princesse Anne d'Angleterre avec le capitaine Mark Philips, le 14 novembre 1973. La presse britannique reprochera tout de même à Grace de Monaco d'être vêtue de couleur crème, blanc cassé (*off white* en anglais), tonalité jugée trop près de la blancheur de la robe de la mariée. Quelle affaire! Deux ans plus tard, Grace et Rainier font partie des rares invités à l'intronisation de Juan Carlos, Roi d'Espagne, le 22 novembre 1975 et le Prince de Monaco assiste à sa prestation de serment devant les Cortès. Le jeune souverain, qui exerçait, en fait, les fonctions de chef d'État depuis le 30 octobre en raison de l'agonie de Franco, offre son bras à la Princesse Grace pour la conduire à sa place au déjeuner qui suit la cérémonie, au Palais d'Orient. On peut observer, vingt-cinq ans plus tard, que si les invités étaient si peu nombreux à Madrid, c'est parce qu'il n'y avait pas grand monde pour croire en l'avenir d'une démocratie espagnole, fût-ce par le biais d'une restauration, pourtant longuement et minutieusement préparée. Les autres monarques jugent si faibles les chances de Juan Carlos qu'ils se sont fait représenter, soit par leur prince héritier ou frère, soit par leur ambassadeur. La Reine Sophie est exaspérée de cette indifférence teintée de méfiance. Seuls monarques régnants présents, le Prince de Monaco et son épouse, très proches. On comprend encore mieux la courtoisie du Roi d'Espagne, chevalier servant de S.A.S. la Princesse Grace, puisqu'elle est la seule souveraine. Il est également intéressant de noter une remarque de Grace faite, neuf ans plus tôt, à un magazine américain, qui lui demandait son sentiment sur l'aide des États-Unis au régime de Franco « simplement parce qu'il est anticommuniste ». La réponse de la Princesse, qui se dit plutôt dégoûtée par la politique internationale, ne manque ni de courage ni de pressentiment : « Certains pays, à certains moments, *ont besoin* de dictatures. En ce qui concerne Franco, je pense qu'il a fait beaucoup pour l'Espagne et pour son peuple. » Rien à voir avec une quelconque langue de bois.

En prenant le bras de Grace, le nouveau Roi d'Espagne lui marque une spectaculaire attention, surtout quand on songe aux anciennes tumultueuses relations entre l'Espagne de Charles Quint et les seigneurs de Monaco. Et n'était-ce pas un roi d'Espagne qui avait élevé le virulent Seigneur du Rocher au rang de Prince, quelque trois siècles et demi plus tôt ? Grace et Rainier avaient vécu, eux aussi, certaines absences en 1956. Pour elle, la vraie douleur avait été de constater que beaucoup de gens ne croyaient pas, réellement, à l'avenir de leur mariage…

Ce que Grace et le Prince apprécient par-dessus tout est d'être réunis avec leurs trois enfants. Entre les études à l'étranger, les voyages et les obligations, ce n'est certes pas facile. Les moments préservés, ceux où ils sont au complet, n'en sont que plus précieux. Ainsi, le 9 mai 1974, la Principauté célèbre le vingt-cinquième anniversaire du règne de son souverain. Déjà ! Retenons un instant d'intimité de cette journée, loin de l'enthousiasme populaire, des portraits posés, des discours et même de la salle Empire de l'Hôtel de Paris, qui ruisselle d'or et de lumières. Après un concert à la salle Garnier, le souper aux chandelles y sera servi au milieu de milliers de roses du Val-de-Loire. Oublions même que, ce soir-là, le Prince Albert – il a seize ans – assiste, pour la première fois, à un dîner officiel et que sa présence souligne l'avenir dynastique. Retenons plutôt une promenade, à pied, dans les rues du vieux Monaco, devant les façades ocre pavoisées, en quittant le Palais. Un photographe saisit, au vol, la famille qui marche d'un même pas. Et d'un même sourire ou presque parce que Stéphanie, qui n'a que neuf ans, n'est pas encore rodée à l'exercice de la pression médiatique. Albert, très chevelu, est à la gauche de son père. Le Prince avance les mains dans le dos, son fils salue la foule, de la main gauche. À la droite de Rainier, Grace et Caroline, absolument resplendissantes. La mère avance dans une robe chemisier de mousseline abricot, avec un sautoir de perles et un petit sac, également perlé. Bien entendu, elle n'a pas oublié ses gants, courts et brodés. Elle éclate de rire en tenant sa capeline assortie, garnie d'une rose. Caroline, en robe chemisier à imprimé géométrique rose et fuchsia, est coiffée d'un chapeau-cloche moins grand, bien entendu, que celui de Grace. Ses gants blancs sont aussi de rigueur. Les deux femmes ont peur de perdre leur couvre-chef à cause du vent. Un document où la joie de vivre et l'harmonie sont évidentes et saines. Rien de compassé, rien de protocolaire, c'est une famille. Même le garde du corps, quelques pas derrière, a le sourire. Le lendemain, la Princesse, en manteau clair et robe imprimée, chapeau et gants toujours blancs, accompagne son mari et Albert à une séance privée extraordinaire du Conseil national ; c'est un événement puisque, pour la première fois, le Prince se rend au Parlement de la Principauté. Deux jours plus tard, l'ambiance solennelle fait place à une atmosphère décontractée. Un gigantesque déjeuner champêtre est organisé dans le stade pour tous les Monégasques âgés de plus de sept ans ; depuis quinze jours, ils avaient reçu une invitation. Dans le stade Louis-II du nouveau quartier de Fontvieille, cent soixante-dix-huit tables ont été disposées en une immense étoile qui, selon le *Journal de Monaco,* « mises bout à bout auraient représenté une longueur totale de mille neuf cents mètres » ! La Princesse fait sensation en apparaissant, pour la première fois en public, vêtue du costume national, jupe à la cheville à rayures rouge et blanc, gilet et tablier brodé, chemisier volanté blanc comme les bas et chapeau de paille. Grace tient la main de Stéphanie, aussi habillée en Monégasque, tandis que Caroline soutient les couleurs de la Principauté d'une façon nettement moins classique, en pantalon rouge et veste blanche. Un triomphe personnel pour Grace, qui touche par son attention ; elle ouvre le bal avec le maire de Monaco puis le Prince dispute une sérieuse partie de pétanque.

Ces années témoignent de la variété des interventions mondaines, publiques, officielles ou privées de la Princesse Grace qui semble vouloir défier la fatigue et y parvenir.

Évidemment, organismes, institutions, associations se donnent le mot. Avoir la Princesse Grace comme présidente d'honneur, active ou, simplement, être assuré de sa présence est un gage de réussite, on en parlera, ce sera un succès. L'erreur serait de conclure que sa mission s'arrête là. En l'interrogeant sur la difficulté de choisir parmi les causes qu'elle allait défendre, elle m'avait répondu :

— Je n'aime pas le mot charité ! Même en anglais ! Et il devient abominable quand il est officiel. Alors, essayons de faire ce qu'il faut dans la discrétion. Ma présence n'est, bien entendu, qu'une toute petite partie de ce qu'il y a à faire, avant et après, sans qu'on en parle...

Ce qu'elle ne dit pas est qu'elle n'était pas du genre à se contenter de prêter son nom ou à faire de la figuration aristocratique sur un comité, pour attirer des snobs. Tout son engagement, comme son travail quotidien d'ailleurs, était une affaire de confiance. Elle ne la remettait en cause que pour un motif grave. Avec les gens sérieux mais surtout pas ennuyeux, elle devient donc la Princesse-Fée qui, d'un coup de baguette dorée, transforme une situation triste en rêve. Hélas, rien n'est aussi facile bien qu'une telle aide soit garante de réussite. Les demandes s'accumulent à son secrétariat. Même une association de propriétaires de caniches nains lui demande sa caution et son soutien ! Grace se méfie. Heureusement, la plupart des événements ou actions pour lesquels on sollicite son si précieux concours sont clairs et sans piège. Les Guides de Monaco voient arriver, lors d'un séjour en Toscane, leur Princesse qui vient participer à leur camp ; pendant trois jours, elle campe avec elles, participe à la cuisine et aux corvées et dit revivre l'un des meilleurs moments de sa jeunesse. La voici encore dans le Loiret, posant la première pierre d'un village de retraite de gens du cinéma français, pour aider ceux qui n'ont pas été des vedettes ou sont oubliés. La voici également, quinze jours plus tard, le 16 novembre 1970, à Londres, aux côtés de Lord

Mountbatten – qui s'était dit sous son charme et regrettait qu'elle fût unique – pour le gala de son œuvre, les Collèges du Monde Uni. On la retrouve aussi aux États-Unis où elle prononce, à Chicago, un discours retentissant pour toutes les mères, défendant l'allaitement maternel des bébés. Son cœur, particulièrement ouvert aux enfants, l'avait conduite à écrire personnellement à chaque maman de nationalité monégasque, lors d'une naissance, pour la féliciter. Aucune mère ne peut oublier cette attention. De là à considérer que la Princesse est ennemie de toute évolution et fermée aux interrogations profondes, ce serait encore une erreur. Si ce combat pour l'enfance avait naturellement poussé Grace à présider, dès juin 1963, l'AMADE, elle donne aussi son sentiment sur la contraception, toujours dans son entretien spectaculaire publié par *Playboy,* en janvier 1966, date qu'il ne faut pas oublier pour estimer ses propos. Ce qu'elle pense du contrôle des naissances ?

« Comme catholique, j'ai des sentiments mélangés à ce sujet. Certainement, *quelque chose* devra être fait. C'est une question qui demande une étude et est étudiée par l'Église catholique, d'une manière très pertinente. Mais je ne pense pas qu'il s'agisse d'un problème où l'on puisse arbitrairement décider qu'on le pratiquera ou pas. En tant qu'êtres humains adultes, nous devrions être capables de décider nous-mêmes un tel choix. » Et la Princesse de dire que l'information sur la contraception doit être généralisée et que si, par exemple, « en France, à cause des traditions catholiques, la pilule n'existe pas, je sais, par des amis américains et britanniques, que la pilule est de plus en plus utilisée par celles qui *peuvent se permettre* d'avoir des enfants ». Le grand problème se pose pour les masses de femmes ignorantes des méthodes anticonceptionnelles et qui ne peuvent pas, matériellement, élever des enfants. Ne se prononçant pas sur les changements éventuels du Vatican à ce propos, la Princesse espère que « … quelque chose sera entrepris pour venir au secours de ceux qui en ont vraiment besoin ». Intervenant sur le féminisme et encourageant la loi sur le statut de la femme mariée votée en Principauté, le 25 juin 1970, Grace de Monaco, qui a épousé le progrès en même temps que le Prince, se penche aussi sur le passé et l'avenir des monuments.

Ainsi, en juin 1973, au château de Compiègne, elle préside la soirée des Vieilles Maisons Françaises, l'une des associations qui défendent le patrimoine historique privé, du manoir au château, contre le vandalisme ou le découragement de ses propriétaires, écrasés de charges. Depuis les fameuses « Séries de Compiègne », sous le Second Empire, le palais n'avait pas reçu aussi jolie Princesse ni aussi motivée. De même, Grace avait suivi le travail de son beau-père qui animait l'activité intellectuelle de la Principauté par l'influence du Conseil littéraire et des Prix annuels, décernés à un écrivain pour l'ensemble de son œuvre depuis 1951. Cette année-là, donc bien avant Grace, le premier lauréat, Julien Green, était arrivé à Nice glacial et préoccupé. En fait, il était embarrassé et se demandait comment il fallait appeler les Princes : « Altesse ? Monseigneur ? » Or, en 1971, pour une raison voisine, le lauréat – il était le vingt-cinquième –, Antoine Blondin, va plonger l'assistance dans un embarras comique. Ses amis font la leçon à cet immense écrivain qui honore volontiers l'alcool, le transformant souvent en traits de génie. Antoine a promis : il se tiendra bien, ne boira pas, enfin pas trop, et ne dira rien... ou presque. Assis à la droite de la Princesse, il est bien sage. Trop sage, le cher Antoine ! Il finit par trouver qu'on le fait passer pour un personnage grossier et décide de dire un mot très aimable à la Princesse. Ayant sans doute, jadis, bu l'aigre Vin des Rochers, qui n'était pas exactement « le velours de l'estomac » annoncé par la publicité, il se tourne vers la Princesse et lui dit, tenant son verre en tremblant :

— Madame... Ce Vin du Rocher est un nectar !

Pauvre Antoine ! On dut expliquer à la Princesse la finesse du calembour...

Si beaucoup de célébrités sont fêtées, à titre privé ou lors de galas, de Cary Grant à Frank Sinatra, dans une atmosphère complice assez rare, le Prince a, depuis toujours, une passion pour un spectacle hélas décrié dans les années 1970, le cirque. Amour et respect des animaux, certes, mais aussi des trapézistes audacieux, des clowns qui font crouler de rire un chapiteau, des numéros de Haute École où le cavalier et le cheval ne font qu'un, des illusionnistes qui vous agacent par leurs trucs incompréhensibles et j'en passe. « J'aurais aimé diriger un cirque… » me dit un jour le Prince. En 1974, on peut dire qu'il se lance dans cette aventure en créant, contre vents et marées, le Festival International du Cirque de Monte-Carlo. Mon père et moi, entre autres, en sommes témoins, fanatiques du beau et bon cirque, mais les professionnels ne suivent pas volontiers cette initiative. Beaucoup croient à une « lubie princière » et pensent que l'expérience est sans lendemain. Or, dès le début, c'est-à-dire du 26 au 30 décembre 1974 sous le chapiteau Bouglione, ces programmes – qu'on ne peut voir dans aucun autre pays du monde et qui représentent un tour de force – ajoutent à Monaco un centre d'intérêt qui n'existait pas. Le haut niveau exigé, l'élimination de la médiocrité, la formidable ambiance et le succès populaire plaisent à Grace. Oui, voilà des artistes dont on ne parle jamais, sinon en cas d'accident ou de désastre. On connaît à peine leurs noms, ils sont très rarement des vedettes, ils sont humbles mais gens de métier. Arborant l'écharpe officielle du Festival, aux couleurs monégasques, la Princesse remet des « Clowns d'Argent », après les « Clowns d'Or », la plus haute distinction remise par le Prince. Invités d'honneur et membres du jury, de la Comtesse de Paris à Jean Marais, ajoutent au brio des soirées. Un soir, elle surprend une inévitable conversation entre Rainier et la journaliste Jacqueline Cartier, qui dirige alors les pages spectacles de *France-Soir* et connaît à fond le monde merveilleux de la piste. Elle se met à rire et leur dit :

— Ah ! vous deux ! Naturellement, vous parlez cirque !

C'était difficile à nier. Elle avouera que cet univers ne lui était pas familier avant cette compétition qui exige un an de préparation et se déroule maintenant sous un cirque en dur, installé en permanence.

— Le Prince m'a fait aimer le cirque, parce que nous n'avons pas forcément les mêmes goûts. Je lis beaucoup de poètes, il préfère l'histoire. C'est un marin, je n'en ai pas du tout le pied… Nous aimons la télévision, mais cela m'agace de la regarder en laissant mes mains inoccupées et je brode. Lui me dit alors que je la regarde mal. Et moi, je lui réponds que lorsqu'il s'endort, il ne la regarde pas du tout !

Personne ne s'endort au cirque et, en six ans, jusqu'à 1982, le Festival, que Grace n'a jamais manqué, a donné ses lettres de noblesse au genre, qui en avait bien besoin… Depuis, la fête continue, chaque année.

Il y a aussi quelques personnes dont la survie ou le retour sur le devant de la scène est dû à la Princesse Grace. Plusieurs de ses interventions sont restées, à sa demande, inconnues du public afin de ne pas gêner les bénéficiaires. Le cas le plus bouleversant des détresses plus ou moins notoires est celui de Joséphine Baker. Jacqueline Cartier ne peut oublier ses émotions vers 1974 ni la manière dont Grace intervient : « Ce qui créa entre nous un lien particulier, c'est l'amitié commune et l'admiration que nous avions pour Joséphine Baker. Sans la Princesse Grace, Joséphine serait morte ruinée, comme on sait, mais aussi oubliée. C'est elle qui fit que Monaco devint le refuge de celle qui n'avait plus de toit. Et c'est Monaco qui produisit la fameuse revue qui fut le dernier spectacle, mais aussi le triomphe de Joséphine et, hélas, sa mort, mais en pleine gloire. »

Après un gala de la Croix-Rouge où Jean-Claude Brialy est le partenaire de Joséphine, le spectacle parvient à être monté à Paris, le deuxième amour de Joséphine, on le sait.

Grace met toute son influence pour que l'affaire réussisse, les combats de Joséphine et ses échecs la touchant sincèrement. « La fameuse première restera dans les annales. Et l'on vit ce souper où, devant le gâteau du cinquantenaire de scène de Joséphine (1925-1975), elles étaient main dans la main, Grace et elle, la petite fille noire née au plus bas échelon social dans un quartier pauvre de Saint-Louis et la petite fille blanche née dans une riche famille de Philadelphie », dit encore Jacqueline Cartier après la soirée à Bobino. Deux jours plus tard, Joséphine Baker ne se réveille pas, elle est dans le coma. Le secret est encore à peu près gardé. Je me souviens d'avoir rencontré, par hasard, la Princesse et la journaliste chez une de mes parentes, à Paris. L'inquiétude nous étreint. Grace de Monaco et Jacqueline Cartier s'en vont immédiatement, gagnent, par une entrée discrète, l'hôpital de la Salpêtrière. Grace prie en même temps que le prêtre qui récite le texte des agonisants. Le 12 avril 1975, Joséphine Baker meurt, âgée de soixante-huit ans, arrachée *in extremis* à l'oubli et à l'indifférence. Elle eut « deux amours » et une alliée inattendue, la Princesse de Monaco. Pourquoi ? Y a-t-il eu une raison précise ? Grace en donnera l'explication plus tard, à sa visiteuse, sans témoin : « Je n'ai pas eu l'occasion de le lui dire, mais la première fois que je l'ai vue, c'était au *Stock Club* de New York où on refusa de la servir parce qu'elle était noire. Je ne savais pas alors qui était Joséphine Baker. Mais je fus admirative pour le scandale qu'elle provoqua et qui eut un écho très important dans la presse, le lendemain. Moi, j'étais si timide… Je me souviens de m'être posé la question : "À sa place, aurais-je, moi, ce courage[1] ?" » Toujours fidèle aux gens du spectacle, inlassablement généreuse et disponible – elle a même été l'exécuteur testamentaire de Mary Marquet –, la Princesse trouve peut-être aussi, dans cet

1. Jacqueline Cartier, *France-Soir Magazine,* 18 septembre 1982.

amour qui concilie divertissement et culture, une nostalgie de son ancien métier. Dans son cœur, elle ne l'a jamais renié.

Le mardi 30 novembre 2021, par décision du président de la République Emmanuel Macron et en accord avec les enfants adoptifs de Joséphine Baker, elle entrait au Panthéon. Elle est la sixième femme et la première Noire transférée dans la nécropole laïque. C'était un cénotaphe, avec un peu de terre de Monaco et du Missouri car la famille voulait que le corps de Joséphine Baker reste à Monaco. S.A.S. le Prince Albert II était présent. J'ai commenté cette magnifique cérémonie sur la chaîne LCI. On entendit la musique de la Garde républicaine jouer *J'ai deux amours*, la chanson fétiche de cette femme extraordinaire que la Princesse Grace avait sauvée de la misère. En souvenir de son ultime gala à Bobino, rue de la Gaîté, à Paris, dans ce quartier de Montparnasse, la station du métro, sur la ligne 13, nommée « Gaîté » porte, en sous-titre : « Joséphine Baker ».

VIII
Le temps des doutes

Grace a toujours eu une réputation de femme optimiste parce qu'elle réagissait d'une façon positive devant les soucis, les tracas et les malheurs. Elle ne se laisse pas aller, elle lutte parce qu'il le faut et que rien ne sert d'être effondrée et inefficace. Bien avant d'être Princesse, c'était son attitude ; sa nouvelle fonction n'a fait que renforcer cette manière d'être. De plus, Grace ne se confie guère, elle a très peu de véritables amies car ayant été si souvent trahie, ses déceptions, parfois vives, l'ont rendue prudente. Elle n'aime pas ennuyer les autres et l'étalage des tourments lui paraît indécent. Et totalement inutile. Derrière cette carapace, véritable prêt-à-paraître en étant la moins atteinte possible, la souveraine est d'abord un être humain très complexe. Elle se juge, en réalité, pessimiste, peut-être en mémoire de sa carrière atypique puisque, si elle aimait passionnément être actrice, elle n'aimait pas Hollywood. À des journalistes américains, qui l'interrogent sans ménagement et rêveraient de l'envoyer sur le divan d'un psychanalyste (une Princesse chez Freud, quel raffinement !), elle réplique : « Il faut choisir dans la vie. Quand j'étais une actrice, je n'étais pas très heureuse. Ce n'est pas très drôle d'avoir du succès et personne avec qui le partager. Maintenant, j'ai une vie très remplie et très heureuse. Beaucoup trop remplie. » D'autant plus qu'à cette époque, elle a ses trois enfants, Stéphanie ayant près d'un an. Pessimiste, vraiment ? « Oui, je pense que c'est une sorte d'optimisme inversé. Étant pessimiste, je redoute toujours le pire. Quand il n'arrive pas, j'ai une agréable surprise. » Est-ce donc le bonheur ? Pas si simple ! « Eh bien, je ne m'attends pas à être heureuse. Je ne recherche pas le bonheur. Aussi, peut-être suis-je satisfaite dans la vie, d'une certaine façon. » Le pessimisme lui passera. Jusqu'au bout, elle sera capable d'enthousiasme et de curiosité.

Cette aptitude à dissimuler, par éthique personnelle, n'est pas infaillible ; à Grace aussi, il arrive de craquer, pour d'excellentes raisons. Lors d'un voyage officiel des Princes au Canada, en juin 1967, ils visitent l'Exposition universelle avec un programme chargé. Lors d'une escale à Londres, où la Princesse appréciait, l'hiver, le mythique Hôtel Connaught, dans Mayfair avec ses feux de bois dans chaque chambre et alimentés toute la journée, elle s'était renseignée sur des nurses potentielles : en effet, à trente-huit ans, la Princesse est de nouveau enceinte, de trois mois. À Montréal, elle se sent fatiguée. Un soir, à son hôtel, épuisée, elle est obligée de s'allonger ; on appelle des médecins, elle est transportée d'urgence au Montreal Royal Victory Hospital. Tout va très vite, elle perd le bébé qu'elle portait, un garçon, déjà mort. L'espoir d'avoir un autre enfant est désormais exclu et elle en sera évidemment très affectée. La Princesse a été cinq fois enceinte en onze ans.

Grace de Monaco a toujours été une mère attentive ; elle essaie de bousculer calmement le protocole pour être avec ses enfants et tenter de leur permettre de vivre comme les autres. Certes, c'est difficile car entre la position officielle du Prince et son immense popularité personnelle, Caroline, Albert et Stéphanie ne peuvent être tout à fait comme les autres. Cependant, après leur petite enfance où elle a pu les élever de façon relativement libérale mais sans faiblesse, Rainier montrant de l'indulgence pour les caprices de ses filles et plus de sévérité à l'égard de leur fils, le prince héritier, les véritables problèmes commencent avec les crises d'adolescence. Comme dans toutes les familles. Après l'école au

Palais avec des petits camarades monégasques, puis le passage aux Dames de Saint-Maur, à Monaco, Caroline Grimaldi a été inscrite dans un collège religieux anglais, Saint-Mary, à Ascot. Les études se déroulent bien et Caroline obtient son diplôme de fin d'études, équivalent du baccalauréat, à seize ans, ce qui lui permettrait de s'inscrire dans une grande université. Déjà, pour la première partie de l'examen, elle avait obtenu une mention bien. Grace est donc très fière de sa fille, de ses succès ; néanmoins, elle récupère une rebelle. Toutefois, cette révolte classique de la jeune fille ne peut que rappeler à Grace sa propre adolescence, lorsqu'elle avait tenu tête à ses parents pour devenir une artiste. Caroline désire continuer ses études à Paris et choisit Paris-Dauphine pour une licence de psychologie. Son père aurait préféré qu'elle opte pour l'économie. Sa beauté éclatante, révélée par des clichés pris au *Beach* de Monte-Carlo et ses débuts mondains avec ses parents, lors d'un bal de la Croix-Rouge, en font une proie de rêve pour les paparazzi. Caroline est maintenant une femme, ravissante, et sa protection est plus délicate à assurer à Paris qu'en Principauté. Grace prend alors une décision qui va compliquer sa vie puisque, pour mieux veiller sur sa fille, elle établit ses quartiers, avec Stéphanie, dans un appartement de l'avenue Foch, puis dans un hôtel particulier voisin, à côté du domicile de Marcel Pagnol. Pour continuer à remplir ses obligations, la Princesse passe son temps dans le Train Bleu, période où je l'y ai souvent croisée, incognito. Albert poursuit ses études à Monaco et reste près de son père. Malgré la présence de sa mère, Caroline est harcelée et supporte mal d'être encore chaperonnée par Maman. La jeune fille est prise entre son désir de liberté et son statut de princesse. Le moindre flirt est monté en épingle ; elle aime sortir le soir et néglige ses études. En juin 1975, le nom de Caroline Grimaldi n'est pas sur la liste des reçus aux examens. Un magazine, qui donne volontiers son point de vue sur ce genre d'événements, en conclut qu'elle a donc échoué. Faux :

elle ne s'est pas présentée à l'épreuve, car depuis le printemps, Caroline est moins intéressée qu'avant par ses études. On peut aussi comprendre que l'image trop parfaite de sa mère soit un poids et lui propose un modèle difficile à imiter. La référence est permanente, d'où des affrontements, encore que Grace fasse preuve de patience et de compréhension. Prise dans une boîte de nuit, une photo de Caroline, au décolleté trop indiscret, fait le tour du monde. Grace pense que cette humiliation sera une leçon pour sa fille.

C'est alors que les événements se précipitent, Caroline étant tombée amoureuse de Philippe Junot. Plus âgé et plus expérimenté qu'elle, il ne la quitte plus à partir du printemps 1976. Au début de 1977, il la demande en mariage. Grace et Rainier ne sont pas enthousiastes et font valoir que Caroline est trop jeune ; ils lui suggèrent, fermement, de respecter le délai d'un an pour atteindre sa majorité, restée fixée en Principauté à vingt et un ans, cette mesure s'appliquant aussi à la famille princière. Philippe et Caroline tiennent bon et la date de leur mariage est arrêtée au 29 juin 1978. Les parents jouent le jeu, mais l'assurent, jusqu'à la veille de la cérémonie, que si elle change d'avis, elle le peut. Le mariage sera fastueux, mais il déchaînera une furie médiatique pire qu'en 1956, car les mœurs ont changé. Par prudence, la presse n'est admise à photographier et à filmer les mariés que sur un parcours bien balisé. Pour contourner cette mesure draconienne, tous les moyens sont bons ; de faux cartons d'invitation au bal précédant le mariage, où sont invitées huit cents personnes, sont imprimés mais on les repère car le texte, au lieu d'être gravé, est simplement en relief !

Paris Match, dépité de n'avoir aucun photographe à l'intérieur du Palais, choisit de faire raconter la soirée par l'un des invités de la famille du marié, Roger Peyrefitte qui, une fois de plus, saura tremper sa plume dans le fiel. Arrivé au bras de l'Européenne Louise Weiss, avec laquelle il forme un couple inattendu, il se venge sur la médiocrité du buffet

– selon lui – écrivant, en citant un La Fontaine affamé au temps de Louis XIV, que « L'honneur d'être invité dispense d'être nourri » !

Le jour du mariage, le record de l'audace appartient à un adepte d'aile delta. Équipé par un magazine de deux appareils à déclencheurs bricolés, il s'envole du territoire français et arrive, en silence, au-dessus de la messe qui a lieu en plein air dans la cour du Palais puisque Grace souhaitait que tous ses invités puissent y assister, ceux du Gotha dynastique et ceux du Gotha hollywoodien. On aperçoit une ombre, c'est l'intrépide drôle d'oiseau au moment de son stupéfiant survol. Malheureusement pour lui, il passe exactement lors de la communion, ces instants où les invités n'ont pas précisément la tête en l'air. Pas de chance : il aurait fallu survoler la cour avant ou après pour que les participants soient visibles. Pas de chance encore : les appareils n'ont pas été déclenchés au bon moment et, surtout, la police l'arrête dès qu'il se pose en territoire français, confisquant la pellicule ! Hélas, cette union, qui préoccupait tant les Princes, se révèle rapidement un échec et deux ans plus tard, le divorce est prononcé. Pour Caroline, l'épreuve est dure, mais elle peut compter sur ses parents qui ne vont pas l'accabler. La Princesse soutient sa fille, l'entoure de tendresse, comme toute la famille, et Rainier, furieux, est solidaire de son aînée. Discrètement, une procédure d'annulation en Cour de Rome est entamée, mais Grace n'en verra pas l'aboutissement.

L'harmonie familiale n'a jamais été remise en question. Stéphanie est turbulente, mais elle n'est encore qu'une enfant tandis qu'Albert ne crée aucune difficulté. Timide, en apparence réservé, il semble davantage avoir pris des traits de sa mère que de son père, mais qui sait comment peut évoluer la jeunesse ? En réalité, au fur et à mesure des années, Albert ressemble, physiquement, beaucoup à son grand-père, le Prince Pierre. Parallèlement, Grace, qui avait définitivement renoncé au cinéma, reçoit toujours des propositions. Être la dernière impératrice de Russie, fusillée par les Bolcheviks, dans *Nicolas et Alexandra* n'est pas une suggestion du meilleur goût ! En revanche, un autre projet retient son attention puisque le metteur en scène Herbert Ross la tente avec une idée de film sur la danse, connaissant l'intérêt de la Princesse pour cette discipline. Ce projet semble en phase avec la personnalité et la fonction de Grace puisqu'il s'agirait d'incarner une danseuse qui a renoncé à sa carrière pour se consacrer à sa famille et encourage sa fille à la danse. Titre retenu *The turning point,* « Le tournant de la vie », qui semble sur mesure. Une fois de plus, Grace reste Princesse et refuse ce rôle, mais elle présidera, à Monaco, la première de ce joli film avec Shirley Mac Laine, jadis héroïne d'Hitchcock dans *Mais qui a tué Harry ?* et Ann Bancroft. Dans *Le tournant de la vie,* il y a aussi le fabuleux danseur étoile soviétique Mikhail Baryshnikov, qui, tel Rudolf Noureev autrefois, a fait le grand bond vers l'Ouest. Grace retrouve encore l'univers de la danse en acceptant de dire le commentaire d'un film intitulé *Les enfants de la rue du Théâtre,* l'un de ces enfants étant le même Baryshnikov. Ce documentaire raconte l'histoire de la fameuse École de Ballet Vaganova, à Leningrad (aujourd'hui redevenu Saint-Pétersbourg) dont sont sortis les plus grands danseurs avant d'être engagés dans la troupe du Théâtre Kirov (redevenu Théâtre Marie). À nouveau, Grace fait preuve de sûreté dans son choix car le film sera sélectionné pour l'Oscar du meilleur court-métrage et manquera de peu cette récompense. Elle ne fait pas qu'y être narratrice ; en effet, au début du film, elle présente ce qu'on va voir, dans une séquence tournée sur la scène de la salle Garnier. La voici donc devant les caméras, pour une bonne cause. Le metteur en scène, Robert Dornhelm, âgé de trente ans et d'origine hongroise, est d'un tempérament romantique. Divorcé, accompagné de sa fille qui a une dizaine d'années, il est littéralement sous le charme de la Princesse, ébloui d'admiration. Et il est très fier de l'avoir comme vedette de son documentaire, après tant de refus à des réalisateurs célèbres. Comme toute femme, Grace est flattée de l'attention que lui porte ce metteur en scène. Dans cette *Rue du Théâtre* que présente la Princesse et dont le vrai nom est rue Rossi, derrière les murs jaunes, l'une des plus remarquables traditions mondiales de la danse est née avant la Révolution de 1917 et la Princesse se replonge donc dans ses premières notions de Monte-Carlo, à travers l'aventure des Ballets Russes, qui l'avait fascinée. Derrière la nostalgie, Grace a le projet de reconstituer une troupe permanente de ballets car, de 1911 à 1950, sous des appellations diverses, une compagnie monégasque a été célèbre et très réputée, dans le sillage de Diaghilev ; selon les époques, elle associait ou non Monte-Carlo aux Ballets Russes. Or, depuis le printemps 1950, la compagnie avait été dissoute et cette absence, Grace la juge anormale et regrettable. Fin 1959, elle avait célébré la mémoire de Serge de Diaghilev et de son génie, mais cet hommage ne lui suffit pas. Il faut convaincre autorités et artistes car la mode n'est plus à l'euphorie créatrice du début du siècle. La Princesse multiplie les rencontres, par exemple avec Georges Balanchine. L'ambition de Grace sera réalisée par sa fille Caroline, à partir de 1985.

Cette expérience de narratrice lui donne-t-elle l'irrésistible envie d'approcher le cinéma par une autre voie ? Grace accepte une proposition différente, être membre du comité de lecture de la Fox, seule femme au milieu de dix hommes. Voici Grace qui passe, en somme, derrière la caméra. « J'adore lire des scénarios » avoue-t-elle, inquiète, toutefois, de la violence qui commence à submerger le cinéma. Elle est très appliquée dans sa fonction, qu'elle occupera jusqu'en 1981, voyant les problèmes d'une manière fort différente de celle des acteurs, examinant toutes les questions, y compris financières, que pose la production.

Grace est insatiable d'activités ; elle a envie de s'accorder un peu de temps pour elle, c'est-à-dire qu'elle va travailler davantage et s'imposer un emploi du temps pire que tout ce qu'elle avait connu. Elle dispose d'une excellent motif avec des lectures poétiques publiques ; ses apparitions ne provoqueront aucune réaction négative, au contraire. Tout commence par une demande du Festival d'Edimbourg, en septembre 1976. Grace accepte de lire des œuvres de poètes américains car, cette année-là, la manifestation écossaise commémore le bicentenaire de l'Indépendance américaine. Sous le titre *Un héritage américain,* la Princesse de Monaco défend les couleurs de son pays natal. Comme toujours, elle travaille à fond, elle a le trac et se donne totalement à cette prestation. Elle redébute. La BBC lui réserve une excellente critique, elle en est très fière ; ce retour est si réussi que l'année suivante, on lui demande de venir lire des œuvres de Shakespeare à Stratford upon Avon ; accompagnée du Prince, elle y arrive, en juillet 1977, en déposant une rose sur la tombe du poète. Là encore, les échos sont positifs et le professionnalisme de la Princesse est salué. Pour elle, c'est l'essentiel. On la réclame maintenant aux États-Unis pour une autre série. Elle accepte, évidemment. La prestation s'intitule *Des oiseaux, des bêtes et des fleurs, programme de poésie, de prose et de musique,* avec le concours renouvelé de Richard Pasco, gloire de la Royal Shakespeare Company. La première a lieu, dans le cadre du Forum américain de Poésie internationale, au Carnegie Hall de Pittsburgh (Pennsylvanie), le 26 février 1978.

Grace a des doutes et elle a raison ; on peut, en effet, s'interroger sur son succès comme interprète car, aux États-Unis, les lectures de poèmes sont moins en vogue qu'au Royaume-Uni. Et à Washington, par exemple, on imagine que le public guindé s'est plutôt déplacé pour voir, en chair et en os, la Princesse de Monaco sur scène. On pouvait l'entendre pendant une séance d'une heure dix, avec illustrations musicales, et le billet d'entrée était à vingt dollars. Serait-ce un vrai succès ou une estime bien élevée ? Ou un échec mondain ? Les amateurs sont ravis, nombreux et des disques sont enregistrés. En novembre 1978, Grace donne une version plus courte de ce spectacle, mais devant S.M. la Reine Mère Elizabeth, au Palais de Saint-James, à Londres. La vénérée *Queen Mum*, affectueux diminutif réservé à la mère d'Elizabeth II, est charmée et ses invités éblouis. La circonstance est rare : une souveraine divertit une autre souveraine. Ce programme sera répété en Irlande, au Festival de Théâtre de Dublin de septembre 1980. Il ne faut pas croire que Grace se limite au confort de la langue anglaise, même ancienne, qu'elle distille de sa voix douce mais un peu assourdie dans les prises de son. En effet, en 1980, la Princesse, qui parle bien allemand – c'était la langue de sa mère – se produit à Vienne dans un programme intitulé *Évocations*. Cependant, le sommet de cette carrière de lectrice est atteint le 9 mars 1981, à Londres, au Goldsmith's Hall. La soirée est très élégante. Grace n'est pourtant pas la plus anxieuse des femmes présentes. Ce soir-là, en effet, la Princesse de Monaco a de la concurrence dans la salle puisque c'est la première grande sortie officielle de Lady Diana Spencer, la ravissante fiancée de Charles, le Prince de Galles dont le mariage est prévu dans quatre mois. Diana a dix-neuf ans, elle est très intimidée. Il faut reconnaître qu'elle a mal choisi sa robe du soir, noire, à bustier, très provocante alors que sa gaucherie ne lui permet pas d'assumer pareille tenue. On lit l'angoisse dans ses yeux bleus et sur ses lèvres qu'elle mordille nerveusement. Ses fiançailles sont très récentes et, visiblement mal à l'aise, elle n'est déridée que par la Princesse Grace. La lectrice sérénissime est superbe dans une robe de taffetas violet et plaisante avec Charles qui arbore une rose très rose à la boutonnière de son smoking. Au souper qui suit, à Buckingham Palace, Diana fait part à Grace de ses angoisses d'être poursuivie, depuis l'annonce de ses fiançailles, par des meutes de photographes. Ils la harcèlent tout le temps ! Sereine, Grace répond, en riant :

— Rassurez-vous ! Cela ne fera qu'empirer !

Cette même année 1981, les souverains célèbrent leurs vingt-cinq ans de mariage. L'écrivain Paul Guth leur adresse une lettre de félicitations. Cinq jours plus tard, le 24 avril, sur son papier bleu demi-format au chiffre princier, Rainier remercie Paul Guth, l'assurant que la Princesse et lui ont été très touchés de son attention, en ajoutant « Monaco n'est pas le bout du monde mais c'est un petit monde à part où on aime la culture, les arts et la joie de vivre ». Au Palais, une soirée intime réunit le talent de Rostropovich, le cher *Slava,* et le métier d'un couple récitant un choix de poèmes, Simone Valère et Jean Dessailly.

Ces noces d'argent vont se dérouler en plusieurs temps. D'abord, à Pâques, ils se retrouvent en famille chez leur ami Frank Sinatra et son épouse, Barbara, à Palm Springs, un voyage de fidélité et d'amitié qui prouve encore combien Grace est demeurée attachée à ses anciens complices et amis des studios. À « Rancho Mirage », chez le « crooner » à la voix d'or, elle retrouve les fidèles des fidèles, comme le couple Cary Grant et le couple Gregory Peck. Tous savent fort bien que Grace n'a jamais joué à la Princesse avec eux, ses copains saltimbanques, comme elle les nomme parfois, avec tendresse. Une soirée de bonheur familial. Haute Société et sérénité. Grace, coiffée d'une natte en serre-tête sur ses cheveux tirés, porte une robe tunique en soie imprimée blanche et verte ; elle rayonne entre le Prince et Barbara Sinatra. Frankie est à côté de Caroline, qui ne lâche pas son chien, et Albert serre la main de Stéphanie.

Ensuite, les festivités officielles, celles réservées aux Monégasques, se déroulent le 18 juillet, dans les Jardins du Centenaire. Les toasts, portés par le maire de Monaco, Jean-Louis Médecin, sont bus dans des tastevins à ruban rouge et blanc, qui seront conservés comme souvenir de la journée. Caroline, son frère et sa sœur entrent dans la farandole qui est dansée en costumes traditionnels. Puis, dans son allocution devant les souverains, le maire traduit la joie populaire : « S'il est une tradition chère aux Monégasques, c'est bien celle que vous avez tenu à perpétuer en recevant l'ensemble de vos compatriotes à l'occasion d'événements marquants qui touchent votre famille, donc la Principauté. Il y a sept ans, c'était pour un vingt-cinquième anniversaire aussi, celui, Monseigneur, de votre accession au Trône. Il reste marqué dans notre souvenir par l'image aérienne illustrant à merveille le symbole des nationaux réunis autour de leur Prince et de sa famille, lors du déjeuner du dimanche 12 mai 1974, au stade Louis-II. Si nous nous retrouvons, ce soir, près du rivage, dans les jardins de l'avenue Princesse-Grace, ce n'est pas un simple hasard… Il y a vingt-cinq ans déjà, les Monégasques, le regard tourné vers la mer, avaient pu admirer celle que vous avez choisie pour qu'elle devienne notre Princesse. »

Après la voie qui porte son nom en bord de mer, la Princesse inaugure une ravissante salle qui va aussi être identifiée à sa personne, le Théâtre Princesse-Grace. Est-elle attachée à ce culte d'elle-même ? N'est-ce pas trop institutionnel et n'est-ce pas, également, accentuer le vieillissement alors qu'on est en pleine vie ? Des inaugurations avec son nom, cela ne rajeunit jamais… Elle s'en inquiète, mais l'usage plaît aux Monégasques et il rend hommage à toutes les formes d'activités, notamment culturelles, dont s'occupe Grace comme si elle redoutait de défavoriser un domaine créatif par rapport aux autres. À la place du fameux mais vieux Théâtre des Beaux-Arts, jadis phare de la vie intellectuelle en Principauté, la nouvelle salle, en contrebas de la montée au casino et dominant le port, est inaugurée le 17 décembre. C'est vraiment le Théâtre de la Princesse car elle en a surveillé les plans, les aménagements et l'équipement, de l'éclairage à la conception des bars, amples pour qu'on puisse y recevoir ; elle se soucie particulièrement des loges car elle sait combien acteurs, conférenciers ou musiciens qui arrivent avec le trac, pour quelques minutes dans un refuge inconnu avant d'affronter le public, ont besoin d'être soutenus ou isolés, mais confortablement. Et je me souviens y avoir vu de superbes bouilloires électriques dans chaque loge, avec des sachets de thé, de café et de chocolat prêts à aider l'intervenant à lutter contre le trac autrement qu'avec de l'eau minérale, utile mais si triste ! Elle a beaucoup écouté les conseils de Raymond Gérôme, directeur artistique, dont l'humour ne nuit pas à sa connaissance éclairée des coulisses du théâtre. Les spectateurs sont accueillis par un portrait en pied de S.A.S., en longue robe fuchsia, souriante comme l'hôtesse des lieux, portrait dû à un peintre iranien, Reza Samini. Arrivée à sa place et accompagnée de Rainier, elle coupe le ruban aux couleurs nationales qui avait été tendu entre la scène et la mezzanine. L'administrateur de cette nouvelle salle aux tons or et bleu, Patrick Hourdequin, qui la dirige aujourd'hui, se souvient :

« S.A.S. la Princesse Grace avait eu l'excellente idée de présenter ce soir-là un échantillonnage, une sorte de patchwork, de tout ce qui allait pouvoir être donné au théâtre Princesse-Grace, aussi bien dans le domaine de la comédie, du jazz, de la marionnette, de la poésie, de la chorégraphie – tout au moins des pas de deux. [...] Nous avions un parterre d'artistes resplendissant et de qualité. La Princesse avait souhaité étendre l'invitation au monde parisien du théâtre, aux directeurs et aux artistes. » Grace place la soirée sous le signe du plurilinguisme, choisissant une marraine française, Edwige Feuillère, une autre, italienne, Valentina Cortese, et un parrain britannique, l'Anglais Dirk Bogarde. Le spectacle est donné en français, en anglais et en italien. D'emblée, cette salle, malheureusement pas très grande mais douillette (trois cent cinquante-six places dont deux cent quatre-vingts à l'orchestre) est à l'image de la Principauté, un carrefour. Le divertissement conçu par Raymond Gérôme est exceptionnel car sa composition fait alterner des extraits du *Misanthrope* et le quintette *Pro Arte,* les marionnettes de

Samuel Bonafil, du théâtre FMR, le charme de Claudine Coster et de Geneviève Page, des textes de Paul Fort, de Jacques Prévert, les robes de Jean Patou, les élans romantiques de Robert Schumann, la poésie de Jules Supervielle, le ballet de Joseph Russilo, des limonaires… Cette soirée, une fête complète, gaie, détendue, qui se poursuit par un souper à l'Hermitage, est parfaite et personne ne s'est ennuyé ; les Princes restent à table jusqu'à trois heures du matin… Une nouvelle salle, qui manquait, est donc ouverte à tous les genres comme « un écrin raffiné pour des spectacles de qualité[1] ».

Ce devant de la scène, la Princesse l'occupe avec un réel plaisir et, spectatrice, elle suit, quand elle le peut, les grandes conférences de la fondation Prince Pierre, du nom de son beau-père, disparu en 1964 et avec lequel elle s'était bien accordée.

Et pourtant, la polyvalence de ses activités, réelle et profonde, n'est qu'un paravent. Derrière, il y a une autre Princesse Grace. Une femme qui se remet en question dans l'angoisse que seuls connaissent les habitués et les nostalgiques des feux de la rampe. En secret, Grace de Monaco s'est lancée dans une autre carrière. Nom de code : « GPK » Identité réelle : « Grace Patricia Kelly. »

Un jour de fin mai 1977. J'ai rendez-vous avec la Princesse à son domicile parisien. Accompagné d'un des meilleurs photographes de *Match,* Manuel Litran, nous venons démasquer « GPK », une nouvelle artiste qui expose, dans dix jours, ses œuvres à la galerie Drouant. Quelles œuvres ? Si tout le monde connaît la passion de la Princesse pour les fleurs – elle a créé le Garden Club de Monaco –, si quelques familiers savent qu'il ne faut surtout pas la déranger quand elle est penchée sur ses travaux mystérieux, très rares sont ceux au courant de cette nouvelle : Grace va exposer une facette inconnue de

1. *Nice-Matin,* 24 novembre 1981.

son talent et se soumettre au verdict d'un public qui ne la connaît pas dans son secret, un jardin. Ce sont des tableaux « naturels », annonce-t-elle. Vivant sur le Rocher, proche de la mer, on aurait pu s'attendre à une inspiration marine, évoquant des coquillages, des algues, des étoiles de mer. Non, ce sont des fleurs rares, des feuilles, des fougères et des herbes que Grace ramasse souvent dans l'arrière-pays et qu'elle colle, après séchage, comme de grands papillons végétaux. Dans son salon, nous découvrons une dizaine des compositions qu'elle a sélectionnées sur les cinquante qui seront accrochées aux cimaises. À mi-chemin de l'herbier de son enfance et d'un art floral qu'elle regrette de ne pas avoir étudié, Grace dévoile l'un de ses mystères. Inquiète de notre réaction. Pour ses admirateurs, elle change de registre. Mais, elle le sait bien, depuis des années, on la juge sur ses vertus. Sera-t-elle jugée maintenant sur ses dons ? Et, surtout, avec quelle sincérité ? Manuel Litran prépare son matériel. Spécialiste d'art, de peinture notamment, le photographe lui demande sa composition préférée. Elle n'hésite pas et prend un grand cadre rassemblant des plumes de faisan, un papillon, des pétales séchés, le tout appliqué sur un fond de feuilles d'or. C'est signé « GPK », un retour à l'état civil de Grace Kelly « parce qu'il n'est pas question que j'utilise le nom de la Principauté pour un travail personnel », s'empresse-t-elle de dire. Elle regarde le tableau en le tenant, son visage est reflété par le miroir, la photo sera bonne. Ainsi, on va découvrir ce que la Princesse tramait dans une petite pièce isolée du Palais où personne n'avait le droit d'entrer ; parfois, elle se cachait à Roc-Agel, quand ses pas la conduisaient sur les hauteurs, armée de ciseaux pliants, un panier sous le bras, qu'elle remplissait de trésors avec l'idée de les conserver en leur donnant de nouvelles formes, sans esquisse préalable.

— Quel nom avez-vous donné à ce tableau ?

— Il n'en a pas. Aucun n'en a pour le moment, juste des numéros. Je pense que beaucoup seront baptisés au moment de la mise en place.

— Choisir, comme nom d'artiste, vos initiales, n'est-ce pas un peu hypocrite quand on saura qui se cache derrière « GPK » ?

— Ce n'est pas hypocrite. C'était mon nom de jeune fille et c'est une très ancienne passion, qui avait commencé par le dessin, comme pour tout le monde. J'aime faire des bouquets, j'en ai présenté au Garden Club et chaque fois que je le peux, j'aime en composer, ici à Paris ou à Monaco. Les bouquets nous parlent. Il y a ceux pour l'accueil, pour l'hommage, etc. Ils transmettent les sentiments souvent bien mieux que quelques mots.

Grace avait d'ailleurs communiqué au Prince cet intérêt floral ; lui-même s'était essayé aux bouquets lors de concours. La Princesse avait beaucoup voyagé pour comparer les techniques et les influences. Même des spécialistes japonais étaient venus en Principauté avec des idées et des conseils. Comme toujours, Grace s'était investie à fond, refusant d'être considérée comme une touche-à-tout favorisée.

— Quels éléments utilisez-vous ?

— Uniquement des éléments naturels, fleurs, feuilles, plumes, graminées. Je les ramasse un peu partout, sur les routes, au bord des champs. Les choses les plus simples, comme les mauvaises herbes, font souvent le plus d'effet. J'aimc aussi utiliser des éléments plus rares, l'orchidée de Colombie, des feuilles qui viennent d'Afrique du Sud ou de Californie. Je les presse dans des livres, entre deux pages de papier buvard. J'attends un mois, parfois plus, puis je me mets au travail. Je commence à savoir quelles feuilles et fleurs gardent leur couleur et leur aspect, à condition de ne pas les exposer à la lumière électrique trop directe. La rose est très difficile à travailler car les pétales sont très épais. Le marronnier a une feuille trop grande. Je m'amuse à créer des fleurs et à voir mes amis botanistes essayer de les reconnaître.

— Je suppose que c'est long et minutieux… Est-ce une détente ?

— C'est ma meilleure détente. Je travaille tôt le matin ou le soir, mais seulement si j'ai une bonne heure devant moi, sans être dérangée car, pour créer, j'ai besoin de calme. À Monaco, j'ai une petite pièce où tout est en désordre, mais je peux tout laisser en état. C'est mon véritable atelier. Ici, à Paris, je suis obligée de tout ranger, quelquefois sous mon lit ! Il ne faut aucun courant d'air, ni éternuer ! Il m'arrive de travailler par terre, sur les genoux mais, un jour, après deux heures de patience, tout est tombé… Je préfère une table basse et des coussins.

Grace, qui pratiquait la céramique et raffolait des puzzles, n'en fait plus depuis six ans, ce qui la désole. Sa passion florale s'est imposée à elle en 1971, presque par jeu. Jugeant que, finalement, elle est optimiste et qu'en art, les peintres nous présentent trop de visions déprimantes, je lui demande :

— Vous considérez-vous comme une artiste ?

— Non. Je ne suis qu'une décoratrice.

— Si votre vie était à refaire, qu'auriez-vous choisi : être la vedette de cinéma ou la décoratrice ?

— Ni l'une ni l'autre. Je crois que j'aurais été institutrice ou quelque chose comme ça. Vous savez que j'aime beaucoup m'occuper de l'éducation des enfants.

Un silence. Manuel Litran continue ses plans. La Princesse guette, discrètement, ses réactions de professionnel et ses idées. Les miennes aussi, sans doute. Serions-nous intéressés ? Sincèrement ? Nous sommes les premiers étrangers à voir les preuves de cette activité secrète et avec l'intention de la divulguer.

— Pourquoi avez-vous décidé cette exposition maintenant ?

— Parce que mon mari m'y a encouragée. Mais, encore une fois, je n'ai pas voulu apparaître officiellement, car si cette exposition n'est pas totalement réussie, je ne veux pas que le Prince ou la Principauté puissent en souffrir. C'est donc la raison pour laquelle je signe « GPK ».

A-t-elle le trac ? Est-ce important ou une activité mineure ?

— Je serai contente si ce que je fais plaît. J'appréhende… parce que je suis une débutante. C'est très différent de Hollywood. Quand je prends le temps de réfléchir, je me dis qu'avec mon emploi du temps, je suis folle de me lancer dans une autre activité.

— Est-ce le début d'une vraie nouvelle carrière ?

— Non. C'est un hobby qui est devenu une occupation.

— Vous êtes une femme heureuse, comblée. Est-ce important pour créer ?

— Je suis surtout une femme active. Et c'est important pour créer.

Une question plus délicate. Combien ces tableaux seront-ils vendus ? Quelle sera leur estimation commerciale ?

— Vous allez avoir une cote dans une galerie, pour la première fois. Quel effet cela vous fait-il ?

— Quelques amateurs m'ont déjà demandé de leur mettre des réalisations de côté. C'est très gentil. Pour les autres, nous verrons.

J'apprendrai que le prix des collages de « GPK » oscillera entre trois mille et cinq mille francs, avec deux pièces à huit mille.

— À qui avez-vous donné votre premier tableau ?

— À personne. Je l'ai toujours. Il ne sera pas exposé.

— Que pensez-vous du Centre Beaubourg-Pompidou ?

— Cela ne m'inspire pas. À l'intérieur, les possibilités sont extraordinaires. L'extérieur ? C'est un sujet de conversation. On est pour, on est contre ; en ce sens, c'est une réussite. Mais je ne sais pas si l'ensemble vieillira bien.

— Pourquoi n'avez-vous pas fait cette exposition à Monaco ?

— Il était impossible de choisir une galerie plutôt qu'une autre.

— Et si un amateur achetait toutes vos œuvres, que penseriez-vous ?

— Ce serait extraordinaire !

Nous quittons « GPK ». Elle est tout de même perplexe et attendra le verdict, le 8 juin, avec la fragilité des novices. Et, sans doute, le regret, teinté de plaisir, d'avoir levé un coin du voile[2]. Le 30 juin, à la fin de l'exposition, la Princesse est rassurée ; l'essai est un succès critique et public puisqu'elle a vendu quarante compositions sur cinquante. Un beau début que bien des artistes ne connaîtront jamais, elle en est parfaitement consciente. En cette année où la légation de Monaco à Paris est élevée au rang d'ambassade, « GPK » représente un nouvel atout, la Princesse décrypte le langage des fleurs. Un petit mystère du monde de l'art est éclairci. Lorsqu'elle publiera son ouvrage illustré *Mon livre de fleurs,* avec Gwen Robyns, elle prouvera encore sa passion en rappelant cette interrogation de Maurice Maeterlinck : « Savons-nous ce que serait une humanité qui ne connaîtrait pas la fleur ? Si celle-ci n'existait pas, si elle avait toujours été cachée à nos regards… notre caractère, notre morale, notre aptitude à la beauté, au bonheur seraient-ils bien les mêmes ? » Grace de Monaco ne peut vivre sans fleurs.

Trois ans passent. « GPK » s'est prise au jeu et présente une nouvelle exposition, d'inspiration souvent japonaise avec tendance vers l'abstraction. Je me propose de rendre compte de cette évolution et un nouveau rendez-vous est pris pour le mardi 29 avril 1980 à 11 heures, toujours dans son hôtel parisien. Cette fois, je viens pour le compte du *Figaro Magazine* et accompagné du photographe Patrick Jacob. À l'heure convenue, nous attendons dans le salon,

2. Une partie de cet entretien exclusif et le reportage de Manuel Litran seront publiés dans *Match,* le 10 juin 1977. Avec la Princesse en couverture, photographiée par Howell Conant, parlant de « sa nouvelle vie », en tailleur de tweed, sport chic et coiffure floue.

encombré, comme la première fois, de tableaux choisis pour l'exposition du début juin. Une atmosphère triste, inhabituelle, règne dans la maison ; le personnel n'est pas comme à l'accoutumée. Que se passe-t-il ? La Princesse entre, le visage défait, en larmes, un mouchoir serré dans ses mains. Ses yeux sont rouges, gonflés. Elle a beaucoup pleuré, elle pleure encore. Je n'oublierai pas cette vision impensable. Elle se reprend et parle difficilement.

— Bonjour… Excusez-moi… Je crois que notre entretien et les photographies vont être annulés… On m'a téléphoné cette nuit… Alfred Hitchcock est mort hier… Je suis bouleversée. Regardez la tête que j'ai ! Vous comprenez… Je l'aimais tellement !

Nous comprenons et nous retirons, tristes nous aussi. Un autre rendez-vous sera pris, dès que possible. Elle n'avait pas voulu nous décommander par téléphone, elle n'avait pas prétexté sa peine pour ne pas nous recevoir, elle n'avait laissé à personne la mission de nous avertir. Elle s'était montrée dans son immense chagrin, sans maquillage, effondrée, sincèrement éprouvée. Grace Kelly est en deuil, comme tout le cinéma et les admirateurs du « maître du suspense ». Par la suite, nous avons reparlé du cher Hitchcock, anobli en Sir Alfred, en 1979, bien que citoyen américain depuis 1955. Trois mois avant sa disparition, la Reine Elizabeth l'avait nommé, le 3 janvier 1980, « KBE », Chevalier de l'Empire britannique. Mais, comme me le rappela la Princesse, il n'avait jamais reçu d'Oscar, ce qui était une honte, même si on l'avait honoré d'autres façons. Et nous avons reparlé de notre dîner avec François Truffaut qui déclarera « Hitchcock n'avait pas seulement intensifié le cinéma, il avait intensifié la vie ». Dans le fond, Grace Kelly n'avait sans doute eu qu'un seul metteur en scène et, malgré sa brève carrière, Hitchcock avait su la façonner comme un joyau. Elle l'aimait, elle l'admirait et était terrifiée de sa fin d'homme malade, pratiquement invalide, lui qui avait été d'un esprit si agile pendant plus de cinquante ans de cinéma, du muet au parlant. Mais – et cela me frappa par la justesse de l'observation, depuis largement vérifiée –, en évoquant sa puissance du « non-dit » et du « bien vu », il avait inventé une sorte de langage imagé intermédiaire. Grace me dira encore que beaucoup de ses films n'avaient pas été exactement compris, qu'ils allaient beaucoup plus loin que l'énigme policière parce que c'était un homme complexe. Elle ajoutera qu'il aimait montrer le côté sombre des gens et que, derrière son humour, il pensait sincèrement qu'« il y a quelque chose de plus important que la logique, c'est l'imagination ». Elle avait parlé lentement, comme dans un rêve.

IX
Le mythe

Étrangement, si l'on passe en revue les activités de la Princesse dans le premier semestre 1982, on constate que toutes sont empreintes de nostalgie. Elles ressemblent à un bilan où tous les postes sont vérifiés et où il nous semble qu'elle tire un trait. Certes, Grace poursuit ses devoirs d'État, d'épouse et de mère, mais le destin se distrait à lui rappeler ce qu'a été sa vie, d'actrice puis de souveraine, mais aussi de femme. Or, il serait malhonnête de juger en fonction de la suite. La Princesse n'est pas triste ni morose. Elle a son âge et après ? Il n'y a rien d'extraordinaire à ce qu'elle n'ait pas envie de vieillir ni de grossir…

Au début de l'année, elle participe, à New York, à la Nuit des Cent Étoiles, au légendaire Radio City Music-Hall. En fait, sur l'immense scène où les célèbres girls, les « Rocketts », levaient la jambe avec une synchronisation scientifique, il y a deux cent six stars et le gala est donné au profit d'anciens du spectacle. Grace est ovationnée et se sent parfaitement bien, nullement oubliée ni réellement une gloire à la retraite puisque sa première existence s'est arrêtée tôt. Bien qu'ayant conservé un petit appartement à New York, sa ville toujours préférée, elle est dans une suite d'hôtel et ses voisins sont, eux aussi, des légendes vivantes. Un peu plus tard, fin mars, elle vit une manifestation beaucoup plus personnelle puisque c'est sa propre ville natale, Philadelphie, qui souhaite rendre un « Hommage à Grace Kelly ». Il est temps !

Pendant quatre jours sont projetés tous les films qu'elle a tournés. Jamais une telle rétrospective n'a été organisée pour elle. Est-ce inquiétant ? Un enterrement artistique prématuré ? Non, la cité est tardivement fière d'une de ses filles. Peu sont devenues des stars, aucune autre n'a été élevée au rang de souveraine. Le 31 mars a lieu une soirée qu'elle préside. Il pleut, il fait froid, elle est enrhumée mais parvient à être très belle dans une robe de soie jaune pâle avec une étole volantée, d'inspiration 1900. Philadelphie oblige, les hommes sont en habit, en particulier James Stewart, Frank Sinatra et même Stewart Granger. Rita Gam, sa vieille amie et ancienne demoiselle d'honneur est là aussi. Frankie est si ému qu'il finit son éloge par une déclaration d'amour publique sans précédent : « Gracie, je t'aime tendrement. » La Princesse est très touchée ; la soirée va se prolonger tard – ou tôt – dans sa suite. Pourtant, à Philadelphie, tout n'est pas rose. Depuis 1975, sa mère a été frappée d'une attaque cérébrale, perdant sa conscience. Et Grace, qui est naturellement perturbée par l'état de Margaret Kelly, avoue, en privé, qu'elle redoute au plus haut point qu'il ne lui arrive la même chose…

Autre clin d'œil nostalgique surprenant, au printemps, les Princes sont invités à Hong-Kong par un milliardaire chinois qui a racheté le paquebot *Constitution,* l'a réaménagé pour en faire un bateau de croisières. Il souhaite que la Princesse soit la marraine du *Constitution* restauré dans l'esprit des années cinquante, tel qu'elle l'avait connu. Grace retrouve les cabines, explore les coursives et s'amuse à remuer ses souvenirs, ceux de ses derniers jours de célibataire. N'est-t-il pas troublant que, vingt-six ans après son voyage qui lui avait valu une jolie épithète de « Princesse venue de la mer », elle soit confrontée, de façon inattendue, au souvenir de son arrivée devant Monaco ? Une moitié de sa vie, exactement, qui défile. Et voici un autre signe troublant du temps qui passe, croit-on, alors qu'en réalité, ce sont les êtres qui passent. Au gala de la Croix-Rouge, le 30 juillet, toute la famille est réunie, habillée de clair. Rainier est en smoking blanc, Albert, qui a fait son service militaire à bord du navire-école français *Jeanne d'Arc,* porte le spencer des aspirants ; les Princesses Antoinette et Caroline sont en long. Seule Stéphanie porte une robe mi-long que Dior avait réalisée… pour Grace en 1956 et qui a été mise à sa taille…

Et Grace, elle, est dans une robe de mousseline à col montant. Sa dernière robe, si je puis dire, puisqu'elle a été enterrée dans ce vêtement de fête, de joie, de générosité et d'amour.

Encore un paquebot dans cette année 1982. Bientôt, à bord du *Mermoz,* les Princes s'embarquent pour la croisière nordique. J'en parle avec le Prince Louis de Polignac, cousin de Rainier, sur la terrasse de l'Hermitage où il a son appartement. Nous prenons un verre car la chaleur est accablante. Or, le Prince Louis, « Loulou » pour les intimes, craint le froid.

Vaguement inquiet, il me dit, comme pour se rassurer :

— J'ai pris une collection de bonnets pour protéger mes oreilles. Grace m'a donné d'excellents conseils ! Cette croisière devrait nous faire du bien. J'espère qu'elle pourra se reposer un peu…

Samedi 18 septembre 1982. Un hélicoptère rouge et blanc – les couleurs monégasques – me dépose sur l'héliport de Fontvieille, au pied du Rocher. À côté de moi, Alexandre, qui coiffait la Princesse depuis vingt-six ans et l'avait connue pendant le tournage de son dernier film. Très pâle, il est bien sûr en noir. À son revers, la croix de chevalier de l'Ordre de Saint-Charles, remise par le Prince l'année précédente qui lui avait dit, avec humour : « Avec vous, je n'ai jamais eu de soucis car mes princesses étaient bien coiffées. »

Un autre passager est triste, c'est le docteur Altmeyer, le dentiste de Grace, également venu de Paris. Nous retrouvons aussi André Levasseur, blanc de chagrin, me parlant du sauvetage de Joséphine Baker. Ce n'est pas le bruit du rotor qui nous a empêchés de parler, mais une immense émotion. Envoyé spécial du *Figaro Magazine,* pour couvrir les funérailles, je n'ai pas le sentiment d'être un étranger. Il n'y a pas de hasard : nous sommes montés dans le premier hélicoptère disponible à Nice et partageons tous une vraie douleur.

La voiture glisse dans les rues désertes, hérissées de barrages stricts où l'on parle à peine. Dieu que la tristesse ne sied pas à Monaco ! Un silence, angoissant et oppressant, s'est abattu sur ce coin de terre où, croyait-on, s'étaient réfugiés le bonheur et la joie de vivre. Quand le corps de la défunte avait été exposé au Palais, pendant trois jours, des gerbes de fleurs, venues du monde entier, s'étalaient au pied du fameux escalier double de la Cour d'honneur. Des maisons ocre aux volets clos, des drapeaux pliés en forme de papillons mornes, des carabiniers à casque colonial, plumet rouge et blanc et brassard noir. L'émotion est retenue. On ne perçoit que le claquement des lourdes portières de limousines qui déversent les personnalités et les moteurs indécents de dizaines d'appareils photos. Et, au loin, à travers les vieilles rues, un roulement de tambour…

Depuis 8 heures du matin, une foule discrète et recueillie s'est rassemblée devant la cathédrale. Des milliers d'autres fleurs ont été déposées, une vraie montagne. Parmi les gerbes, celle envoyée par la chaîne de télévision américaine ABC avec laquelle Grace devait, ces jours-ci, commencer un film sur la Principauté. Soudain, les couleurs paraissent trop voyantes, comme si, depuis le début de la semaine, on en avait perdu l'habitude : toges rouges des magistrats du palais de justice, chemises bleues des scouts, uniformes brodés des ambassadeurs. Mais, rapidement, c'est le noir, envahissant, qui domine : habits barrés de cordons, gants pour les femmes, chapeaux et voilettes. Celle de la Princesse de Galles, très amincie, cache à peine le rose de ses joues.

Lady Di, dont c'est la première visite à Monaco en qualité d'épouse du futur souverain du Royaume-Uni, est abattue. Et fatiguée : elle est venue entre deux avions car elle allaite son fils, le prince William. Nancy Reagan et Cary Grant, cheveux encore plus blancs que d'habitude, déchaînent les appareils et les caméras. Il y a des arrivées plus discrètes : Farah, ex-impératrice d'Iran, la Bégum, Mmes Pompidou et Barre. Il y a celles qui n'ont plus de rôle officiel et celles qui en ont un comme Mme Mitterrand. Le président de la République a déclaré, trois jours plus tôt : « J'ai appris avec beaucoup de tristesse la disparition de la Princesse Grace de Monaco, qui frappe de stupeur tous ceux qui avaient pu apprécier ses grandes qualités humaines. » Trois ministres représentent le gouvernement français : MM. Cheysson, Lang et Chandernagor. Voici la princesse de Liège, Paola de Belgique, la Grande-Duchesse Joséphine de Luxembourg. La Reine d'Espagne et la Reine des Belges étaient déjà venues se recueillir. Parmi les gens liés au monde du spectacle, Barbara Sinatra est seule, car son mari a un concert à New York, au Carnegie Hall et il a, en vain, essayé d'affréter un Concorde. À côté de Mme David Niven, chez qui Grace et Rainier allaient si souvent déjeuner en voisins, voici John Kelly, un colosse style John Wayne, qui protège de ses épaules les deux autres sœurs de Grace. L'ambassadrice de l'Inde en France – Grace avait voulu rencontrer Mère Teresa – porte un sari noir et Fouad d'Égypte, le fils de Farouk, qui s'était marié au Palais des Grimaldi, égrène de sa main gauche un chapelet musulman. Seul chef d'État présent, le président de la République d'Irlande, Patrick J. Hillery, est accompagné d'une forte délégation.

Recouvert du pavillon princier, le cercueil d'acajou est porté par les Pénitents Noirs, une confrérie charitable fondée en 1639 et chargée d'ensevelir les morts, illustres ou anonymes. Je reconnais René Crœsi, directeur de l'orchestre de Monte-Carlo et Jimmy Carpinelli, patron du petit bar en face du chapiteau pendant le Festival International du Cirque. Un festival qui vient d'être annulé, comme les tournées de théâtre, les galas et les congrès. Monaco s'installe dans un long deuil, trois mois pour les fonctionnaires du Palais, un mois pour ceux de la Principauté. Et, ce matin, même les communes voisines, françaises, comme Beausoleil et Cap-d'Ail, sont pétrifiées par une léthargie de tristesse.

Mais comment oublier l'image désespérante du Prince Rainier, écrasé par la douleur, cassé en deux dans son habit ? Il avance en titubant, comme un automate, soutenu, en permanence, par Caroline dont le visage est sculpté comme celui d'une madone de Sicile. La douleur, à ce point, est insoutenable. Le Prince Albert est droit, maîtrisant son chagrin, il ne quitte pas son père d'un regard tendre et inquiet. Quelques heures ont suffi pour faire de lui un homme. Lors de la cérémonie, il lève les yeux tandis que son père tient une photographie de Grace, froissée à force d'être serrée entre ses doigts. Rainier s'aperçoit avec retard que les fidèles se sont levés. Emmuré dans son chagrin, c'est à peine s'il peut se redresser. L'adagio de la symphonie de Haydn, interprété par l'Orchestre philharmonique, tire des larmes à la foule. Mon voisin succombe, autant sous la chaleur que sous la tristesse. Monaco est figé et incrédule, une sensation difficile à décrire mais profonde.

Cravaté de noir, mon chauffeur de taxi s'exprime dans un souffle : « Monsieur, nous avons beaucoup perdu. La Princesse apportait le bonheur. Il est très difficile de faire le bien comme la Princesse savait le faire. Avec la gaieté et beaucoup de sensibilité. »

Et pourtant, beaucoup, depuis, à l'extérieur ont essayé de la salir. Elle était trop bien. Cela dérange. Elle n'était certainement pas parfaite, heureusement d'ailleurs, ni une sainte ni une hypocrite comme l'ont prétendu quelques déçus, jaloux ou obsédés. Ni une alcoolique, mais elle souffrait d'allergie et ses yeux, comme son visage, en portaient souvent les traces et elle en souffrait. Son roman d'amour avec le Prince n'était pas un scénario et Monaco ne se réduit pas à un décor. Elle était une femme à la raideur un peu germanique de sa mère, avec le côté direct et chaleureux des Américains, l'originalité fantasque des Irlandais et l'amour de son petit pays qu'elle avait aidé à grandir et à dépasser sa taille, sociologiquement et affectueusement. Elle avait été ravissante, elle était belle. Elle était, encore mieux, racée dès sa naissance, et l'était restée. Mais son regard sur les autres et son humour étaient des forces qui l'aidaient. Le rire, son rire, n'était qu'une générosité de plus. Depuis qu'elle repose dans la cathédrale de Monaco, depuis le mardi 21 septembre 1982 lorsqu'elle fut définitivement inhumée à dix-sept heures, elle est devenue un mythe après avoir été une légende. Elle fait partie des gens qui ne meurent pas complètement, qui ne sont pas vraiment partis. De Joséphine Baker, elle avait dit : « Il y a des êtres qui ne disparaissent jamais », une réflexion que l'on pourrait lui appliquer. Et, à l'inverse de certains de ses rôles de femme distante, elle était devenue la Princesse accessible. On pouvait l'approcher et se confier à elle; sa disponibilité attentive était vraie.

Cette magie a-t-elle attiré quelques esprits pervers et intéressés, ce qui nous ramène à l'affaire, éphémère, de son appartenance supposée à une secte, celle de l'Ordre du Temple Solaire?

Dans son bureau, le 20 mars 1999, j'ai demandé au Prince Rainier son sentiment sur cette histoire incroyable :

— Je pense que cette rumeur est venue des activités d'un de mes vieux amis, Jean-Louis Marsan, aujourd'hui disparu, et que tout a été déformé, volontairement. Il s'intéressait aux Templiers, à la quête du Graal; je n'étais pas intéressé, la

Princesse non plus. Comme catholique irlandaise, elle était farouchement contre les sectes. Lui avait arrangé une vieille commanderie du côté de La Turbie. Nous n'avions jamais assisté à la moindre « cérémonie » de quelque genre que ce soit chez lui. Nous nous sommes contentés de partager des barbecues en famille, ce qui n'avait vraiment rien de suspect ! Si nous avions eu le moindre doute, nous aurions réagi, d'autant que la Princesse avait appris, comme moi, que, du côté de Beausoleil, quelques jeunes filles avaient été recrutées par un gourou « pour porter la bonne parole ». En réalité, il s'agissait de proxénétisme et de prostitution et la Princesse détestait la pornographie. La police intervint. Ma femme était très prudente dans ses engagements, étudiait une proposition soigneusement avant même de répondre ou de faire répondre par son secrétariat. Si vous saviez ce qu'on lui demandait ! Elle se méfiait des gens cherchant une promotion ou un alibi et elle avait un flair pour les démasquer. Il est vrai qu'elle était disponible pour les autres, le contraire d'une égoïste. Mais je puis vous dire que, financièrement, elle était très scrupuleuse et ne donnait qu'à bon escient.

— Par exemple, son soutien à Mary Marquet ?

— Par exemple. Elle avait ses œuvres plus personnelles que les autres et toujours avec discrétion, pour des gens en situation catastrophique, un état qu'elle contrôlait parce qu'elle était rigoureuse et que son éducation l'avait marquée. Et elle était choquée par la violence, les enfants maltraités. Aujourd'hui, elle aurait sans doute été scandalisée par beaucoup de tristes choses…

Le 20 novembre 1984, vingt-six mois après la disparition de la Princesse Grace, la Bibliothèque irlandaise Princesse Grace est inaugurée à Monaco, en présence de Caroline, la présidente, de toute la famille et de diverses autorités, y compris des envoyés du gouvernement irlandais. Le Prince Rainier a pensé qu'il serait judicieux de rassembler dans un endroit spécifique, entre autres, les deux mille partitions de chansons que Grace avait acquises et les centaines de volumes sur l'Irlande qu'elle avait amoureusement rassemblés. La première conférence fut donnée par l'écrivain Anthony Burgess sur James Joyce. De la disparue, Burgess déclare : « Elle était une déesse. » Et Cary Grant, triste comme on ne l'a jamais vu, constate : « Elle nous manque. » En souvenir de Grace, femme cultivée qui chérissait ses origines, plusieurs des chansons qu'elle aimait ont été enregistrées, en 1988. Chantées par le ténor Robert White, elles étaient accompagnées par l'Orchestre philharmonique de Monte-Carlo. Un disque compact, de dix-neuf chansons, a été édité. La deuxième, qui dure deux minutes deux secondes, a pour titre « Pretty Kitty Kelly ». Une brève ballade irlandaise qui, au final, chante : « Elle est ma jolie Kitty Kelly, elle est ma douce rose irlandaise ! » Une rose d'Irlande, d'Amérique et de Monaco dont nous sentons toujours l'inoubliable parfum.

Remerciements

La préparation et la rédaction de ce livre sont fondées sur trois catégories de sources. D'une part, des souvenirs personnels (audiences, entretiens, conversations privées et professionnelles), inédits ou partiellement publiés ou diffusés ; d'autre part, des sources imprimées (livres, journaux, magazines) et audiovisuelles (reportages des actualités cinématographiques, émissions de radio et de télévision) qui sont citées, en référence, dans le cours de l'ouvrage.

Par ailleurs, je tiens à exprimer ma profonde reconnaissance à toutes celles et à tous ceux qui ont accepté de répondre à mes questions ou à mes demandes, en particulier au Prince Souverain de Monaco, S.A.S. Rainier III, à Nadia Lacoste, Jacques Provence, André Levasseur, Marcel Berbert, Karl Vanis, Jacques Crépineau, Valérie Kouvtanovitch et Yves Gély. Je suis très reconnaissant envers Catherine Aygalinc, pour sa contribution à la documentation et ses recherches iconographiques. Ma gratitude s'adresse aussi aux personnes ayant souhaité conserver l'anonymat, que je respecte. Enfin, Victoria trouvera, ici, un remerciement particulier et tendre pour son aide si précieuse et si efficace, dans une période particulièrement délicate et douloureuse.

Table

Du même auteur (suite)

Sur les pas des tsars à Saint-Pétersbourg, Perrin, 2003.
Chronique de Paris, Chronique, 2003.
Rodolphe et les secrets de Mayerling, Perrin, 2004.
Paris-Haussmann. Le pari d'Haussmann (avec Pierre Pinon), Picard, 2005.
Le Roman de Vienne, Éditions du Rocher, 2005.
Dictionnaire amoureux des trains, Plon, 2006.
La Saga des Romanov. De Pierre le Grand à Nicolas II, Plon, 2008 ; 2015.
La Véritable Histoire des châteaux de la Loire, Plon, 2009.
La Saga des Habsbourg. Du Saint Empire à l'Union européenne, Perrin, 2010.
La Saga des Windsor. De l'Empire britannique au Commonwealth, Perrin, 2011.
La Saga des Grimaldi (nouvelle édition de *S.A.S. Rainier III et Monaco*), Perrin, 2011.
La Saga des reines, Perrin, 2012.
La Saga des favorites, Perrin, 2013 ; 2015.
Le Sceptre et le sang : rois et reines en guerre, 1914-1945, Perrin, 2014 ; 2018.
Compilation *La Saga des grandes dynasties : Habsbourg, Romanov, Windsor*, Perrin, 2014.
Diane de Poitiers, Perrin, 2014, coll. « 15 mn d'Histoire ».
Nicolas II et Alexandra de Russie. Une tragédie impériale, Perrin, 2015.
Le Siècle des sacres, Perrin, 2016.
François-Joseph et Sissi. Le devoir et la rébellion, Perrin, 2017.
Le Hameau de la reine. Le monde rêvé de Marie-Antoinette, Flammarion, 2018.
Elizabeth II, la reine, Perrin, 2018.
Sissi, aussi libre que le vent, coécrit avec Sylvie Baussier, illustrations Odilon Thorel, Perrin/Gründ, 2018.
Les Châteaux de la Loire, Perrin, 2018.
Dictionnaire amoureux des monarchies, Plon/Perrin, 2019.
Des couples tragiques de l'Histoire, Perrin, 2020.
La France du temps des Lumières, Armand Colin, 2020, coll. « Lavisse ».
Au cœur des royautés, Perrin/Europe 1, 2021.
Élisabeth II, la reine (édition du jubilé de platine), Perrin, 2022.
Pour la Reine, hommage à Elizabeth II, Perrin, 2022.

Achevé d'imprimer par Laballery,
en juin 2022,
N° d'imprimeur : 205549
Dépôt légal : août 2022

Imprimé en France